本书由教育部人文社会科学研究一般项目
“随机模型下我国非寿险偿付能力资本要求研究”(基金批准号为“11YJC630276”)资助

保险公司最低偿付能力资本要求研究

占梦雅 著

上海交通大学出版社

内 容 提 要

保险公司最低偿付能力资本要求的设置，是保险公司偿付能力监管的核心内容，其合理性直接关系到保险公司的资本成本和监管效率，对保险业影响重大。

本书综合采用了比较研究、实证分析、规范研究等方法，系统探索了我国现行最低资本要求的基本原理和计算方法；与此同时，对现行最低资本要求的计算比率进行了实证研究；在深入分析欧盟偿付能力额度监管制度环境和经营实践的基础上，指出我国现阶段缺乏欧盟过去监管环境中所具备的能够弥补现行最低资本要求缺陷的关键因素；最后在深入分析国际发展的潮流——风险资本要求的理论基础上，借鉴其以风险为导向配置资本要求的理念，提出一个改善的计算公式，以期实现从现行标准到风险导向型的最低偿付能力资本标准的过渡。

本书适合保险研究者及从业者参考、阅读。

图书在版编目(CIP)数据

保险公司最低偿付能力资本要求研究/占梦雅著. —上海：上海交通大学出版社，2011

ISBN 978-7-313-07825-4

Ⅰ.①保… Ⅱ.①占… Ⅲ.①保险公司-理赔-风险资本-研究-中国 Ⅳ.①F842.3

中国版本图书馆 CIP 数据核字(2011)第 217401 号

保险公司最低偿付能力资本要求研究

占梦雅 著

上海交通大学 出版社出版发行

(上海市番禺路 951 号 邮政编码 200030)

电话：64071208 出版人：韩建民

常熟市大宏印刷有限公司印刷 全国新华书店经销

开本：787mm×960mm 1/16 印张：17.5 字数：220 千字

2011 年 10 月第 1 版 2011 年 10 月第 1 次印刷

ISBN 978-7-313-07825-4/F 定价：38.00 元

前　言

保险公司最低偿付能力资本要求的设置，是保险公司偿付能力监管的核心内容，其合理性直接关系到保险公司的资本成本和监管效率，对保险业影响重大。

本书是在我的博士论文基础上改编的，是在我国保监会〔2003〕第1号文件的背景下，分别以我国寿险业和非寿险业为对象，探索偿付能力额度标准的理论基础及其在欧盟国家实施成功的实践条件，深入剖析偿付能力额度标准与风险资本制度(RBC)标准理论上的本质区别，研究如何结合实际合理设置我国保险公司最低偿付能力资本要求分析，并就相关技术性问题进行了较深入的研究。

我国2003年1号文偿付能力额度标准借鉴了欧盟1973年非寿险公司偿付能力额度标准和1979年寿险公司偿付能力额度标准，因此，本书拟采用比较研究、实证分析、规范研究等方法，从以下三个方面分析我国现行标准是否合理：第一，分析现行标准在过去三年的实践过程中存在的问题及其原因；第二，分析我国所借鉴的欧盟标准的理论依据，包括其计算基础的选择、计算比率及拐点参数的设置等在我国保险市场的适用性；第三，分析欧盟偿付能力额度监管在过去三十多年中的应用环境与我国近几年现行标准的应用环境之间的主要差异。

以上三个研究目标构成了本书的主要研究内容。然而，欧盟在2001年5月启动了一个更庞大的改革计划，即“Solvency Ⅱ”项目，并于2002年对原欧盟标准进行了修正，以实现从原欧盟标准到“Solvency Ⅱ”项目的过渡。2004年初，我国保监会也启动了类似的改革项目，以期实现向风险导向型监管模式的转变。因此，本研究第四个目标是分析如何实现从现行标准到风险导向型的最低偿付能力资本标准的过渡。

本书共分为9章。第1章为导论，介绍了本书的研究背景。

第2章首先介绍了我国“一号文”中规定的偿付能力额度监管模式，并与欧盟偿付能力额度监管模式作简单比较，进而指出我国近3年实践中存在的问题。通过对这些问题的进一步分析，明确了完善我国现行偿付能力额度监管模式所必须研究的问题；该章最后部分介绍并讨论国际保险监管的发展趋势以及对中国的影响，以便为本研究以后各章研究铺设研究框架。

第3、4章着重分析现行保险业最低偿付能力额度要求的基本原理和计算方法；分别对寿险业和非寿险业最低偿付能力额度计算公式展开理论分析；通过规范分析指出保险公司最低偿付能力额度计算公式需要改革的原因；在此基础上，采用实证分析与规范分析相结合的方法，利用我国保险市场的统计数据进行了实证研究。

第5、6、7章首先对过去三十多年内西欧发达国家保险监管环境和经营环境进行了系统概述，一方面，力图总结出现行偿付能力监管模式的监管经验，为在我国特定的环境下借鉴该标准是否合适提供合理的建议；另一方面，对欧盟和我国的保险监管环境和经营环境进行对比分析，找出我国与欧盟偿付能力额度监管环境与经营环境的主要差异；最后，试图探索欧盟偿付能力监管改革的理由，供我国偿付能力监管借鉴。

第8章阐述了如何完善我国现行最低资本要求。为寿险公司和非寿险公司最低偿付能力额度计算公式的改善提供了一套方案：既能保留现行最低偿付能力额度计算公式的优点，又能引进风险资本计算公式的优点，同时又不失理论依据。

第 9 章为保险公司最低偿付能力要求中的相关问题理论与实证研究。

本研究的主要贡献在于：①系统探索了现行最低资本要求的基本原理和计算方法；分析指出现行标准隐含考虑了核心风险——承保风险，其中寿险公司最低偿付能力额度要求还隐含考虑了投资风险；但在配置资本要求的风险涵盖范围、计算比率的精确度、拐点的设置等方面，现行标准显得相对陈旧。②分析指出，在现行非寿险公司最低资本要求中，理赔基础计算结果不起作用的原因归结为临界点 0.7 的设置不符合我国非寿险市场的实际状况；与此同时，本研究对现行最低资本要求的计算比率进行了实证研究。③在深入分析欧盟偿付能力额度监管制度环境和经营实践的基础上，指出我国现阶段缺乏欧盟过去监管环境中所具备的能够弥补现行最低资本要求缺陷的关键因素：繁荣的资本市场。④在深入分析国际发展的潮流——风险资本要求的理论基础上，坚持以风险为导向配置资本要求的理念，对相关技术问题进行了深入研究。

目　录

第1章 导 论

保险公司最低偿付能力资本要求的设置，不仅直接影响到保险公司偿付能力监管的效率，而且直接关系到保险公司的资本成本，因而，研究如何合理设置保险公司最低偿付能力资本要求有着重要的现实意义和理论意义。本书分别以我国寿险业和非寿险业为对象，研究如何结合实际以合理设置我国保险公司最低偿付能力资本要求。

1.1 研究的意义

纵观国际上发达国家保险业的发展，偿付能力问题始终是保险业面临的主要问题。1969～1998 年期间，美国中小规模的非寿险公司破产数量达 638 家；1997～2001 年期间，日本的 7 家大规模的寿险公司相继发生破产，严重冲击了日本的金融体系；1975～1995 年期间，英、法、德、意等欧盟成员国已有许多保险公司破产，导致欧盟重新反省和改革其原有的监管体制。

如何更有效地监管保险公司的偿付能力，已成为国际保险业的核心问题。而如何设置保险公司的偿付能力最低资本要求，进而设置保险公司的资本充足率标准，是一项最基本的工作。

国际保险监督官协会（International Association of Insurance

Supervisors，IAIS)曾为此付出巨大努力。2002 年 1 月，国际保险监督官协会发布了“资本充足性和偿付能力监管原则”(Principles on Capital Adequacy and Solvency)，2003 年 10 月，其又发布了“保险核心原则”(Insurance Core Principles，ICP)，充分强调了保险公司资本充足性的重要性，并且要求每个国家应当在其监管立法、监管体制和监管实践中给予充分关注。

事实上，保险公司的资本监管制度在很早以前就引起了世界各国保险监管机构的普遍关注。自 19 世纪中期开始，美国一直致力于将保险公司偿付能力风险限制在一定的可接受范围内，并实行固定的最低资本限额监管制度。直到 20 世纪 70 年代，因投资策略保守，几乎没有保险公司因投资失误而倒闭，因此，固定的最低资本要求并未受到严峻挑战。20 世纪中期以后，随着经济环境的变化，资本市场的日益发达，险种的不断创新，投资风险的不断扩大，美国保险监管当局认为固定最低资本限额的规定不但缺乏弹性，对于规模较大的公司根本无法控制，而且无法捕捉保险公司在承保及投资方面承担的风险。于是，研究出一个较具弹性且能反映整体经营风险的资本监管制度(RBC)成为 20 世纪 90 年代初美国保险监管的迫切任务。

欧盟从 20 世纪 70 年代开始，便在欧盟成员国范围内实施统一的资本监管制度，并称之为偿付能力额度(Solvency Margin)监管。欧盟偿付能力额度监管实施到现在已经有三十多年的历史，在此过程中经过不断的修改，获得了业内的一致认可。然而，保险市场的不断发展和巨大变化、资本市场的脆弱和多变等环境的改变对保险公司的资产和负债产生了重大影响。简单的偿付能力额度监管制度面对这些变化很难适应，于是，欧盟决定改革现行的保险公司偿付能力监管体系，也就是“Solvency Ⅱ”项目。

日本、新加坡、加拿大等国家的保险监管机构为适应新形势下风险监管的要求，都已经或正在着手实施或制定风险导向型的最低偿付能力资本监管制度。以新加坡为例，由于原资本监管制度更多地关注了承保风险，没有充分反映资产风险等缺陷以及其他原因，因而新加坡分别就寿险与非寿险业展开了风险导向型的最低资本监管制度的研究。

与国际风险导向型的资本监管制度的发展趋势相适应，我国保监会也一直在探索和实践从资本要求和资本充足率角度监管保险公司的偿付能力。2003年3月24日，中国保监会正式出台了《保险公司偿付能力额度及监管指标管理规定》(保监会〔2003〕第1号，以下简称"一号文")，标志着中国保险业正式进入了从资本要求角度实施对偿付能力监管的实践。尽管实施时间不长，现行的偿付能力额度监管还是发挥了积极的作用。我国保险公司普遍形成了"业务规模扩张需要有与之相适应的资本支持"的理念，各公司开始积极设法拓宽融资渠道，通过改制、引入战略投资者或上市等方式融资，同时也加强了内部管理体制的改革，加速了向现代商业保险企业的改革。

根据我国保监会2004年所做的一项内部分析报告(《保险公司偿付能力分析报告，2002～2003》)，按照"一号文"的标准，2002年的我国偿付能力不足的保险公司为8家，到了2003年状况有所改善，真正偿付能力不足的保险公司只有3家。

问题在于，我国现行的"一号文"标准，基本上是直接借鉴了欧盟第一代保险指令中规定的保险公司偿付能力额度监管标准，其中，非寿险标准是欧盟1973年的标准，寿险标准是欧盟1979年的标准。2002年，欧盟对该偿付能力标准作过一次修改，但我国保监会在2002年制定"一号文"时，可能没有及时注意到欧盟当时正在进行的修改。

而且，欧盟修改其现行标准是在一个更大的改革计划下进行的，即将1973年和1979年以来的现行体系，并于2002年修改过的标准划分为"Solvency Ⅰ"；与此同时启动的、符合IAIS保险核心原则的风险导向型的、从2001年5月正式开始研究、拟于2007年完成的新的改革方案叫做“Solvency Ⅱ”项目。

从这个意义上说，我国保监会在“一号文”中颁布的现行标准，从参照标准和时间上考虑，一开始就显得相对落后。

实际上，我国保监会在发布“一号文”的同时，在不到一年的时间内也启动了一个研究项目，追踪和研究符合国际保险监管发展趋势、以风险为导向的最低偿付能力资本要求标准，笔者也有幸参与了该项目的部分研究工作。

然而，我们所需要的标准，在时间和理念上是否先进都不是最重要的，重要的是要适合我国保险业的发展实际，即要合理。不可否认，现行标准的合理性之一就是简单易行，而且欧盟对此已有三十多年的应用实践检验。在理念上，现行标准确实针对了保险公司经营的核心风险——承保风险，同样不可否认的是，关于我国保监会“一号文”中规定的现行标准，其合理性并没有得到充分的研究。

因此，本研究选题具有十分重要的现实意义，同时又需要在理论方法上追踪国际机构正在进行的相关研究，包括欧盟正在进行的“Solvency Ⅱ”项目，以及美国NAIC关于RBC模型的改进研究，因此也有很高的理论价值。

1.2 相关概念的界定

1.2.1 偿付能力的含义

保险学文献中，对保险公司的偿付能力(Solvency)这个概念，一直没有一个统一的定义。一般认为，保险公司的偿付能力就是保险公司赔偿或给付债务的能力。这也就是说，只要保险公司的资产能够按时支付到期债务，就可以认为保险公司具有偿还债务的能力。然而，保险公司的负债大部分具有不确定性,包括负债总额的不确定性和负债支付时间的不确定性;而且,保险公司的资产价值也具有不确定性。为了衡量在某一时点上保险公司的偿付能力,必须对其资产和负债进行评估。

衡量保险公司的资产价值和负债价值的基础是会计准则。不同国家的不同会计准则,因假设条件的不同,决定了确定资产和负债价值的方法也有所差异。因此,评估保险公司是否具有赔偿或给付债务的能力没有一个唯一或可靠的方法。

从公司经营角度看,保险公司的偿付能力不足可以从两个层面进行描述。其一是,假设要对保险公司进行清算,即不再考虑将来的新业务,在此假设下,如果公司的资产价值低于负债价值,就认为保险公司偿付能力不足;其二是,无论公司的资产价值是否大于负债价值,在持续经营过程中,若公司现金流出现问题,公司不能按时支付到期债务,就可以认为保险公司偿付能力不足。

从保险监管角度看,保险公司偿付能力不足是指保险公司达不到保险监管规定的要求。保险监管机构对保险公司偿付能力的评估包括三种不同的假设:准清算假设、清算假设和持续经营假设。给定任意一个评估假设,如果评估出的实际偿付能力不能达到保险监管机构规定要求,即法定最低资本要求,就说保险公司偿付能力不足。

1.2.2 偿付能力额度的含义

为了监督保险公司有充足的资产以满足公司所允诺的承保金额的负债,保险监管机构除了要求对保险公司资产和负债进行谨慎性评估外,还要求保险公司资产应超出负债达到一定额度,这就是偿付能力额度(Solvency Margin)的概念。

保险公司资产超出负债一定额度的要求,旨在为保险公司面临的不确定损失提供一些保障。我们知道,责任准备金是保险公司的主要负债,责任准备金用于支付正常情况下保险公司应履行的责任和义务,而偿付能力额度则用于吸收预期损失与实际损失的差额。若责任准备金不足以偿还债务,这时偿付能力额度发挥作用。因此,偿付能力额度被认为是应对除了履行债务所需的资产以外难以预测的损失,主要起到一种非常时期缓冲器的作用。

我国保险公司偿付能力额度监管标准涉及两个概念:最低偿付能力额度(Minimum Solvency Margin)和实际偿付能力额度(Actual Solvency Margin)。最低偿付能力额度就是保险监管机构制定的、要求保险公司必须满足的法定最低偿付能力额度(Statutory Minimum Solvency Margin)要求,是保险公司维持财务能力的一个起码保证。实际偿付能力额度是按照指定的财务编报规则认可的资产价值与认可的负债价值之间的差额。实际偿付能力额度与最低偿付能力额度之比就是保险公司的偿付能力充足率。偿付能力充足率水平是保险监管机构对保险公司采取监管措施的依据。

风险资本要求(Risk-based Capital Requirement)是与最低偿付能力额度要求一种等价的概念。风险资本指的是为吸收保险公司业务经营过程中可能出现的非预期损失而需要准备的理论资本数量,是保险监管机构通过对保险公司经营风险的度量为保险公司设置的最低资本要求。

由于风险资本要求和最低偿付能力额度要求都属于法定最低偿付能力资本要求,因而本书把两者统称为保险公司最低偿付能力资本要求。

需要说明的是,最低偿付能力资本要求是指保险公司为了持续经营保险业务,按照监管者的规定所必须持有的资本。与此不同,经济资本通常是指保险公司正常营业的情况下所需要的资本金,是公司为了能够持续经营下去而需要的资本。

1.2.3 偿付能力监管的含义

国际保险监督官协会的"保险核心原则"(ICP, 2003)指出,健全的偿付能力制度对保险公司的监管和保护保单持有人的利益来说至关重要。虽然不同的国家偿付能力监管所涵盖的内容有所不同,但对偿付能力额度的监管都是偿付能力监管的一部分。一般而言,偿付能力监管不仅包括最低资本监管要求,还需要设置一系列偿付能力监管原则。

国际保险监督官协会2002年颁布的"资本充足性和偿付能力监管原则"中,对保险公司资本充足性和偿付能力监管原则作了一系列的阐述,涉及责任准备金的充足性、投资原则、最低资本要求、再保险安排、风险管理和信息披露等监管原则。

欧盟2001年5月启动的"Solvency Ⅱ"项目,在总结过去经验的基础上,计划设计出一套更适合欧盟保险业风险特点的新的偿付能力监管制度。新偿付能力体系以新巴塞尔协定(Basle Ⅱ)的三支柱结构作为出发点,其中,第一支柱为定量资本要求,具体包括非寿险责任准备金和寿险责任准备金的计提规则、最低资本监管标准和投资规则等;第二支柱的主要内容涉及对第一支柱的监管评估、制定保险公司内部控制和风险管理原则、再保险及其他风险管制措施、监管当局的权利、透明度、责任性和监管行动的合作等;第三支柱为信息披露以及通过披露要求来约束经营行为。

我国保监会也积极追踪国际保险监管发展趋势,并针对国内保险业发展的实际情况,于2005年提出了我国保险监管的"三支柱"监管理念,即市场行为监管支柱、偿付能力监管支柱和公司治理监管支柱。就偿付能力支柱而言,应理解为主要通过资本充足率的量化监管手段来实现其监管目标,包括对最低偿付能力资本的设置,对实际资本或认可资产与认可负债的评估,以及对责任准备金的评估及管理等重要内容。

1.3 已有研究回顾

1.3.1 国外研究文献综述

最低偿付能力资本要求的早期模型就是欧盟的偿付能力额度(SM)模型。受巴塞尔委员会1988年颁布的巴塞尔资本协议影响,美国等国家才逐渐发展出了风险资本(RBC)模型。因此,有必要首先追溯欧盟的最低偿付能力额度模型。

偿付能力额度监管理论研究最早要追溯到1961年Campagne的OECD报告。该报告中将保险公司的偿付能力额度定义为保险公司的资产价值与负债价值之差额,将理赔风险和投资风险分别考虑为非寿险公司和寿险公司影响偿付能力的主要风险因素,将非寿险保险公司偿付能力额度表达为净保费的一个比率,将寿险公司偿付能力额度表达为责任准备金的一个比率。Campagne报告为欧盟偿付能力额度监管甚至为以后各国的最低资本要求监管奠定了科学的理论基础。

De Mori (1965)应经济合作组织(OECD)的要求,拟研究一个合适的非寿险保险公司法定偿付能力额度标准。De Mori在Campagne(1961)报告的基础上,将非寿险业最低偿付能力额度的计算基础拓宽为最近财务年度的毛保费、责任准备金和过去三年的平均已发生理赔,并分别获得了各自的计算比率。

De Wit和Kastelijn (1980)指出欧盟现有的非寿险公司最低偿付能力额度要求主要的理论基础来自Campagne模型。De Wit和Kastelijn (1980)选用了欧盟71家保险公司1976年、1977年和1978年的数据,对非寿险偿付能力额度标准的计算比率进行了修正。

Buoro (1980)在 De Mori (1965)的基础上作了进一步的研究。Buoro (1980)将综合成本率(费用与损失的和与保费之比)作为一个服从正态分布的随机变量,使用德国、意大利和法国在1976年和1977年的数据,计算出意大利的偿付能力额度,指出理赔基础的偿付能力额度一直低于保费基础的偿付能力额度,并建议把拐点700万改为840万或770万。

The Buol Report (Hardie, et al., 1984)力求探究对欧盟1979年第一代寿险指令中人寿保险公司最低偿付能力额度计算公式的理论根源。该报告针对两种不同利率的贴现基础评估的准备金之间的差异,得到最低偿付能力额度计算公式为:9%×责任准备金+6%×风险保额。

以上讨论的焦点集中在模型的假设条件、数据的选择和计算基础的选择上面,还是没有脱离 Campagne 模型的概念框架。

Pentikavinen (1962)利用古典风险理论和破产理论,得出保险公司最低偿付能力额度的上限和下限。

1980年,由意大利精算师组成的小组(UPEA Belgique, 1980)利用古典风险理论知识,得出以风险保额为基础的最低偿付能力额度计算公式。

1984年,挪威保险监管机构任命的工作小组对非寿险公司最低偿付能力额度计算公式进行了研究。该工作组在清算假设的偿付能力评估的基础上,利用古典风险理论知识,得出相应的最低偿付能力额度计算公式。

到此为止,理赔风险的不利波动被认为是影响保险公司偿付能力额度的主要风险影响因素。大多数的研究仅仅止于对单个风险的不利波动设置资本要求。下面我们将对考虑不同风险影响因素的研究方法进行综述。

芬兰偿付能力研究组(Finnish Solvency Study)在设置最低偿付能力额度要求时,将费用和投资收益引入古典风险理论模型,将总的理赔损失的不利波动进一步分解成四个不利波动类型,例如模型的构建误差、趋势波动等,并且给出一个更广泛的保险公司偿付能力额度的定义:

(1) 权益资本/自由资本;

(2) 资产的低估(隐含的准备金);

(3) 负债的高估(平衡责任准备金)。

芬兰偿付能力研究组最终得到的最低偿付能力额度计算公式比较复杂。详细可参看 Pentikavinen 和 Pensonen (1984)。

1983 年,英国非寿险研究小组 GISG (General Insurance Study Group) 研究工作组作了一个保险公司偿付能力报告(Daykin, et al., 1983)。该研究组对芬兰报告进行了总结,并将影响偿付能力额度的风险影响因素分成五个部分:资产贬值风险、巨灾理赔、再保险失败、承保过程风险和其他不可量化或不容易量化的风险。在此基础上,得出偿付能力额度的计算公式。

20 世纪 90 年代初,在 1990 年的偿付能力议程(Solvency Agenda)中,NAIC 副总裁 Earl Pomeroy 建议制订以承保业务变动及其他风险因素变动为基准的偿付能力资本公式,该议程获得了通过。1992 年 12 月 NAIC 在亚特兰大举行的会议上核准了这份关于寿险业的风险资本要求计算公式。随后,将非寿险公司的 RBC 公式于 1995 年应用于当年公布的 1994 年非寿险公司的财务报告。于是,RBC 正式成为美国保险监管当局衡量保险公司偿付能力额度的基本方法。

一些信用评级机构,如 A. M. Best 等也相继利用风险基础资本公式进行辅助评级。

加拿大、日本、新加坡等国家,以及我国台湾地区也各自设置了适合各自实际情况下的风险资本要求计算公式。

随着全球保险公司破产事件频频出现,加上许多学者对欧盟偿付能力额度要求的诸多批评,欧盟委员会针对保险公司的偿付能力状况展开了一系列研究项目;其中最有代表性的研究成果是 Mueller 报告(1997), Sharma 报告(2002)和 KPMG (2002)及有关“Solvency Ⅱ”项目的系列成果。

Mueller (1997)在分析保险公司偿付能力风险因素的基础上,对现有的偿付能力额度计算公式进行了改善。Sharma (2002)对影响保险公司的风险因素进行了详尽的分析,并总结了保险公司破产的原因。KPMG (2002)主要对保险公司的资产评估和负债评估技术进行了详细的考察,并对各种有代表性的偿付能力额度计算公式进行比较分析,指出从影响保险公司的主要风险因素出发,综合主要风险因素设置保险公司的最低偿付能力额度计算公式是保险环境发展的必然趋势。

1.3.2 国内研究现状

近年来,保险公司的偿付能力监管引起了国内研究人员的重视。顾项(2000)从精算学的视角分析了不同方法对偿付能力风险的不同处理方式;瞿玲、谢志刚(2002)对我国偿付能力监管指标构成提出意见和改进建议,并就可能对偿付能力产生重大影响而又无法量化的因素进行分析,提出应将非定量指标作为定量指标进行补充和深入;粟芳(2002)系统总结了偿付能力计算模型,在比较各种模型的基础上,选择作者认为较为合理的模型,并以实际数据计算最低偿付能力额度计算比率;此外,粟芳(2002)实证分析得出影响我国非寿险公司的偿付能力的内外部主要风险因素;封进(2003)实证分析得出影响我国寿险公司的偿付能力的内外部主要风险因素;傅安平(2004)系统研究了寿险业的偿付能力监管模式,对我国寿险公司的偿付能力监管模式提出建议;赵宇龙、瞿玲(2004)综合利用 2001 年和 2002 年寿险市场和非寿险市场的统计数据,对我国偿付能力监管指标体系预警能力进行χ^2(Chi-square)检验,实证得出现行监管指标体系具有一定的预警能力;王上文(2005)从我国保险业对财产保险公司的最低注册资本与最低偿付能力资本要求的系列规定出发,通过与欧盟和美国财产保险公司相应规定实证比较,探讨了我国财产保险公司现行最低资本要求的合理性;谢志刚

(2005)从偿付能力的视角探索中国保险公司的风险构成,建议应该根据保险公司的风险恰当地设置保险公司最低偿付能力资本要求。

1.4 研究思路与方法

1.4.1 研究思路

作为保险偿付能力监管的重要组成部分,保险公司最低偿付能力资本要求是在保险活动发展到一定程度后,基于保护保单持有人利益、维护社会安全和稳定等目的而采取的监管制度。我国直接借鉴了欧盟偿付能力额度监管标准。傅安平(2001)总结了我国偿付能力额度标准直接借鉴欧盟偿付能力额度监管的思路基于三个原因:一是欧盟标准方式已经基本成熟;二是该标准较为简单,便于操作,比较适合中国的情况;三是该标准用简单的方法较为合理地处理了复杂的风险状况。

欧盟最低偿付能力额度计算公式的简单易行使得许多国家将其考虑为选择的对象。例如,韩国保险监管当局在经过1997年末的经济危机(economic crisis)后,采用的非寿险与寿险最低偿付能力额度要求都借鉴了欧盟模式。所不同的是,韩国方式是在EU传统模式上使用韩国财产保险公司的统计资料,按照韩国的实情变化过来的方式。与韩国不同,我国现行偿付能力额度计算公式计算比率是直接采用了欧盟模式。

借鉴国际发展趋势,结合自身发展特点,建立适合我国国情的理论是关键。基于此出发点,笔者希望通过本书的研究,达到以下研究目标:

(1) 系统分析我国保险公司现行最低偿付能力额度计算公式的基本原理和计算方法,指出我国现行最低资本监管模式理论基础的不完善之处;

(2) 对非寿险公司最低偿付能力额度的计算公式的理论基础和设置机

制进行分析，利用我国保险公司的统计数据，重新获得计算比率；同时，对寿险公司的负债风险提供资本配置计算模型和实证分析；

(3) 对西欧发达国家偿付能力额度监管过去三十多年的应用环境和我国偿付能力额度监管近几年的应用环境进行系统考察和比较分析，探索我国是否有必要改革现行偿付能力额度模式；

(4) 保留现行欧盟偿付能力额度计算模式和理论基础的具有优势的一面，比较分析与风险资本监管制度的异同，并结合风险度量技术的进步，提出对现行计算公式改善的理由和改善的建议。

历史从哪里开始，逻辑就从哪里开始。这句话形容本书的研究思路再贴切不过。分析西欧发达国家保险偿付能力资本监管的历史经验和改革原因，分析现行最低偿付能力额度计算公式理论原理和计算方法与历史不无关系。唯有顺着历史的踪迹、从历史的根源着手深入分析，才能找到问题的关键所在，提供正确解决问题的途径。

1.4.2 研究方法

本书的研究方法主要包括比较研究方法、实证分析方法、规范研究方法以及历史与现实相结合的方法。

比较研究方法是通过对两种以上的事物或现象进行比较，分析其异同和缘由，从而找出规律的一种方法。本书首先通过分析西欧发达国家保险制度环境、资本市场环境和我国保险制度环境、资本市场环境，并进行相互之间的比较，得出结论；其次，本书将现有的最低偿付能力额度计算公式的原理和方法与风险资本要求模型进行比较，并进行总结。

实证分析方法就是按照一定程序性的规范进行经验研究、量化分析的研究方法。规范分析方法是以一定的价值判断作为出发点和基础，试图探讨面临的问题怎么去解决，应该采取什么样的方案，该方案的合理性和可行性等。本书通过实证分析与规范分析方法相结合的方法，力图对现行保险公司的最低偿付能力额度要求进行实证和规范分析。

历史与现实相结合的方法注重事物发展的延续性，观察其前后变化的内在联系。通过历史的踪迹，分析现实，了解事物的成因、发展过程，从而找到解决问题的方法。展开历史的线索，分析现实状况是本书研究方法的主要特点。

第 2 章　我国保险业现行偿付能力额度监管问题分析

作为研究问题的出发点，本章首先介绍了我国现行最低偿付能力额度标准的主要内容；其次将现行标准与欧盟标准进行比较，并总结我国在近 3 年实践该标准的过程中所存在的问题；最后，明确界定完善我国现行最低资本要求所必须研究的问题，为以后各章铺设研究框架。

2.1 我国现行规定

2.1.1 “一号文”的主要内容

2003 年是我国保险业偿付能力监管里程碑式的一年。3 月 24 日，中国保险监督管理委员会颁布了《保险公司偿付能力额度以及监管指标管理规定》(保监发〔2003〕第 1 号，简称“一号文”)，标志着我国保险业的偿付能力监管进入了一个新的时期，是真正落实保险公司偿付能力监管的转折点。

“一号文”规定：我国各保险公司从 2003 年起定期向中国保监会提交经过审计的年度《偿付能力报告》，以及可以不经审计的半年度和季度《偿付能力报告》。偿付能力报告的核心内容包括：

(1) 主要经营和偿付能力情况；

(2) 审计意见及报告；

(3) 偿付能力报告表格；

(4) 监管指标报告；

(5) 管理层对保险公司偿付能力变化趋势的分析。

其中，偿付能力报告表格包括：

a. 偿付能力额度状况表；

b. 最低偿付能力额度计算表；

c. 认可资产表；

d. 认可负债表。

表 a 其实是对表 b、c 和 d 情况的汇总。事实上，表 b 规定了对最低偿付能力资本要求计算的方法，表 c 和表 d 分别规定了保险公司资产价值和负债价值的认可标准，相当于监管会计准则的作用。通过表 c 和表 d 的核算信息，其差额就是保险公司的实际偿付能力额度，再将实际偿付能力额度与表 b 中计算出的法定最低偿付能力额度进行比较，就得到了保险公司偿付能力充足率。保险监管机构就可以依据保险公司的偿付能力充足率情况来制定并实施其监管措施。该应对措施在"一号文"第 16 条中规定如下：

(1) 对偿付能力充足率在 70%以上的公司，中国保监会可要求该公司提出整改方案并限期达到最低偿付能力额度要求，逾期未达到的，可对该公司采取要求增加资本金、责令办理再保险、限制业务范围、限制向股东分红、限制固定资产购置、限制经营费用规模、限制增设分支机构等必要的监管措施，直至其达到最低偿付能力额度要求；

(2) 对偿付能力充足率在 30%到 70%之间的公司，中国保监会除采取前款所列措施外，还可责令该公司拍卖不良资产、责令转让保险业务、限制高级管理人员的薪酬水平和在职消费水平、限制公司的商业性广告、责令停止开展新业务以及采取中国保监会认为必要的其他措施；

(3) 对偿付能力充足率小于 30％的公司，中国保监会除采取前两项措施外，还可根据《保险法》的规定对保险公司进行接管。

因此，表 b 关于最低偿付能力额度计算的规定是至关重要的。

值得一提的是，我国“一号文”中除了仿照欧盟的偿付能力额度(SM)模式制定根据保险公司偿付能力充足率实施监管措施外，还仿照美国 NAIC 的监管预警指标系统(IRIS 系统)分别对寿险公司和非寿险公司制定了一套监管指标。对每一项监管指标设定了一个正常的范围，一旦指标值超出正常范围，则属于异常值。保监会要求保险公司不应有四个以上的监管指标出现异常值。设计这套指标的目的在于辅助实施偿付能力额度的监管模式。

2.1.2　非寿险最低偿付能力额度的计算规定

“一号文”第四条规定了保险公司非寿险业务的法定最低偿付能力额度计算公式。计算基础分别为非寿险业务的自留保费基础和近 3 年平均综合赔款金额基础，最终取值为以这两种基础计算出的结果较大的一项。

保费基础：

记 p 为最近年度的自留保费扣除营业税及附加费用之后的数额，U 为最低偿付能力额度，规定：

$$U=\begin{cases} p\times 18\%, & p\leqslant 1\text{ 亿元人民币} \\ p\times 16\%+1\text{ 亿}\times 2\%, & p>1\text{ 亿元人民币} \end{cases} \tag{2.1}$$

以保费为计算基础的上述规定可以表示为图 2-1。

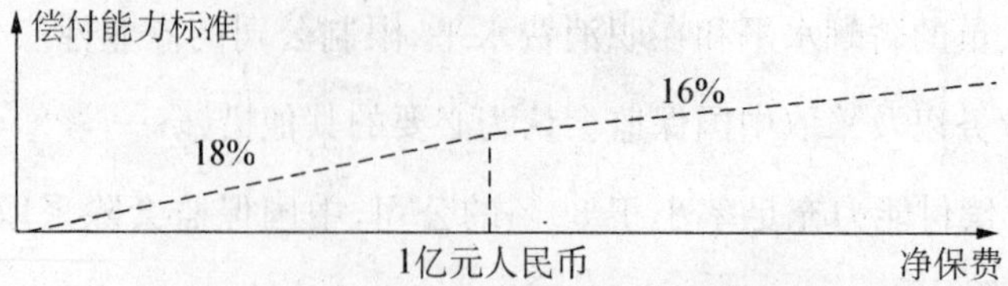

图 2－1　保费基础的最低偿付能力额度

赔款基础：

记 y 为非寿险业务最近 3 年平均综合赔款金额，即近 3 年平均已发生赔款总额与近 3 年平均摊回分保赔款之差，U 为最低偿付能力额度，规定：

$$U=\begin{cases} y\times 26\%, & y\leqslant 7\,000\text{ 万元人民币} \\ y\times 23\%+7\,000\text{ 万}\times 3\%, & y>7\,000\text{ 万元人民币} \end{cases} \tag{2.2}$$

对于经营不满 3 个完整会计年度的保险公司，采用式(2.1)规定的标准。以赔款为计算基础的上述规定可以表示为图 2－2。

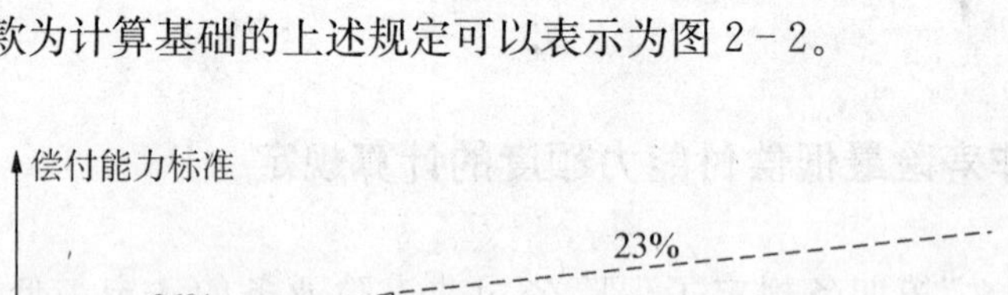

图 2－2　赔款基础的最低偿付能力额度

2.1.3　寿险业务最低偿付能力额度计算公式

“一号文”第五条对寿险保险公司的法定最低偿付能力额度的计算做出了规定。

人寿保险公司的最低偿付能力额度为长期人身保险业务最低偿付能力额度和短期人身保险业务最低偿付能力额度之和。长期人身险业务是指保险期间超过 1 年的人身保险业务；短期人身险业务是指保险期间为 1 年或 1

年以内的人身保险业务。

长期人身保险业务的最低偿付能力额度的计算基础为法定最低责任准备金和风险保额。风险保额为有效保额与期末(法定最低)责任准备金之差。有效保额指的是若发生了保险合同中最大给付额的保险事故,保险公司需支付的最高金额。于是,长期人身险业务最低偿付能力额度为下述几项之和:

(1) 投资连结类产品期末(法定最低)责任准备金的 1%;

(2) 其他寿险产品期末(法定最低)责任准备金的 4%;

(3) 保险期间小于 3 年的定期死亡保险风险保额的 0.1%;

(4) 保险期间为 3 年到 5 年的定期死亡保险风险保额的 0.15%;

(5) 保险期间超过 5 年的定期死亡保险和其他险种风险保额的 0.3%;

(6) 统计中未对定期死亡保险区分保险期间的,统一按风险保额的 0.3%计算。

短期人身保险业务最低偿付能力额度的计算与非寿险最低偿付能力额度计算方法一致。

2.2　与欧盟模式的比较分析

2.2.1　欧盟 1973 年非寿险公司最低偿付能力额度要求①

欧盟非寿险最低偿付能力额度分别采用毛保费和最近三年平均已发生理赔额为计算基础。并取两项计算结果中的最大项:

a. 最近会计年度总保费收入减营业税金及附加后 1 000 万欧洲货币单位以下部分的 18%和 1 000 万欧洲货币单位以上部分的 16%;

① 参见 Council Directive 73/239/EEC.

a 项需乘上一个 Max{自留比率,50%},自留比率为最近财务年度扣除再保险业务分出部分的已发生理赔额与上述总的已发生理赔额之比。计算结果用(a∗)表示。

b. 近三年平均理赔额(若频繁发生洪涝灾害,则取近七年平均理赔额)700 万欧洲货币单位以下部分的 26%和 700 万欧洲货币单位以上部分的 23%,并规定对于经营不满三年的保险公司采用第 a 项规定的标准。

理赔额包括所有直接业务(没有扣除再保险分出业务)赔款支出、再保险分入业务赔款支出和未决理赔准备金提转差。

b 项同样需乘上一个 Max{自留比率,50%},自留比率的定义与(a∗)相同。计算结果用(b∗)表示。

(a∗)和(b∗)中的较大项即为非寿险公司的最低偿付能力额度。

2.2.2 欧盟 1979 年寿险公司最低偿付能力额度要求①

1979 年欧盟寿险公司最低偿付能力额度的计算标准规定如下:

a. 投资连结险业务(必须是保单持有人承担全部投资风险)责任准备金的 1%和其他寿险产品期末寿险责任准备金的 4%;

其他寿险产品包括:传统的人寿保险业务、年金、补充保险、英国和爱尔兰特有的永久性健康险业务和经营责任保险(因经营引起的人身伤害或财产损失需承担的责任)等。

a 项需乘上一个 Max{自留比率,85%},自留比率为最近财务年度总的责任准备金减去再保险分出业务的差与上述总责任准备金之比。计算结果用(a∗∗)表示;

b. 在风险保额不为负数的条件下,保险期间小于 3 年的定期死亡保险

① 参见 Council Directive 79/267/EEC.

风险保额的0.1%；加上保险期间为3年到5年定期死亡保险风险保额的0.15%；加上保险期间超过5年的定期死亡保险保额及其他险种(包含死亡风险)风险保额的0.3%；

b项需乘上一个Max{自留比率，0%}，自留比率为最近财务年度总的风险保额减去再保险分出业务加上再保险摊回与上述总风险保额之比。计算结果用(b＊＊)表示。

c. 唐提式养老金资产(一种早期人寿保险形式，仅仅给生存者提供给付)的1%。

上述风险保额是指死亡时候支付的保险金额与该险种的责任准备金之差。

补充保险和意外死亡给付按照非寿险公司最低偿付能力额度计算公式计算。

将上述计算的结果加总就是寿险公司的最低偿付能力额度。

比较我国现行规定和欧盟1973年(1979年)标准，有以下结论：

(1) 对于同一种类型的保险业务，我国现行规定直接借鉴了欧盟1973年(1979年)标准的计算基础和计算比率；

(2) 无论是寿险业务，还是非寿险业务，我国现行规定对再保险分出业务处理方法与欧盟存在差别：欧盟要求自留比率不得低于0.5，而在我国没有这个规定，另外，我国现行规定针对不同的计算基础，对自留比率的确认方法也不同；

(3) 我国寿险公司最低偿付能力额度没有考虑再保险的作用，而非寿险公司最低偿付能力额度计算公式考虑了再保险的作用，但是没有考虑再保险分出业务的风险。

2002年，欧盟对1973年标准进行了修正：保费基础被改为Max{总毛保费，总已赚保费}，拐点1 000万和700万欧洲货币单位被改为5 000万欧元和 3 500 万欧元。

我国则借鉴了欧盟 1973 年偿付能力额度标准。值得一提的是，为使我国的非寿险业务以及短期人身险业务的最低偿付能力额度标准能够更加符合我国实际，促进我国保险业稳定持续健康快速发展，2005 年 8 月，中国保监会将财产保险公司应具备的最低偿付能力额度进行了修改①。

中国保监会对原标准的修改主要有两点：一个是修改了设计机制，将两者取大修改为两者之和；二是修改了计算比率和计算拐点。修改稿规定，保费收入 50 亿元以下部分，按 9%计算，超过 50 亿元的部分按 8%计算；赔款金额 25 亿元以下部分按 22.5%计算，25 亿元以上部分按 12.5%计算。

2.2.3 我国非寿险公司最低偿付能力额度要求计算结果分析

我国当初选择参照欧盟计算最低偿付能力额度标准的主要理由之一是因为其简单明了，比较适用于刚起步的我国保险业的管理水平。但由于该额度标准的重要意义，其是否适合我国具体实际，必须接受实践的检验。

以非寿险业务的最低偿付能力额度的计算为例，事实上，我国非寿险业务在过去数年中一直保持了相对较高的增长速度，而至少在 2004 年以前，非寿险业务的赔付率相对偏低。因而，如果分别从保费基础和从赔款基础去计算非寿险业务的最低偿付能力额度，一个直观的判断就是，从保费基础计算出来的额度标准就应该会高于从赔款基础计算出来的额度标准，按照两

---

① 2005 年 8 月，中国保监会对非寿险业务和短期人身险业务的最低偿付能力额度修改为下述两项之和(征求意见稿)：①最近会计年度自留保费减营业税及附加后 50 亿元人民币以下部分的 9%和 50 亿元人民币以上部分的 8%；②最近三年平均综合赔款金额 25 亿元人民币以下部分的 22.5%和 25 亿元人民币以上部分的 12.5%。以上综合赔款金额为赔款支出、未决赔款准备金提转差、分保赔款支出之和减去摊回分保赔款和追偿款收入。对于经营不满三个完整会计年度的保险公司，应具备的最低偿付能力额度为第①项的 2 倍。

者取其大的设计机制，赔款标准就会不起任何作用。

这一判断得到了验证。事实上，笔者所在的课题组在 2004 年 7 月就提出这一想法，并建议我国保监会的有关同仁对此进行验证，通过对 17 家财产保险公司的全部业务和对 12 家寿险公司的非寿险业务的最低偿付能力额度计算，分别比较了其 2002～2003 年最低偿付能力额度的保费基础标准和赔款基础标准，发现：

所选择的 17 家财险公司的数据显示，财险公司计算 2002 年度和 2003 年度最低偿付能力额度时，如果将各公司的数据汇总来算，2003 年度的 A 项比 B 项[①]总体高出 26%，2002 年高出 30%。由于人保的市场份额在汇总数据中起决定作用，采用众数最具代表性，更能反映典型公司的情况，但由于数字较大且极为分散，众数并不存在，因此采用中位数来反映一般情况。中位数的统计显示，2003 年度和 2002 年度中，A 项比 B 项分别高出 175%和 166%。

所选择的 12 家寿险公司短期人身险业务，仍旧分为汇总情况和中位数两种统计，汇总情况是：2003 年 A 比 B 项总体高出 64%，2002 年总体高出 57%。中位数的情况是：2003 年 A 比 B 项总体高出 150%，2002 年总体高出 91%。

由于数据的保密性要求，笔者不能披露具体数据和计算过程。但结论已经十分明确：赔款标准没有起到任何作用。

2.2.4　我国与欧盟非寿险最低偿付能力额度要求计算结果比较分析

在前一节中，我们分析了我国现行非寿险最低偿付能力额度要求与欧盟 1973 年标准存在差别。为了表明我国非寿险最低偿付能力额度计算结果与欧盟非寿险最低偿付能力额度计算结果之间的差别，现以列表的形式进

① A 项指净保费基础计算结果，B 项指理赔基础计算结果。

行两者之间的比较。

1) 基于保费基础的最低偿付能力额度计算结果的比较

基于保费基础的最低偿付能力额度计算公式的比较见表 2-1。

表 2-1 基于保费基础的偿付能力额度(U)计算公式的比较

欧盟	$\overline{U}=\begin{cases}\bar{p}\times\dfrac{x_1}{x_2}\times 18\%, & \bar{p}\leqslant 1\,000\text{ 万欧洲货币单位}\\ \dfrac{x_1}{x_2}\times\{\bar{p}\times 16\%+1\,000\text{ 万}\times 2\%\}, & \bar{p}\geqslant 1\,000\text{ 万欧洲货币单位}\end{cases}$
中国	$U=\begin{cases}\bar{p}\times\dfrac{p}{\bar{p}}\times 18\%, & p\leqslant 1\text{ 亿元人民币}\\ \bar{p}\times\dfrac{p}{\bar{p}}\times 16\%+1\text{ 亿元人民币}\times 2\%, & p\geqslant 1\text{ 亿元人民币}\end{cases}$

需要说明的是,表 2-1 中,总保费$\bar{p}$和自留保费 p 分别为扣除营业税及附加费用之后的数额;已发生赔款总额 x_1 为赔款支出加上未决赔款准备金提转差与分保赔款支出之和;已发生赔款净额 x_2 为已发生赔款总额与摊回分保赔款之差;此外,欧盟的已发生净赔款额与已发生赔款总额不得低于0.5,由于在我国这个比率均大于 0.5,故忽略它不影响我们的比较。

将欧洲货币单位转换成人民币,欧盟的保费基础的计算公式和我国保费基础的计算公式之差可表示为:

$$\overline{U}-U=\begin{cases}\bar{p}\times\left\{\dfrac{x_1}{x_2}-\dfrac{p}{\bar{p}}\right\}\times 18\%, & \bar{p}\leqslant 1\text{ 亿元}\\ \bar{p}\times\left\{\dfrac{x_1}{x_2}-\dfrac{p}{\bar{p}}\right\}\times 16\%+\left\{1\text{ 亿}\times\dfrac{x_1}{x_2}-\bar{p}\times\dfrac{p}{\bar{p}}\right\}\times 2\%, & \\ & p\leqslant 1\text{ 亿元}\leqslant\bar{p}\\ \bar{p}\times\left\{\dfrac{x_1}{x_2}-\dfrac{p}{\bar{p}}\right\}\times 16\%+1\text{ 亿}\times\left(\dfrac{x_1}{x_2}-1\right)\times 2\%, & p\geqslant 1\text{ 亿元}\end{cases}\tag{2.3}$$

根据我国非寿险市场 2001～2003 年统计数据，不难计算，不等式 $x_1/x_2 \geqslant p/\bar{p}$ 普遍成立。由于大多数新成立的非寿险公司初始两到三年之内保费规模均低于 1 亿元，这时，由式(2.3)可知欧盟毛保费基础计算结果大于我国净保费基础计算结果；对于一些净保费规模普遍超过 1 亿元的非寿险公司来说，由于 $x_1/x_2 \geqslant p/\bar{p}$，我们通过式(2.3)无法判断两者之间的大小，然而我国非寿险市场 2001～2003 年统计数据表明，欧盟毛保费基础计算结果普遍大于我国净保费基础计算结果，如表 2－2 所示。

表 2－2　我国净保费基础的计算结果与欧盟毛保费基础的计算结果

（单位：亿元）

	公司名称	“一号文”净保费标准	欧盟毛保费标准
最低偿付能力要求	人保股份	87.950	92.954
	太保产险	11.996	13.326
	太平产险	0.585	0.658
	平安产险	8.328	8.703
	中华联合	2.568	2.814
	华安产险	0.937	0.983
	天安产险	2.585	2.470
	华泰产险	0.875	1.039
	大众产险	1.175	1.181
	永安产险	1.001	1.032
	东京海上	0.234	0.227

资料来源：《中国保险年鉴》，2003 年。

表 2－2 表明，除了华安产险和东京海上外，其他非寿险公司现行净保费基础计算结果普遍低于欧盟毛保费基础计算结果。

2) 基于理赔基础的非寿险业法定偿付能力额度计算结果的比较

表 2-3 基于理赔基础的非寿险业法定偿付能力额度(U)计算公式的比较

欧盟	$\overline{U}\begin{cases}\bar{y}\times\dfrac{x_1}{x_2}\times 26\%, & \bar{y}\leqslant 700\text{ 万欧洲货币单位}\\ \dfrac{x_1}{x_2}\times\{\bar{y}\times 23\%+700\text{ 万}\times 3\%\}, & \bar{y}\geqslant 700\text{ 万欧洲货币单位}\end{cases}$
中国	$U=\begin{cases}\bar{y}\times\dfrac{y}{\bar{y}}\times 26\%, & y\leqslant 7\,000\text{ 万元人民币}\\ \dfrac{y}{\bar{y}}\times\bar{y}\times 23\%+7\,000\text{ 万}\times 3\%, & y\geqslant 7\,000\text{ 万元人民币}\end{cases}$

表 2-3 中，近 3 年平均已发生赔款总额$\bar{y}$为近 3 年平均赔款支出加上近 3 年平均未决赔款准备金提转差，加上近 3 年平均分保赔款支出与追偿款收入之差；y 为非寿险业务近 3 年平均综合赔款金额，即近 3 年平均已发生赔款总额与近 3 年平均摊回分保赔款之差。

类似地，将欧洲货币单位转换成人民币，可比较欧盟基于理赔总额基础的计算公式与我国基于理赔净额基础的计算公式之差：

$$\overline{U}-U=\begin{cases}\bar{y}\times\left\{\dfrac{x_1}{x_2}-\dfrac{y}{\bar{y}}\right\}\times 26\%, & \bar{y}\leqslant 7\,000\text{ 万元人民币}\\[2ex] \bar{y}\times\left\{\dfrac{x_1}{x_2}-\dfrac{y}{\bar{y}}\right\}\times 23\%+\left\{7\,000\text{ 万}\times\dfrac{x_1}{x_2}-\bar{y}\times\dfrac{y}{\bar{y}}\right\}\times 2\%, & \\ & y\leqslant 7\,000\text{ 万元}\leqslant\bar{y}\\[2ex] \bar{y}\times\left\{\dfrac{x_1}{x_2}-\dfrac{y}{\bar{y}}\right\}\times 16\%+7\,000\text{ 万}\times\left(\dfrac{x_1}{x_2}-1\right)\times 2\%, & \\ & y\geqslant 7\,000\text{ 万元人民币}\end{cases}\tag{2.4}$$

式(2.4)表明，当 $x_1/x_2\approx y/\bar{y}$（我国非寿险市场 2001～2003 年的数据表明这两个比率非常接近）时，基于欧盟理赔总额基础的偿付能力额度计算结果至多与基于我国理赔净额基础的偿付能力额度计算结果相等。

综上所述，对我国非寿险市场而言，即使完全照搬欧盟1973年偿付能力额度标准，仍然存在欧盟毛保费基础的偿付能力额度计算结果普遍高于基于欧盟近三年平均已发生理赔总额的偿付能力额度计算结果。

2.2.5　小结

本节分析出的问题可以进行以下总结：

(1) 对我国非寿险市场而言，无论我国现行标准，还是欧盟1973年标准，基于理赔基础的偿付能力额度计算公式普遍不起作用；

(2) 现行非寿险偿付能力额度标准与预警指标之间的弱相关性表明，当监管指标出现4个或者4个以上异常值时，偿付能力充足率可能仍在正常值的范围内，这意味着现行非寿险偿付能力额度标准可能对一些指标涵盖的风险因素敏感度不强；

(3) 我国寿险公司最低偿付能力额度计算公式与欧盟对应的计算公式相比，没有考虑再保险的作用，而非寿险公司最低偿付能力额度计算公式考虑了再保险的作用，但是没有考虑再保险分出业务的风险。

2.3　研究问题的提出

2.3.1　明确对现行最低偿付能力资本要求的研究问题

2003年3月24日，《保险公司偿付能力额度及监管指标管理规定》的正式出台，意味着我国保险公司偿付能力监管进入了一个崭新的时期。

我们知道，一旦偿付能力不足，保险公司将无法履行或不能完全履行对保单持有人的赔偿或给付义务；将会影响公司股东、公司债主和公司员工的切身利益，影响公众对保险公司的信心；更甚的是，保险公司偿付能力不足将会加重社会负担，可能破坏社会的安全与稳定。

目前世界各国保险公司偿付能力监管主要有两大类型：第一种类型的偿付能力监管包括正常层次的监管，例如条款、费率、准备金的提存、资金运用等方面的监管；以及最低偿付能力资本要求的监管（偿付能力额度监管），例如美国的保险公司偿付能力监管就属于这种类型。第二种类型的偿付能力监管主要强调最低偿付能力资本要求监管，英国的保险公司偿付能力监管就属于这种类型。目前世界各国的偿付能力监管趋势是逐渐放松费率、条款等的监管，更加重视偿付能力最低资本监管。

被广泛应用的最低偿付能力资本监管方式主要有两种：一种是最低偿付能力额度监管方式；另一种就是风险资本要求监管方式。最低偿付能力额度监管方式相对简单，风险资本要求监管方式则显得更加复杂。风险资本要求计算公式需要通过确认和衡量保险公司的重要风险因素及这些风险之间的相关性来决定合适的资本要求。

就我国而言，除了正常层次的费率、资金运用和准备金评估的监管外，我国偿付能力监管还直接借鉴了欧盟偿付能力额度监管模式。欧盟偿付能力额度监管三十多年的成功以及其简单易行的特点成为我国直接借鉴的主要理由。

值得注意的是，2001 年 5 月，欧盟委员会已经启动了对其传统保险监管体系的评估和升级计划——“偿付能力Ⅱ（Solvency Ⅱ）”项目，计划设计出一套以风险为导向的全面监管保险公司财务状况的模式，并在 2002 年对 1973 年和 1979 年标准进行了修改，提高了对保险公司的资本监管要求。可是，我国现行规定直接借鉴了欧盟 1973 年和 1979 年标准，并在 2003 年正式实施。这是不是意味着我国偿付能力额度监管一开始就生而落后？

当今世界各国的保险业偿付能力监管几乎达成了一种共识：保险公司

的偿付能力监管无异于监控保险公司面临的风险状况。目前的世界潮流正在向风险基础资本模式的偿付能力制度方向发展。

我国保险监督管理委员会也于 2004 年初启动了一个研究项目,追踪和研究以风险为导向的最低偿付能力资本要求标准。这与"一号文"正式实施距离不到一年的时间。

我国现行偿付能力额度监管制度真正实施还不到三年的时间,并发挥了积极的作用。因此,究竟是继续采用还是放弃现行最低资本监管方式目前业界并没有形成统一的意见。问题的关键在于能否给出足够充分的理论依据说明现行最低偿付能力资本要求多大程度上与我国保险业的实际经营环境相符合?从这个问题出发,对现行最低偿付能力额度要求监管方式,笔者认为有必要研究以下问题:

(1) 对于上述 2.2 节中我国保险公司最低偿付能力额度要求在实践中存在的问题,其可能原因是什么?

(2) 我国所借鉴的欧盟标准,其理论依据是什么?包括其计算基础的选择、参数比率的推导以及计算拐点的选择等,本身是否合理,是否适合我国情况?

(3) 欧盟标准是为欧盟市场设置的,那么欧盟当初的市场环境和我国现在的市场环境存在多大程度上类似,其主要差异又是什么?

不正确的数字不仅会误导我们衡量保险公司偿付能力的充足性,还可能对保险公司的经营产生误导作用。因此,最低偿付能力额度计算公式要符合中国实际,必须获得我国保险市场统计数据的支持。

2.3.2　与国际保险监管的发展趋势保持一致的研究问题

1)《新巴塞尔协议》对保险业监管产生的影响

《巴塞尔协议》经历了一个内容不断更新、方法不断改进、思想不断成熟的深化过程。《新巴塞尔协议》的三支柱原则包括基于风险基础的最低资本要求、风险监管控制过程和市场约束规则。最低资本要求在原来单纯反映信用风险的基础上增加了反映市场风险和操作风险的内容，新的最低资本要求的约束范围比原来扩大了。

鉴于《巴塞尔协议》在银行业风险控制的成功实践，有很多国家和地区的保险监管机构已经、正在或打算在《新巴塞尔协议》的基础上调整本辖区的保险监管体系，典型的包括：

(1) 国际保险监督官协会(International Association of Insurance Supervision，简称 IAIS)的资本监管原则和国际精算师协会(IAA)的监管原则；

(2) 受 1988 年《巴塞尔协议》的影响，美国 NAIC 成功推出的资本充足率要求——风险资本标准(RBC，Risk Based Capital Standard)；最近又受《新巴塞尔协议》三支柱的影响，准备推出新的保险监管框架；

(3) 欧盟委员会正在积极启动"Solvency Ⅱ"项目，该项目借鉴了《新巴塞尔协议》三支柱原则的主要思想；

(4) 加拿大、新加坡、日本等国家已经开始实施基于风险资本的监管框架。

2) 国际保险监督官协会的资本监管原则

保险公司的业务性质随着全球经济、金融市场的国际化也变得日益复杂化，越来越多的保险公司或集团开始在国际范围内开展业务、提供面向全球的保险产品；新型保险产品(如投资连结型保险产品)的不断创新使得保险业与资本市场的联系日益紧密。保险公司经营范围和产品种类的拓展使保险公司面临的风险从单纯的国内风险拓展到了国际风险、从以保险市场风险为主拓展到了保险市场和资本市场双重风险。

在此背景下，监管机构通常制定并实施一系列具有统一基础的监管原则、标准或指引文件，以激励保险公司进行有效的风险管理。"保险核心原则和方法”(Insurance Core Principles and Methodology，简称 ICPM，2003)和“资本充足性和偿付能力监管原则”(2002)便是国际保险监督官协会在保险监管领域最新的工作成果。国际保险监督官协会还发布了“保险监管新框架——保险公司偿付能力评估的共同结构和标准”(2004)作为对以上两者的补充。

“保险核心原则和方法”(2003)在谨慎性要求一栏中提到：保险公司适当形式的资本要求应该具备吸收保险公司重要的非预见损失的能力。健全的偿付能力制度对保险公司的监管和保护保单持有人的利益来说是至关重要的。资本充足率要求是偿付能力监管体系的一部分。一个有效的偿付能力监管体系不仅要求有充足的责任准备金以补偿所有预期到的和一些未预期到的赔款和费用，而且要有充足的资本吸收重要的未预期损失——这些未预期损失某种程度上不被责任准备金支持，而是来自于会对需要配置资本要求的风险。一个有效的偿付能力体系也应要求保险人持有额外的资本来补偿没有被明确识别的风险所带来的损失。

“资本充足性和偿付能力监管原则”(2002)提到：监管机构制定的最低资本要求是维持保险公司财务能力的一个起码保证。确定最低资本的数量要考虑承保业务的风险类型，必须确保要求的最低资本不得用于弥补那些在正常情况下可以预见的风险，也不得用作新公司的设立成本。保险公司必须拥有足够的资本，以弥补可能发生的未预见损失和其他风险导致的损失。资本充足性和偿付能力框架必须能够对风险作出敏感反应。

受国际保险监督官协会(IAIS)的委托，国际精算师协会(IAA)的保险公司偿付能力评估工作组(ISAWP)，协助 IAIS 探讨制定保险公司的资本要求标准。在确定资本水平的具体原则时，ISAWP 建议，与确定资本要求有关的风险类型包括：承保风险、信用风险、市场风险和操作风险。

3）与国际保险监管的发展趋势保持一致的研究问题

从《巴塞尔协议》的演变到欧盟的“Solvency Ⅱ”项目，再到其他世界各国的监管发展趋势，可以看出，国际保险监管从强调统一的外部监管发展成为强调多样化的外部模型监管与内部风险模型相结合的保险监管趋势；从强调定量的资本要求监管发展为强调定量资本要求与定性风险管理和信息披露相结合的监管趋势；从强调一系列的合规性的管理规定发展成为以风险为导向的定量资本要求和定性的风险管理相结合的保险监管发展趋势。

国际保险监管的这种发展趋势正在对中国的保险监管产生影响，中国保监会也在考虑和国际接轨，构建中国保险偿付能力监管体系。2003 年中国保监会发布了“保险公司偿付能力额度与监管指标管理规定”，意味着我国保险公司偿付能力监管制度的起点。目前，中国保监会正在积极探索建立以偿付能力监管、市场行为监管和公司治理结构监管为三大支柱的现代保险监管体系框架。保监会把风险防范作为一项系统工程来抓，坚持以公司内控为基础，以偿付能力监管为核心，以现场检查为重要手段，以资金运用监管为关键环节，以保险保障基金为屏障，努力构筑保险业风险防范的五道防线。其中，中国力图构建一套风险导向型的保险公司最低偿付能力资本监管制度，跟上国际发展的形势。

因此，出于承上启下的目的，本研究必须回答的第四个问题是：采用风险资本原理和计算方法的最低偿付能力资本标准与现行标准的关系是什么？如何结合我国的保险市场的实际背景，顺应国际发展的潮流，建立一套适合我国的保险公司最低资本监管模式？

2.3.3 小结

保险公司的最低偿付能力额度就像杆秤，不合格的秤无法告诉我们物品的真实重量。保险公司的最低偿付能力资本要求设置得不合适，不仅不能衡量保险公司真实的偿付能力，还可能会对保险公司的经营产生许多负面影响。针对上述问题，本书以后的章节着重从以下几个方面进行分析：

(1) 对非寿险公司最低偿付能力额度的计算公式的理论基础与设置机制进行分析，为第一个问题寻找答案，并利用我国保险公司的统计数据，重新获得计算比率；

(2) 分析我国保险公司现行最低偿付能力额度计算公式的基本原理和计算方法，指出其理论基础上的不足；

(3) 考察西欧发达国家偿付能力额度监管实施的制度环境和经营环境，分析简单欧盟偿付能力额度监管制度在西欧成功的经验和对其进行改革的原因，以便为我国是否改革现行偿付能力额度模式寻找答案；

(4) 探讨如何实现从现行标准到风险导向型最低偿付能力资本标准的过渡。

第3章 保险公司最低偿付能力资本要求理论分析

本章首先探究了欧盟1973年和1979年偿付能力额度标准的基本原理和计算方法；其次，分别对我国现行最低偿付能力资本要求的风险涵盖范围、计算基础的选择、拐点的设置、再保险业务的处理、计算公式的审慎性等方面存在的问题进行探讨；最后，综合世界各国研究保险公司最低偿付能力资本要求应遵循的基本原则，分析我国现行最低资本要求的潜在的优势和不足之处。

3.1 保险公司最低偿付能力额度要求理论基础

3.1.1 保险公司最低偿付能力额度设置基本原理

保险公司最低偿付能力额度设置基本原理是什么呢？研究发现，基本原理来自破产概率理论，与巴塞尔资本协定中用于衡量金融机构破产风险的破产概率原理一致。用语言描述的话，就是：在某个时间段内，某类风险导致的损失可能超出保险公司对它的预期水平，超出预期水平的那部分损失应该在一个我们可以接受的非常小的概率水平下超出保险公司为它而持有的资本金。根据概率论知识，给定置信水平，若我们能够知道该类风险因素随机波动的分布，我们便能够求出给定置信水平下为该类风险配置的那部分资本。

不妨用数学符号来表示，S 为某类风险可能带来的损失变量，$E(S)$为期望损失，C 是为该类风险配置的资本。在某置信水平 ε 下，我们允许

$$P(S > E(S) + C) \leqslant \varepsilon \tag{3.1}$$

式(3.1)被广泛应用在各种设置保险公司最低偿付能力资本要求的计算模型中，其本质就是一个破产概率模型。

在运用式(3.1)的过程中，设置保险公司最低偿付能力资本要求普遍涉及以下三个问题：

(1) 哪类风险应该被列入最低偿付能力资本要求的计算公式范围内？

在这个问题的处理上，各个国家的差异性较大，例如欧盟非寿险公司最低偿付能力资本要求隐含考虑的主要风险因素基于承保风险，而美国 NAIC 则明确将资产风险和承保风险等列为设置保险公司最低偿付能力资本要求的主要风险因素，此外，还对其他风险例如管理风险配置了资本。

(2) 在多大的程度上能够保证通过设置保险公司最低偿付能力资本要求，保险公司不破产的概率？

这是个非常难以回答的问题，例如欧盟在设置保险公司最低偿付能力资本要求时，其破产概率被取为 0.000 3，这多少带有一定程度的随意性。美国 NAIC 在设置最低偿付能力资本要求时，主要是针对不同的风险，根据经验设置在各种风险因素的影响下可以接受的破产概率水平。

(3) 时间区间的选择。一个需要考虑的问题是，我们在设置保险公司最低偿付能力资本要求时，我们究竟是设置保险公司经营一年期间所需要准备的最低资本，还是两年、三年或更多期间所需要准备的最低资本？一般来

说，大多数国家普遍在每个年度末评估保险公司偿付能力状况。这样时间区间的选择就成为一年。

3.1.2 保险公司最低偿付能力额度计算方法研究

1) Campagne 计算模型①

欧盟最低偿付能力额度要求的制定，很大程度上得益于 Campagne (1961)和 De Mori (1965)的研究工作。1961 年，荷兰学者 Campagne 应经济合作组织 OECD 的要求提交了一份研究报告，该报告初步确定了保险公司最低偿付能力额度的含义及其理论基础。Campagne 方法根据一系列的假设条件，运用破产概率理论，用统计方法获得最低偿付能力额度计算公式。

(1) 以净保费为计算基础的非寿险公司最低偿付能力额度的确定。

Campagne 在确定非寿险公司的最低偿付能力额度计算公式时，基于以下假设：

a. 主要考虑理赔波动风险；

b. 偿付能力额度评估的时间区间以持续经营业务一年为限；

c. 以扣除分出保费的保费收入为计算基础；

d. 赔付率（扣除摊回赔款额的理赔支出与扣除分出保费的保费收入之比）服从 Beta 分布，且对任意非寿险公司，其赔付率各年独立同分布。

定义 s_{ij} 和 b_{ij} 为第 i 个保险公司在第 j 年的已发生赔款净额和自留保费收入，这里 c 为费用与自留保费之比，f 表示偿付能力额度与自留保费的一

① Compagne, C. Minimum standards of solvency for insurance companies[M]. Verzekerings-Archief, 1961, volume 4: p4 - p30.

个百分比，ε 为给定的破产概率，且 $s_{ij}/b_{ij}=x$ 服从 β 分布，x 对任意保险公司在任意年独立同分布。

根据破产概率理论，保险公司在一年内不破产的条件为：

$$P(c\cdot b_{ij}+s_{ij}>b_{ij}+f\cdot b_{ij})\leqslant\varepsilon \tag{3.2}$$

可以发现，式(3.2)与式(3.1)完全等同。

Campagne 采用欧盟八个国家 1952～1957 年的数据，取 $\varepsilon=0.0003$，得出的偿付能力额度计算比率如表 3-1 所示。

表 3-1　最低偿付能力额度计算比率结果①

	丹麦	法国	德国	英国	意大利	荷兰	瑞典	瑞士
平均赔付率	0.51	0.49	0.44	0.50	0.43	0.43	0.61	0.46
赔付率上限	0.74	0.97	0.68	0.92	0.83	0.78	0.90	0.83
费用率	0.35	0.38	0.35	0.41	0.44	0.53	0.32	0.42
计算比率	0.09	0.35	0.03	0.13	0.27	0.31	0.22	0.25

表 3-1 列出了八个国家的平均赔付率、费用率、赔付率上限和偿付能力额度计算比率。如，瑞士非寿险公司的平均赔付为自留保费的 46%，费用为自留保费的 42%，赔付上限为自留保费的 83%。

在此结论基础上，Campagne 建议采用自留保费的 25%为 EEC 的最低偿付能力额度的计算比率，并建议对再保险业务附加一个 2.5%的偿付能力额度要求。

(2) 以责任准备金为计算基础的寿险公司最低偿付能力额度的确定。

与非寿险公司最低偿付能力额度计算基础不同，Campagne 选择了责任

① 注：这里费用率为扣除再保摊回费用的佣金和行政管理费用的和与扣除分出保费的保费收入之比。

准备金作为计算基础，这是因为：他认为，投资风险是最主要的风险，而责任准备金是寿险公司投资最主要的资金，Campagne 认为考虑责任准备金为计算基础最有意义。

寿险公司偿付能力额度模型的建立同样基于假设条件：

a. 偿付能力额度 U（资产超过负债的那部分自由资产）达到一个可接受的最低水平；

b. 一年内某寿险公司资本状况的整体变化（The whole changes in the capital-position of the company）被定义为损失(S)或利润(负 S)；

c. 以责任准备金 V 为计算基础；

d. 对任意寿险公司，随机变量 $S/V=x$ 各年独立同分布，且服从皮尔森系统分布（Pearsonian System Distribution），该密度函数满足：

$$\frac{1}{f_x(x)}\frac{\mathrm{d}f_x(x)}{\mathrm{d}x}=\frac{x+a}{b_0+b_1x+b_2x^2} \tag{3.3}$$

参数 a、b_0、b_1、b_2 通过中心距 $\mu_1(=0)$、μ_2、μ_3、μ_4 组合的等式计算获得

$$\begin{pmatrix} a \\ b_0 \\ b_1 \\ b_2 \end{pmatrix}=\begin{pmatrix} 1 & 0 & 1 & 0 \\ 0 & 1 & 0 & 3\mu_2 \\ \mu_2 & 0 & 3\mu_2 & 4\mu_3 \\ \mu_3 & 3\mu_2 & 4\mu_3 & \mu_4 \end{pmatrix}^{-1}\begin{pmatrix} 0 \\ -\mu_2 \\ -\mu_3 \\ -\mu_4 \end{pmatrix} \tag{3.4}$$

调整式(3.3)，则给定时间区间，寿险公司盈余损失 S 超过资本金 U 的概率不得大于一个给定的水平 ε。用公式表示，也就是

$$P(S>U)\leqslant\varepsilon \tag{3.5}$$

式(3.5)实质上是我们期望损失 $E(S)$ 为 0 时的式(3.1)。

Campagne 采用荷兰十个最大的寿险公司 1925～1945 年期间的统计数据，算出时间区间分别为 1 年、2 年、3 年、5 年和 10 年时在不同破产概率下

的偿付能力额度的计算比率，见表 3-2。

表 3-2　寿险公司最低偿付能力额度计算比率结果

ε	1 年	2 年	3 年	5 年	10 年
0.001	0.09	0.01	0.01	0.12	0.14
0.01	0.07	0.07	0.075	0.08	0.09
0.05	0.05	0.04	0.04	0.04	0.03
0.1	0.025	0.025	0.02	0.02	0.01

表 3-2 给出了在不同的破产概率下，不同的时间区间上的以责任准备金为计算基础的最低偿付能力额度计算比率。Campagne 建议 ε=0.05，寿险公司所需的最低偿付能力额度为责任准备金的 4%。

2) De Mori 计算模型

1963 年，经济合作组织 OECD 为建立一个法定偿付能力额度标准，决定成立研究工作组。该研究组的负责人 De Mori 教授于 1965 年发表了一篇论文①。论文的主题是在 1961 年 Campagne 报告的基础上，进一步研究和期望得到一个合适的最低偿付能力额度计算公式。

De Mori 计算模型基于以下假设：

a. 主要考虑理赔的不利波动风险；

b. 偿付能力额度评估的时间区间以持续经营业务一年为限；

c. 分别以最近财务年的毛保费、责任准备金和最近三年的平均已发生理赔总额为计算基础，破产概率为 0.000 3；

d. 赔付率服从正态分布，对任意非寿险公司，赔付率各年独立同分布。

① De Mori, B. Possibilite d'Etude des indices de Solvabilite acceptables pour le calcul d'unemarge minimum de solvabilite des enterprises d'assurance contre les dommages [J]. Austin Bulletin, 1965, Volume 3: p286-p313.

De Mori 模型所采纳的数据来自 1951 年到 1960 年四个国家所有保险公司的所有相关数据和信息。并作了些处理：把数据按照险种类型分为运输业务险、第三者汽车险和其他业务险三类。结合 Campagne 计算模型，De Mori 将最低偿付能力额度表示为：

$$\frac{u}{Q}=\frac{3\sigma v_s/s}{Q/p_\varepsilon} \tag{3.6}$$

其中，s 为总理赔；p_ε 为总已赚保费；v_s 为理赔准备金；u 为偿付能力额度；Q 为最近财务年毛保费或最近三年平均已发生理赔或责任准备金。根据式(3.6)，可算出四个国家的最低偿付能力额度 u。最后通过对荷兰、法国、德国、意大利四个国家的偿付能力额度值进行加权，获得结论见表 3－3。

表 3－3 最低偿付能力额度计算比率

计算基础	运输险业务	车险业务	其他	平均值
毛保费	0.39	0.24	0.09	0.24
最近三年平均理赔	0.41	0.44	0.18	0.34
责任准备金	0.29	0.17	0.011	0.19

表 3－3 列出破产概率为 0.000 3 时各计算基础下最低偿付能力额度计算比率。

3.1.3 欧盟最低偿付能力额度要求的确定

1) 非寿险公司最低偿付能力额度计算公式的确定

1965 年以后，De Mori 教授经过进一步的实证研究发现，多数保险公司达不到表 3－3 所示的最低偿付能力额度要求。后来 De Mori 教授等人通过多年的讨论和不断修整，初步确定以保费和过去三年平均已发生理赔总额为计算基础，保费和过去三年平均已发生理赔总额的计算比率分别为 18% 和 26%，并取两者中的最大项为最低偿付能力额度。1973 年欧盟第一代非寿险指令出台，该指令第 16 条规定了偿付能力额度的计算方式。计算基础仍按初定的标准，计算比率因增设拐点有所改变，即第 2 章第 1 节中的(a∗)和(b∗)式。

2) 寿险公司最低偿付能力额度计算公式的确定

与非寿险公司相比，直到 1979 年，第一代寿险指令才出台，欧盟寿险公司偿付能力额度标准开始正式实施，该标准的制定一定程度上参照了非寿险公司偿付能力额度标准。1984 年 Buol 报告指出，寿险公司最低偿付能力计算公式中责任准备金的计算系数 4%是直接采用 Campagne (1961)的结论。至于如何选择风险保额为计算基础则没有找到可靠的证据。一个选择风险保额为计算基础的猜想是：由于保险金额＝(保险金额－责任准备金)＋责任准备金＝风险保额＋责任准备金。然而，风险保额的计算系数是如何得到的，则没有可靠的理论依据，很大程度上是依靠经验判断的结果。

3.1.4　对欧盟 1973 年非寿险公司偿付能力额度标准的后续研究

欧盟非寿险公司最低偿付能力额度计算公式遭到一些学者的质疑。较为典型的是学者 De Wit 和 Kastelijn (1980)。他们在 1980 年发表了一篇论文，对非寿险公司最低偿付能力额度标准的计算比率进行了修正。据他们分析，欧盟现有的非寿险公司最低偿付能力额度要求主要基于 Campagne 模型。与 Campagne 模型不同，De Wit 和 Kastelijn (1980)选用了欧盟 71 个保险公司 1976 年、1977 年和 1978 年的数据，并设损失比率的三分之二服从 Beta 分布，破产概率依然假设为 0.000 3。如表 3－4 所示。

表 3-4 最低偿付能力额度计算结果

破产概率	0.000 3
总已赚保费(Gross earned premiums)	100
费用率(Expenses ratio)	30%
可用来支付理赔的金额 (For claims payments)	70%
赔付率上限(Maximum claims ratio)	130%
偿付能力额度 (Solvency margin)	60%

De Wit 和 Kastelijn 得出的结论偏大,一个主要原因是样本太大,71 个保险公司的数据可能产生较大的偏离,这样一来,标准差 σ 便显得偏大,从而理赔比率上限偏大,以致得出的参数偏高。非寿险论坛(1980)的一篇文章根据 De Wit 的模型,采用英国保险公司 1971～1978 年期间统计数据,得出如下结论(见表 3-5)。

表 3-5 最低偿付能力额度计算结果

破产概率	0.000 3
总已赚保费(Gross earned premiums)	100
费用率(Expenses ratio)	34%
可支付理赔的金额 (For claims payments)	66%
赔付率上限(Maximum claims ratio)	85%
偿付能力额度 (Solvency margin)	19%

表 3-5 得出的结论与欧盟制定的偿付能力额度标准只差一个百分点。

Henrik R. H. (1981)应用信度理论知识,根据 De Wit 和 Kastelijn (1980)采用的数据,得出在破产概率为 0.001 时,偿付能力额度计算比率为已赚保费的 18%。

1980 年意大利学者 Buoro[①] 以 De Mori 教授 1965 年的论文为基础进行了研究。该论文假设费用与损失之和与保费的比为一个服从正态分布的随机变量，数据采用了德国、意大利和法国在 1976 和 1977 年的数据，得出如意大利的偿付能力额度为 24.7%(破产概率为 0.000 3)和 21.2%(破产概率为 0.003)。指出以理赔为计算基础的偿付能力额度一直低于以保费为基础的偿付能力额度。并建议把拐点“700 万”改为 840 万或 770 万。

3.1.5　综合分析

分析上述理论模型，其模型结构上的缺陷使得在一定程度上，偿付能力额度的计算仍掺杂了不少的随意性。其随意性主要表现在：

(1) 对于非寿险业务，Campagne 初步提出以自留保费为计算基础，并运用破产概率理论，为偿付能力额度奠定了科学的理论基础。然而，Campagne 模型假设随机变量服从 Beta 分布和所选择的实际数据之间的不独立性导致最终结果即计算比率带有一定程度上的随意性。

(2) De Mori 模型提出了以最近财务年毛保费、最近三年平均已发生理赔和责任准备金为最低偿付能力额度的计算基础。De Mori 模型除了具备 Campagne 模型结构上的缺陷外，还存在其他不足：首先，按式(3.6)计算偿付能力额度的理由并不充分，因为按破产概率模型推算，并不能推导出式(3.6)；其次，笔者根据其给出的数据，并不能推导出表 3-3 中的结论；另外，参数 σ 的选择并不准确，一般而言，单个保险公司的赔付率波动性与多数保险公司的赔付率波动性并不一致，这直接影响非寿险公司最低偿付能力额度的计算比率。

---

① Buoro, G. P., Zucchiatti, G.. Observations on the method of calculation of the solvency margin[C]. Transactions of the 21th International Congress of Actuaries, 1980, Volume 5: p37 - p55.

(3) 对于长期寿险业务，Campagne 提出的偿付能力额度计算公式依赖于责任准备金的合理评估。若计算基础评估不准确，最低偿付能力额度计算结果就会有很大偏差:对于一些提取准备金非常保守的寿险保险公司来说，Campagne 方法得出的偿付能力额度计算结果会偏高，而计算结果偏高将会扼杀寿险公司保守计提责任准备金的积极性，同时诱发一些不良保险公司低估其责任准备金，以求达到符合法定偿付能力额度要求的目的。事实上，保守计提责任准备金已经隐含了保险公司的偿付能力某种程度上得到了保证，其偿付能力额度要求理应是最少需要额外的额度来保证他们的偿付能力的充足性。此外，Campagne 没有考虑寿险公司的业务组合。其寿险业务偿付能力额度计算模型同样依赖于破产概率、数据的选择等主观因素，而破产概率、数据的选择事实上在不同国家，不同地区有很大的不同。

关于欧盟保险公司最低偿付能力额度计算模型，尽管不断有学者提出批评和建议，大家的讨论还是没有脱离模型的基本结构，仅仅因为模型的假设条件和数据选择的不同造成了最低偿付能力额度计算比率有所不同。尽管欧盟偿付能力额度标准制定掺杂了诸多的随意性，该标准理论基础仍不乏其合理性，并为后来的偿付能力额度理论研究开辟了道路，芬兰(Finnish)偿付能力额度理论便是在这个基础上发展起来的。

3.2 非寿险公司最低偿付能力额度要求理论分析

3.2.1 计算基础的选择

一般地，分析保险公司的最低偿付能力资本要求计算基础的选择，我们可以总结出计算基础选择的审慎性应结合以下几个方面综合考虑:

(1) 计算基础对所测量风险的相关性程度。

(2) 数据的获得是否困难和其评估方式是否具有普遍一致性。计算基础的评估数据应该能够通过公共信息或其他相对方便的途径获得。评估方式是否具有普遍性是指不同的保险公司其计算基础的评估方法可能不一样，例如责任准备金的评估，这样各个保险公司之间就不具有可比性。

(3) 是否引诱保险公司的不正当行为。保险监管的第一条原则就是激励保险公司作正确的事情。计算基础的选择可能会引起一些负面效应。一个典型的例子是澳大利亚第二大非寿险公司 HIH 的破产事件，由于 1973 年澳大利亚保险法规定非寿险公司的偿付能力资本要求的计算基础之一就是未决赔款准备金，然而，未决赔款准备金的计提在当时没有统一的规定，而是由保险监管指定的精算师、保险公司的管理人员等内部人员决定，没有一个很好的判断标准，这样一来，这种现象导致 HIH 公司降低未决赔款准备金的计提标准，使得公司既可以满足保险监管机构的偿付能力监管要求，也达到了 HIH 公司有关人员的目的，意料之中的是，最终 HIH 破产的主要原因之一是责任准备金计提严重不足。

(4) 计量模型的结构是否允许。保险公司偿付能力资本要求建模机构上的缺陷可能限制了对计算基础的选择。例如在 Campagne 对非寿险保险公司偿付能力资本要求建立模型的过程中，如果选择责任准备金而不是自留保费，则很难计量。

(5) 受会计制度或其他相关财务制度的制约。保险公司最低偿付能力资本要求只是保险监管机构对保险公司法定的最低资本要求。一般而言，保险公司最低偿付能力资本要求计算基础的数据是通过公开信息披露或其他可获得的信息根据相关会计准则或财务制度而进行编报的。因此，计算基础的选择需受会计制度或其他相关财务制度的制约。

(6) 与实际资本评估基础的一致性。

综合上述六个方面的因素，不难分析我国现行最低偿付能力额度要求计算基础选择的合理性程度。自留保费作为非寿险公司偿付能力资本要求的计算基础,满足前面五个条件,但与实际资本的评估基础不一致。近三年平均综合理赔总额作为非寿险公司偿付能力资本要求的计算基础,除了第(4)条和第(6)条之外,其他条件都满足。

分析非寿险公司的财务报表,我们不难发现,1973年非寿险第一指令的计算基础的数据依据非寿险公司的利润表,这也就是说,计算基础与利润表的相关科目一致。然而,实际偿付能力额度编报规则表明,实际资本的计算基础依赖于资产负债表,因此,我国非寿险公司最低偿付能力额度计算公式的计算基础与实际偿付能力额度的评估基础存在不一致性,这种不一致性导致对非寿险公司的偿付能力充足率的评估可能会偏离其实际的偿付能力充足率。

3.2.2 现行非寿险偿付能力标准中拐点的设计

欧盟在非寿险偿付能力额度标准中选取保费基础的1 000万欧洲货币单位和近三年平均理赔总额的700万欧洲货币单位为不同计算比率的临界点(我们称之为拐点)。粟芳(2002)指出欧盟设置拐点的主要原因是考虑到规模经济效应的结果。根据规模经济效应,在一定条件下,一个保险公司的经营规模越大,其经营成本就会更低,于是,相对其他小型保险公司来说,大型的保险公司的最低偿付能力资本要求理论上应更加宽松。从这个角度看,欧盟选择毛保费收入的1 000万欧洲货币单位和700万欧洲货币单位作为拐点可能跟当时保险公司的整体业务发展规模有关,随着保险公司经营规模的不断扩大,2002年欧盟对拐点作了修改,将1 000万欧洲货币单位和700万欧洲货币单位分别改为5 000万欧元和3 500万欧元。比较而言,相对1973年的标准,欧盟2002年新标准的修改提高了保险公司的最低偿付能力资本要求。从另一角度讲,也体现了欧盟现今保险公司的业务经营规模已经远远超过 20 世纪 70 年代的业务经营规模，相对小公司而言，原标准拐点的设置已经不能体现规模经济效应为大公司带来的好处。

我国现行非寿险公司最低偿付能力资本要求计算公式的拐点直接根据欧盟 1973 年标准，将 1 000 万欧洲货币单位(700 万欧洲货币单位)转换成 1 亿元人民币(7 000 万元人民币)。显然这种借鉴方式是否符合我国非寿险市场的实际状况有待验证。

本书结合我国非寿险市场 2001～2003 年的统计数据，描绘出综合成本率与自留保费收入的散点图。如图 3-1 和图 3-2 所示。

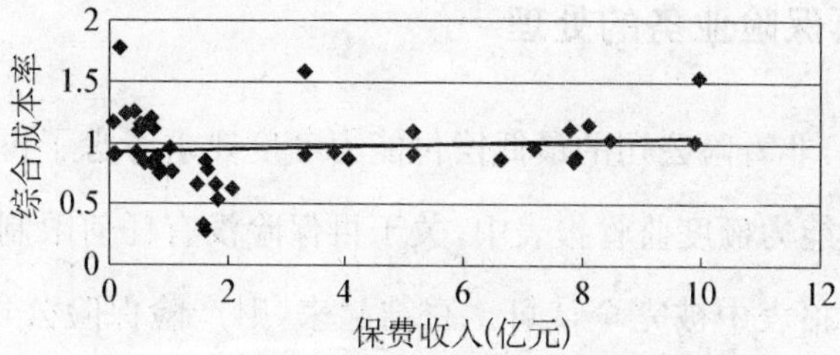

图 3-1　综合成本率与保费收入

图 3-2　综合成本率与保费收入

综合成本率与“一号文”中定义的两年综合成本率计算方法相同。结合图 3-1 和图 3-2，可以看出，几乎所有的中小型保险公司每年保费收入在 10 亿元以下，而规模大的保险公司每年保费收入都在 80 亿元以上，并且随着保费收入规模的扩大，综合成本率并没有呈现降低的趋势。这说明在我国非寿险市场现行状况下，保险公司规模经济作用不显著。

需要注意的是，拐点的设置隐含了以下道理：能鼓励保险公司不断发展壮大。因此，尽管从上述图中可以看出我国非寿险公司的保费规模经济作用不显著，但基于设置拐点隐含的优势，加上我国保险业的目前的发展阶段还处于需要扶持的阶段，笔者建议，依然保留原来的拐点设置，并在此基础上，根据我国非寿险市场保险公司的保费规模的特点，可以再增设一个拐点，如增设20亿元为保费计算基础新的拐点。

3.2.3 对再保险业务的处理

不难发现，非寿险公司的最低偿付能力额度要求考虑了再保险的作用。在非寿险偿付能力额度监管报表中，关于再保险没有任何限制，再保险摊回赔款额在监管报表中被完全认可。总结起来，财产险保险公司偿付能力额度计算中的再保险处理存在以下不足①：

(1) 以自留保费和综合赔款为计算基础。这隐含了一个假设前提：不考虑保险公司的再保分出业务带来的风险，再保险摊回赔款额以账面价值计算，不考虑实际的摊回赔款额，未考虑巨灾理赔对再保险摊回赔款的影响。

(2) 对所有的再保险人一视同仁，未考虑保险人的信用级别，无形中挫伤了信誉好的再保险公司的积极性。

(3) 未考虑不同再保险业务类型给保险公司带来的实际效果，如比例再保险和非比例再保险对保险公司的偿付能力有不同的影响。不考虑再保险业务集中在单个再保险公司的影响。

基于以上不足，我国保险公司最低偿付能力资本要求应结合对再保险

① 占梦雅. 再保险监管研究[J]. 上海保险，2005(10).

业务的质量评估，包括评估再保险人的信用级别、再保险计划分析、再保险计划的情景测试、风险转移技术评估等，充分体现再保险人的信用水平。

3.3　寿险公司最低偿付能力额度要求理论分析

3.3.1　欧盟长期寿险业务最低偿付能力额度计算公式理论分析

通过前面的分析，我们知道，寿险公司最低偿付能力额度中计算比率4%是 Campagne(1961)计算出来的。Campagne 寿险业务偿付能力额度计算模型主要隐含考虑了投资风险，采用的数据来自荷兰国家寿险市场的十大保险公司。由于 1925～1945 年期间荷兰和其他西欧国家保险公司的主要资产分布在低风险领域，因此，计算比率 4%更多的是来自于低风险领域的投资风险，这也是为什么在欧盟寿险公司偿付能力额度的设置中针对不同的新险种设置更低要求(例如投资连结险的责任准备金的计算比率为 1%)的原因。

以风险保额为计算基础的最低偿付能力额度计算比率没有科学的理论依据，主要通过经验获得①。据说有这么一个理由，就是保险金额=(保险金额－责任准备金)+ 责任准备金，前面一部分就是风险保额。

尽管该计算比率没有科学的理论依据，然而，欧盟之所以附加上以风险保额为计算基础的最低偿付能力额度计算公式，是因为考虑到死亡率波动风险的缘故。因此，欧盟寿险公司最低偿付能力额度计算公式的优点在于隐含考虑了寿险公司面临的主要风险：投资风险和死亡率波动风险。

计算基础的选择并不是随意选择的。Campagne 模型考虑了寿险公司

---

① The English Working Party in Solvency. The Solvency of Life Insurance Companies[R]. The Institute and Faculty of Actuaries, www. actuaries. org. uk, 1984.

最低偿付能力额度的三种计算基础的表达方式:①保险金额(The insured capital);②风险保额(risk capital),指保险金额减相应责任准备金;③责任准备金。Campagne认为,若选择保险金额作计算基础,意义不清楚,且保险金额的数据不是很可信,一些公司在规定保险金额时往往没有合理的逻辑;若选择风险保额为基础,则很难在一个恰当的方式下计算风险保额;而且,若风险保额为负数那将如何考虑?最终Campagne选择了责任准备金为计算基础,认为责任准备金是公司最大的负债,同时又是保险公司的投资基金的主要来源,选择责任准备金有非常明显的实际意义。

一个关键的问题是,以责任准备金作为配置投资风险的资本要求的计算基础使得最低偿付能力额度计算公式独立于资产的评估基础,然而,资产的评估方式直接对实际偿付能力额度产生影响。这使得两者之间没有体现一致性。

以风险保额为计算基础可以从其定义进行理解。从风险保额的定义看,风险保额与死亡率风险相关程度高,选择风险保额为计算基础有它的实际意义。

1979年寿险公司偿付能力额度计算公式有它的特有的优势。例如:利用风险保额作为死亡率风险的计算基础;按照业务类型计算保险公司的最低偿付能力额度(不同业务责任准备金的评估标准不同);对长期和短期保险业务进行区分分别计算最低偿付能力额度(长期业务死亡率风险更高)等等。然而,该公式同时也无法掩盖自身的不足:例如以风险保额为计算基础的最低偿付能力额度计算比率没有科学的理论依据;未考虑再保险的质量等。再者,随着科技的不断发展,尤其是计算机技术的发展,各项风险管理技术的不断更新,投资风险的计量技术也越来越成熟。许多保险公司已经发展出识别投资风险、分配资本的更好技术和方法。例如风险资本计算模型直接具体化每一类能够量化的投资风险,并分别配置资本要求和进行业务集中度调整。比较而言,以责任准备金作为保险公司投资风险的资本要求的计算基础,对投资风险的敏感度不如直接以投资科目为计算基础对投资风险的敏感度高。

3.3.2　我国寿险业务最低偿付能力额度计算公式审慎性分析

我国寿险业务的最低偿付能力额度计算公式直接借鉴了欧盟模式,下面着手从三个方面分析我国长期人寿保险业务最低偿付能力额度计算公式的审慎性:

(1) 在寿险公司的实际运营中,其偿还债务的资金来源主要包括责任准备金和偿付能力额度。责任准备金评估的谨慎性和强度直接对最低偿付能力额度的计算结果产生影响。欧盟第三代寿险指令除了偿付能力额度标准外,还包括责任准备金的评估原则,其中,不仅死亡率风险被计算在责任准备金的评估要求中,还涉及了责任准备金的不利波动。这样一来,可以说,在欧盟,寿险公司最低偿付能力额度要求成为寿险公司偿付能力的额外缓冲。

相比之下,在我国,仅仅对寿险法定责任准备金的评估设置了一些原则性的规定,且其评估比不上欧盟寿险责任准备金的评估谨慎和保守。从这个角度讲,我国的偿付能力额度要求在整个偿付能力监管体系中所体现的作用要比欧盟偿付能力额度要求在其偿付能力体系中体现的作用更为重要。更进一步讲,欧盟寿险公司偿付能力监管相对我国寿险公司偿付能力监管更为谨慎和保守。

(2) 就我国寿险公司的现状来讲,目前我国保险公司的大部分资产停留在低风险领域。这一点与西欧发达国家 20 世纪五六十年代的保险公司的资产分布状况类似。但这并不能说明我国寿险公司目前的投资风险与欧盟 20 世纪五六十年代保险公司的投资风险状况相当。我们在评价一个保险公司的投资风险时，除了市场风险和信用风险外，一个重要的风险就是资产负债的匹配风险和利率风险。而引起资产负债匹配风险和利率风险的因素很多，例如资本市场的系统性风险过大是我国保险投资面临的主要风险，这也体现在资产负债匹配风险和利率风险上。另外，低的投资回报使得我国寿险公司面临不能满足有效寿险保单的最低保证回报的风险，与欧盟保险公司良好的投资机会和发达的资本市场相比，这些问题都显示了我国目前保险投资风险更多的不确定性。因此，从对投资风险的资本配置来讲，我国目前可能面临更多的不确定性。

(3) 在20世纪五六十年代，西欧寿险市场的险种普遍单一，传统寿险成为主要险种。然而，与我国传统寿险不同的是，西欧寿险市场的传统寿险大多数是储蓄性险种，死亡保障很小甚至没有，这也是西欧寿险市场保费高的主要原因。从这个意义上讲，该计算比率在我国可能偏低。

3.4 保险公司最低资本要求基本原则

3.4.1 IAA最低资本要求基本设置原则

IAA建议设置最低资本要求时，应该考虑保险公司经营过程中所有的重要风险。对于不能量化的风险，要求对其进行风险监管评估。下面将具体介绍确定资本要求的原则：

(1) 持续经营和准清算基础。最低资本要求的核心目的在于：当企业由于偿付能力不足而进行清算时，其持有的资本足以用来清偿所有债务和费用。也就是说：最低资本通常是为了保证清算顺利进行或者保单组合成功转移而持有的。但是，企业在破产前是一个不断变化的动态组织，其偿付能力不足时所需要的资本仅仅取决于偿付能力不足前一瞬间的业务组合情况。从这个角度考虑，最低资本要求应该以持续经营的动态保险业务为基础。因此，法定资本应该考虑持续经营和清算的双重情况①。

(2) 保护对象和保护内容。法定资本要求保护的对象是保单持有人的利益，在某些辖区，可能还包括保险公司一般的债权人。

(3) 破产后的退出机制。确定最低资本时，首先需要考虑公司破产时的清算方法。很多时候，首选方案是寻找其他保险公司来接管破产公司的保单组合。此时，设置法定资本要求的主要目的是：确保该公司有充足的资产，使得其他保险公司在接受这些资产的同时，愿意接管业务和承担偿付义务②。

(4) 评估承保风险。在保险公司可以将很多风险分散给其他商业机构尤其是金融机构的情况下，最核心的风险就是承保风险。欲恰当评估承保风险，要求详细的检查、分析特定保险产品的数据和相关的行业数据，主要是关于损失发生的频率和金额(severity)。

(5) 保护程度。仅靠资本要求是不可能彻底阻止保险公司破产的，而过度谨慎的资本要求又会远远超过经济资本水平，限制保险公司在允许的范围内合理运用资本。因此，选择一个合适的保护程度至关重要。

(6) 时间区间。确定保险公司当前财务状况时，合理的偿付能力评估期间大约是一年。评估保险公司未来财务状况时，更长的时间轴较为合适，例如：寿险公司采用五年，非寿险公司采用三年。

(7) 会计的作用——总资产负债表法的需要。财务报表中，保险公司的资本是指资产与负债之间的差额。该资本要求的强度(strength)取决于确

① 作者对这条原则的适用性持有保留意见。本书研究法定资本的目的是为了弥补非预期损失而持有的，但是不足以弥补破产等极端情况下的非预期损失。

② 由于该原则是建立在第一条原则的基础上设立的，所以笔者认为这条原则同样不适用本书研究的法定资本要求。

定资产、负债价值所用的方法和假设。如果确定资产、负债价值时，前后所用的方法或假设不一致，则可能会对其他保险公司的相对资本强度状况造成很大的影响。即使在统一的资本要求下，不同的会计体系都会有不同的确定资产、负债价值的方法，进而导致对保险公司实力的不同看法。这些不同的决定方式可能会导致隐藏盈余或赤字。某些确定价值的方法会发生隐藏盈余或赤字，评估偿付能力时必须予以适当考虑。

(8) 风险相关性。评估偿付能力的方法应该考虑到风险的相关性、风险集中度和风险分散度的影响。

(9) 风险转移或风险分散。评估偿付能力的方法应该适当考虑保险公司采用的风险转移或风险分散机制所产生的影响。

(10) 高级(公司特定)法。建立内部模型时，一定要关注最重要的风险变量。

(11) 标准方法。如果涉及的风险对偿付能力的评估很重要，但当前就如何评估该风险又没有统一的观点的话，那么采用简单的风险测度标准较为合适。风险无关紧要时，也可以采用简单的风险测度标准。

以下一种或几种情况下，采用复杂的风险测度标准：

(1) 要度量的风险很重要；

(2) 涉及的风险对偿付能力评估极为重要，简单的风险测度标准不能充分评估；

(3) 风险评估及度量的技术有健全坚实的理论基础；

(4) 存在完备的技术技能和职业制度；

(5) 存在充足的相关数据；

(6) 实际的风险管理水平与风险测度标准一致；

(7) 风险管理水平较高。

3.4.2　世界各国保险公司偿付能力最低资本要求设置原则

综合世界各国保险公司偿付能力最低资本要求的研究经验，保险公司的偿付能力最低资本要求的设置基本遵循以下原则：

(1) 以风险为导向，尽可能反映保险公司业务经营所面临的重要风险；

(2) 尽可能与资产和负债的评估基础一致，例如基于同样的会计准则；

(3) 计算公式不应过分复杂，便于公司间的比较和公司有关人员的理解；

(4) 计算公式应具有弹性，就是说，当在环境改变时能方便调整；

(5) 尽可能有利于保险公司风险管理。

这些原则同样适用我国保险公司偿付能力最低资本要求的设置。借鉴风险资本要求计算模型的设置过程，下面首先分析我国保险公司偿付能力最低资本要求涉及的风险类型应包括哪些，其次是计算基础的选择、计算方法和计算公式的确定。

3.4.3　从 IAA 到其他各国看我国现行最低资本要求遵循的原则

结合上述以及前几节的内容，我们可以总结出我国现行最低资本要求遵循以下原则：

(1) 无论寿险业还是非寿险业，我国现行的偿付能力额度要求隐含考虑了最核心的风险——承保风险；另外，寿险业最低偿付能力额度要求还隐含考虑了投资风险；同时，也隐含考虑了风险相关性。

(2) 时间区间以持续经营一年为准。

(3) 保护的对象是保单持有人的利益。

(4) 保护程度。保护程度也即破产概率水平，按照欧盟偿付能力额度的理论根源，破产概率水平为 0.3%。

然而，与国际潮流相比，我国现行最低偿付能力额度要求原则上存在以下不足：

(1) 没有考虑体现会计的一致性，我们知道，现行实际偿付能力额度为保险公司的认可资产与认可负债之差额。实际偿付能力额度的计算取决于确定资产、负债价值所用的方法和假设。这也意味着即使在统一的最低偿付能力额度要求下，认可资产与认可负债的评估方法不同，导致对保险公司实力的评估结果与保险公司实际能力产生较大的偏差。

(2) 与国际上最低资本要求的发展趋势相比，现行非寿险最低偿付能力额度要求只是间接地隐含考虑了承保风险；或者也可以认为，在20世纪六七十年代，投资风险对非寿险公司产生的影响并没有像今天那么重要；寿险公司最低偿付能力额度要求尽管隐含考虑了承保风险和投资风险，但没有意识到将保险公司的重要风险列为设置最低资本要求的核心；而且，尽管寿险公司现行最低偿付能力额度要求同时考虑了投资风险和死亡率风险（典型的承保风险类型），但作为投资风险在寿险公司日益重要的地位和日益复杂的程度来说，这种简单的测量标准并不能准确评估其需要配置的资本要求；与此同时，与20世纪六七十年代的风险度量技术相比，现代投资风险的度量技术随着计算机科技等技术的发展也越来越成熟，计算方法也越来越精确，因此，总的说来，我国现行偿付能力额度要求监管没有很好地贯彻以风险为基础这一条原则。

最低偿付能力额度要求没有固定的全球化模式，很多国家最低偿付能力额度的计量方式并不一致。然而，无论如何，偿付能力额度要求的监管目的在于对保险公司的偿付能力状况能进行早期预警。确定我国合适的最低偿付能力额度计算公式，一是需要注意保险公司资产和负债的评估方法，尤其是责任准备金的评估方法，这直接影响到偿付能力额度的计算基础的评估；二是结合我国的实际背景，找到一个建立合适的最低资本要求的概念框架；三是必须从使用它的目标出发，使之在我国保险业的现阶段发挥一定的预警监管作用。

第4章　我国保险公司最低偿付能力额度要求实证研究

本章通过对欧盟1973年非寿险公司偿付能力额度标准两项取大的设置机制的分析，分析了赔款基础的非寿险公司偿付能力额度计算公式不起作用的内在原因；在此基础上，通过实证与理论分析相结合的方法，对我国现行非寿险公司偿付能力额度要求提出修正建议；最后本章利用我国保险市场最近几年的统计数据，为现行寿险公司偿付能力额度标准以风险保额为计算基础的计算比率进行实证研究，主要目的在于为其提供理论依据。

4.1　非寿险公司最低偿付能力额度设置机制合理性分析

在第3章中，我们分析了欧盟1973年非寿险公司最低偿付能力额度标准的理论基础源自Campagne模型，Campagne(1961)首次提出以自留保费为计算基础，De Mori(1965)首次提出以近三年平均理赔总额为计算基础。欧盟1973年偿付能力额度标准最终纳入了保费基础和赔款基础，建立了两项取大的设置机制，充分体现了偿付能力监管的谨慎性原则。然而，1973年标准最终计算比率的确定并没有从这两个模型的结论中获得，而是由 De Mori 教授等人通过多年的讨论不断修整的结果。

欧盟 1973 年偿付能力额度标准规定，当频繁发生洪涝灾害，取近七年平均理赔额为计算基础，不难分析，欧盟这样设置的主要原因是考虑到在不好的年份，巨灾理赔的存在导致最低偿付能力额度的偏高给保险公司经营带来的不利。由此便不难分析欧盟 1973 年偿付能力额度标准选择已发生赔款为计算基础时，取其最近三年的平均值也是考虑到赔款基础的不稳定性给保险公司经营带来的不利。

事实上，我们能从理论上分析指出，在欧盟非寿险偿付能力额度设计机制下，若以理赔为计算基础，其计算比率不应由一个赔付率为随机变量的破产概率模型(Campagne 模型)推导得出①。

不妨分别将自留保费(毛保费)或最近年度的自留赔款(最近年度的已发生赔款)为偿付能力额度的计算基础，则第 3 章中的式(3.2)可转换为：

$$P(c \cdot b_{ij} + s_{ij} > b_{ij} + f_b \cdot b_{ij}) \leqslant \varepsilon \quad 或$$

$$P(c \cdot b_{ij} + s_{ij} > b_{ij} + f_s \cdot s_{ij}) \leqslant \varepsilon \tag{4.1}$$

其中，f_b 为偿付能力额度与自留保费(毛保费)之比，f_s 为偿付能力额度与最近年度的自留赔款(最近年度的已发生赔款)之比。由于式(4.1)基于同一个赔付率分布的破产概率模型，因而，在同一个破产概率水平下，f_b 与 f_s 之间关系可表示为：

$$\frac{1}{1-f_s} = 1 + \frac{f_b}{1-c} \tag{4.2}$$

① 占梦雅. 中国非寿险业法定偿付能力额度标准的合理性分析与实证分析[J]. 财经理论与实践，2006(2).

令$\bar{s}$为赔付率上限，不难由式(4.2)推导出 f_b 与 f_s 之间的关系为

$$f_b = (\bar{s} - 1 + c) = f_s \times \bar{s} \text{ 或} \frac{f_b}{f_s} = \bar{s} \tag{4.3}$$

利用第 3 章表 3-1 的结论，Campagne 建议采用瑞士非寿险公司的最低偿付能力额度计算比率 f_b 为 0.25，其对应的$\bar{s}$为 0.83，c 为 0.42。由式(4.2)我们可推导出 f_s 约为 0.30。这将会产生一个矛盾：一方面，f_s 为 0.30 意味着在费用率稳定的条件下，保险公司承受的最大赔付率为 0.83，破产概率模型的经济含义隐含了一旦实际赔付率超过赔付率上限，保险公司将技术上破产，公司将终止经营业务；另一方面，以理赔为计算基础，以 f_s 为计算比率的设计机制表明，即使当近三年平均综合赔款金额与自留保费之比超过$\bar{s}$0.83 时，即实际赔付率大于 0.83 时，公司仍然可以持续经营业务。因而，f_s 的破产理论模型的经济含义与设计机制的经济含义之间的矛盾导致最低偿付能力额度的破产概率模型失去了原有的意义。

另外，若由同一个赔付率分布的破产概率模型推导出 f_s 和 f_b 作偿付能力额度的计算比率，根据欧盟的设计机制，只有当近三年的平均综合赔款金额与自留保费之比超过$\bar{s}$时，理赔基础的偿付能力额度计算结果才会起作用。这意味着在正常年份下，保费基础的计算结果将一直大于理赔基础的计算结果。这并不能体现出设计机制的谨慎性原则。

欧盟偿付能力额度两个计算公式的选择体现了保险监管的谨慎性原则。不难发现，保费基础和理赔基础的计算比率之比为$\frac{0.18}{0.26} \approx 0.7 \approx \frac{0.16}{0.23} \approx \frac{700}{1\,000}$，这表明，当且仅当近三年平均已发生理赔总额超过总保费的 70%时，理赔基础的计算结果将比保费基础的计算结果大。这意味着只要非寿险公司近三年的平均赔付总额超过总保费的 70%，就会有更严厉的偿付能力额度要求。

我国非寿险业偿付能力额度计算公式其计算比率和拐点的设置都直接采用了欧盟的标准。这意味着只有当近三年平均综合赔款超过自留保费的70%时,近三年平均综合赔款金额基础的非寿险偿付能力额度的计算结果才起作用,然而,2002~2003年保险年鉴统计数据表明各家非寿险保险公司每年的综合赔付金额与自留保费之比即综合赔付率普遍都低于0.7。这也是为什么我国基于近三年平均综合赔款额的非寿险偿付能力额度计算公式不起作用的原因。

4.2 我国非寿险公司最低偿付能力额度要求实证研究

4.2.1 研究设计

根据从多个角度对欧盟非寿险偿付能力额度标准综合分析的结论,本书的研究方法基于以下:

(1) 借鉴Campagne模型,对我国非寿险市场偿付能力额度进行实证研究,计算以自留保费为计算基础的非寿险最低偿付能力额度的计算比率。

(2) 应用对欧盟非寿险偿付能力额度标准综合分析的结论,以近三年平均赔款金额为计算基础的非寿险业偿付能力额度计算比率将根据对欧盟标准的赔付率设置临界点为0.7的原因分析,也即经验判断。本书建议以近三年平均综合赔款金额与自留保费之比不超过行业平均综合赔付率为近三年平均综合赔款金额的计算比率和拐点设置的依据。

(3) 考虑业务增长风险是我国非寿险保险公司面临的重要风险,建议对增长过快的保险公司偿付能力额度灵活应用业务增长率。

4.2.2　基于最低偿付能力额度保费基础的计算比率的实证分析

直接借鉴 Campagne 模型，则公式表示为

$$P(c \cdot b_{ij} + s_{ij} > b_{ij} + f \cdot b_{ij}) \leqslant \varepsilon$$

其中，s_{ij} 和 b_{ij} 为第 i 个保险公司在第 j 年的已发生赔款净额和自留保费收入；c 为费用与自留保费之比；f 表示偿付能力额度与自留保费的一个百分比。

自留保费收入 b_{ij}＝直接保费收入＋分入保费－分出保费

综合赔款 s_{ij}＝已发生赔款－摊回赔款支出＋分保赔款支出＝赔款支出＋未决赔款准备金提转差－摊回赔款支出＋分保赔款支出

综合费用 C＝营业费用－摊回分保费用＋手续费(含佣金)＋分保费用支出＋营业税金及附加＋提取保险保障基金

综合费用率 c 为综合费用 C 与自留保费 b_{ij} 之比，f 为偿付能力额度与自留保费之比。

数据的要求直接依赖于上述定义，由于我国保险业统计数据还在不断的规范之中，这里选取最近两年的数据作为样本，并尽量满足大样本的要求。采用的数据是 2001～2003 年我国非寿险市场上 15 家[①]非寿险保险公司的资产负债表和利润表数据，数据资料来源：《中国保险年鉴》2001～2003 年。

本书选取行业加权平均费用率计算综合费用率，因中国人民保险公司的业务比重占市场的 50％以上，我们将对人保公司的费用率给予权重 0.5，

---

① 15 家产险保险公司包括：人保控股(简化)、太平洋产险、平安产险、华泰产险、大众产险、天安产险、太平产险、永安产险、华安产险、中华联合产险、民安上海、美亚上海、出口信用、美亚广州、三井住友。

对其他公司的费用率先进行平均加权，算得平均费用率，再给予0.5的权重。最后算得行业平均加权费用率约为0.366 7。

对于赔付率，我们获得15家公司两年内的43个数据。满足大样本要求，可以直接用SPSS软件做数据分析，剔除异常数据，剩下41个数据，仍满足大样本要求。然后应用SPSS软件作直方图和P－P图，如图4－1和图4－2所示。

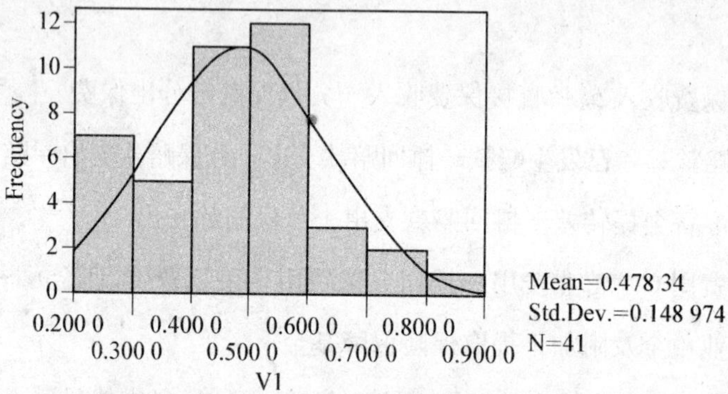

图4－1　赔付率分布图

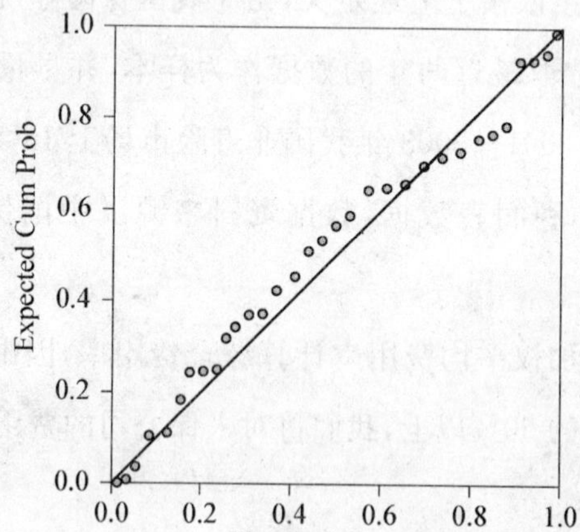

图4－2　赔付率P－P正态概率分布图(非寿险)

直方图和 P-P 图表明，赔付率正态性较好。继续对赔付率服从正态分布进行假设检验。SPSS 软件编程检验的 Kolmogorov-Smirnov 统计量数值为 0.080，p 值为 0.515，大于 0.05，这表明该分布服从正态分布。

用极大似然法估计该正态分布的参数，可得其均值 $E(y)$ 为 0.478 3，标准差 σ_y 为 0.148 97，记为 $Y \sim N(0.478\,3,\ 0.148\,97)$。

对式(4.1)而言，不妨令 $s_{ij}/b_{ij}=x$，则式(4.1)可表示为

$$P(x > 1 + f - c) \leqslant \varepsilon \tag{4.4}$$

由于赔付率 x 只有大于 0 时才有意义，因而，赔付率的分布函数实际上是一个截断的正态分布函数，不妨记为 $F_X(y)$，可表示为

$$F_X(y) = \begin{cases} 0, & y \leqslant 0 \\ \dfrac{F(y) - F(0)}{1 - F(0)}, & y \geqslant 0 \end{cases} \tag{4.5}$$

结合式(4.4)和式(4.5)，给定某个置信水平 ε，则

$$P(x \leqslant 1 + f - c) = F_X(1 + f - c) = \frac{F(1 + f - c) - F(0)}{1 - F(0)} \geqslant 1 - \varepsilon \tag{4.6}$$

由式(4.6)可推导出下式成立

$$F(1 + f - c) \geqslant 1 - (1 - F(0)) \times \varepsilon \tag{4.7}$$

由于 $Y \sim N(0.478\,3,\ 0.148\,97)$，则可推导出

$$F(0) = \Phi(-3.21) = 1 - \Phi(3.21) \tag{4.8}$$

查表可知，$\Phi(3.21)=0.999\,3$。于是，在不同置信水平假设下，可得出不同的偿付能力额度的计算比率。如表 4-1 所示。

表 4-1 不同破产概率下的最低偿付能力额度计算比率（取费用率为行业加权平均值）

ε	$1-(1-F(0))\times\varepsilon$(近似值)	C	f
0.000 3	0.999 7	0.366 7	35%
0.003	0.997	0.366 7	25.4%
0.01	0.99	0.366 7	18%
0.03	0.97	0.366 7	12.5%

4.2.3 对我国非寿险公司最低偿付能力额度计算公式的修正

第 2 章提到，中国保监会对原标准的修改主要有两点：一个是修改了设计机制；二是修改了计算比率和计算拐点。事实上，新修订的计算公式可表示为

$$U=\frac{\min(p,50\text{亿})\times 18\%+(p-50\text{亿})^{+}\times 16\%+\min(y,25\text{亿})\times 45\%+(y-25\text{亿})^{+}\times 25\%}{2} \tag{4.9}$$

其中 U 为最低偿付能力额度，p 为扣除营业税及附加费用之后的自留保费收入，y 为最近三年的平均综合赔款额。

由于第 3 章图 3-1 和图 3-2 表明，几乎所有的中小型非寿险公司每年保费收入在 10 亿元以下，而规模大的非寿险公司每年保费收入都在 80 亿元以上，于是对中小型非寿险公司而言，修订后的公式表明保费基础和理赔基础的计算比率之比为 $\frac{0.18}{0.45}=0.4$，这意味着，对中小型保险公司而言，当最近三年的平均综合赔款额与自留保费之比超过 0.4 时，修订后的计算公式比原公式的资本要求增加了。

若非寿险业务的自留保费业务收入规模超过 50 亿元，保费基础和理赔

基础的计算比率之比为$\frac{0.18}{0.45}=0.4$和$\frac{0.16}{0.26}=0.64$表明，对于赔付率小于 0.4 的非寿险业务，修订后的计算公式将比原标准降低资本要求，对于赔付率在 0.4 和 0.64 之间的保险公司来说，修订后的计算公式将增加其资本要求，对于赔付率超过 0.64 的保险公司来说，其资本要求更严厉。

综上所述，比较而言，新修订的计算公式对赔付率高的保险业务资本要求更高，更加谨慎。

本书结合上述实证分析，给出另一个可行方案。由于我国非寿险业的行业平均加权费用率为 0.366 7，因而可以用来支付理赔的金额为净保费的 0.63，因而，笔者建议以 0.6 为综合赔付率的分界点。建议保持保费基础的非寿险偿付能力额度计算公式不变(取上述破产概率为 0.01)。修正方案如下：

(1) 会计年度自留保费减营业税金及附加后人民币 50 亿元以下部分的 18%和 1 亿元以上部分的 16%；

(2) 近三年平均综合赔款人民币 30 亿元以下部分的 30%和 30 亿元以上部分的 27%。

选取(1)或(2)中较大项为非寿险最低偿付能力额度要求。

4.3　我国寿险公司最低偿付能力额度要求实证研究

4.3.1　研究设计

"一号文"关于寿险长期人身保险业务的最低偿付能力额度(参见第 2 章相关内容)，以责任准备金和风险保额为计算基础，针对每类不同的业务设置了不同的计算比率。我国寿险公司偿付能力额度计算比率直接采用了欧盟的标准。在前面的章节详细的分析中，我们知道，寿险最低偿付能力额度计算比率 4%是 Campagne (1961)基于公司的投资风险计算得出的。其他相应的责任准备金为计算基础的计算比率都是由欧盟保险监管机构在这个基础上调整而得到的；与此同时，以风险保额为计算基础的计算比率并没有科学的理论依据，而是根据死亡率波动作出的经验判断。根据从多个角度对欧盟寿险业偿付能力额度标准的综合分析的结论，本书的研究方法如下所示：

(1) 对寿险市场的负债风险（主要指赔付或退保给付），根据最低资本要求计算的基本原理，构造一个新的计算模型计算相应的寿险业最低偿付能力额度计算比率；

(2) 与前面章节中的计算基础的选择原则相一致，选择责任准备金或风险保额为负债风险的计算基础，由于很难通过公开数据获得风险保额的数据，所以本书以选择责任准备金计算基础为准；

(3) 因为数据的缺乏，本书暂时无法对我国寿险市场的投资风险相关计算比率进行实证分析。

由于很难得到各类寿险业务的具体相关数据，所以，暂时只能根据各家寿险公司总承保业务相关数据进行实证分析。其研究的目的旨在为负债风险的综合度量（综合退保率风险、死亡率风险等）构造一个新的计算模型，提供一个科学的理论依据。

4.3.2 寿险公司偿付能力额度实证研究（基于负债风险）

1) 模型的构建

本书模型的假设条件建立如下：

(1) x_{ij} 为一年内某寿险公司总的赔付或给付状况；

(2) 以责任准备金 v_{ij} 为计算基础；

(3) 随机变量 x_{ij}/v_{ij} 对于不同的保险公司在各年份独立同分布；

(4) ε 为选择置信水平，η_ε 为随机变量对应的分位数；用公式表示为

$$P(x_{ij}/v_{ij} > \eta_{\varepsilon}) \leqslant \varepsilon \tag{4.10}$$

其中，x_{ij}＝退保金以及给付＋赔款支出；

v_{ij}＝未到期责任准备金＋寿险责任准备金＋未决赔款准备金。

2）样本数据的采集和实证结果

数据要求直接依赖于上述定义，因我国保险业统计数据仍在规范当中，故选取 1997～2003 年寿险市场上 17 家①寿险公司的资产负债表和损益表数据，并尽量满足大样本的要求。（资料来源：《中国保险年鉴》1996～2003 年。）

对 x_{ij}/v_{ij} 采用 17 家公司两年内 49 个数据，满足大样本要求，由于对随机变量 x_{ij}/v_{ij} 做出的 P－P 图显示 x_{ij}/v_{ij} 的观察值相对正态概率分布线有所偏离，正态性不太好，因此，本书试探性地对随机变量 ln（x_{ij}/v_{ij}）作直方图和 P－P 图，如图 4－3 和图 4－4 所示。

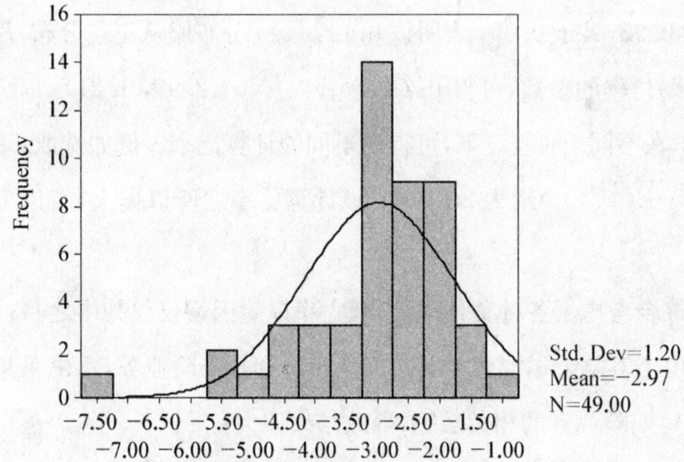

图 4－3　ln（x_{ij}/v_{ij}）分布图

① 17 家公司包括中国人寿（简化）、太平人寿、民生寿险、太平洋人寿、新华人寿、太康人寿、中宏人寿、太平洋安泰、中英人寿、信诚人寿、中保康联、恒康天安、中意人寿、光大永明等 17 家寿险公司。

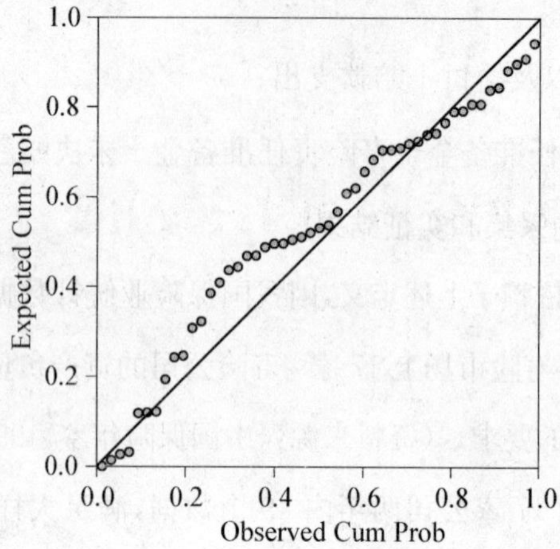

图 4-4 ln (x_{ij}/v_{ij}) P-P 正态概率分布图(寿险)

图 4-3 与图 4-4 表明，ln (x_{ij}/v_{ij}) 正态性较好。继续对 ln (x_{ij}/v_{ij}) 服从正态分布作假设检验，SPSS 软件编程检验的 Kolmogorov-Smirnov 统计量 p 值为 0.92，大于 0.05，表明该 ln (x_{ij}/v_{ij}) 分布服从正态分布。用极大似然法估计赔付率的参数，可得 ln $(x_{ij}/v_{ij}) \sim N(-2.97, 1.21)$。

于是，在不同 ε 的假设下，可得出不同的计算比率。例如选取 ε 为 0.05，可算得 $\eta_\varepsilon - E(x_{ij}/v_{ij})$ 约为 26.7%。该计算比率之所以偏大，有以下理由可以解释：

(1) 综合考虑了各种负债风险，死亡率风险因素仅仅其中之一；

(2) 由于寿险公司混合经营短期健康险和意外险业务，本书采集的数据无法剔除短期险业务的相关数据，导致结果偏大；

(3) 许多寿险公司新成立不久，根据寿险公司经营特性，一般刚成立的寿险公司在前几年之内经营波动性大，基本不赢利，这使得采集的数据不够稳定，从而导致结果偏大。

第5章 非寿险业偿付能力监管制度环境和经营实践分析

无论哪套制度的建立都离不开其运用的特定环境。保险公司偿付能力额度要求是一种用来保护保单持有人利益的防御性策略,但这并不是保险监管机构运用的唯一策略,其他很多防御性措施都会影响到资本要求的数额,例如保单定价原则、投资策略、责任准备金评估原则等。本章试图比较分析欧盟非寿险业过去三十多年的应用环境与我国保险业近几年应用环境之间的差异。

5.1 欧盟非寿险业偿付能力监管制度分析

5.1.1 欧盟单一保险市场的非寿险监管法律综述

欧洲单一保险市场一个重要的直接法律依据就是欧盟统一保险监管建立的法律制度。欧盟在统一保险市场的过程中,放开了对产品费率和条款的管制,重点突出保险公司最低偿付能力的重要性。这种保险监管体系的建立在一个不断完善的进程中得以体现,并通过三代指令来完成。

第一代非寿险指令[①]引入了非寿险公司自由设立的原则。该指令规范的对象是绝大多数非寿险保险业务,不包括机动车强制保险业务。该指令的根本目的是为所有的非寿险公司提供一个统一的监管框架,主要内容包括营业资格要求、偿付能力额度要求、最低保障基金的要求等。该指令涵盖的业务扩展到18种类型的非寿险业务,但不涉及各险种经营(如保单条款、保险费率水平等)的具体问题。

第二代非寿险指令[②]允许非寿险公司开展跨境活动。这也意味着非寿险公司可以在其他欧盟成员国承保业务,不需要在那个国家注册真正的办公场所。然而,在承保大型商业保险时,由于风险过大,跨境业务由母国监管,而普通危险的保险业务则由东道国的保险监管当局进行有效的监管。因此,该指令主要是关于直接非寿险业务的法律合作、监督和管理条款,将第一代非寿险指令扩展到强制性保险领域,另外还制定了有利于自由提供保险服务措施的条款。

第三代非寿险指令[③]对第一代非寿险指令的规则进行了较大修改,取消了第二代非寿险指令中关于保险业务的分类,并要求母国对保险人提供的所有服务进行监管,这样欧盟共同体成员国在保险监管方面达到了一定程度的和谐。指令适用于第一代非寿险指令所规定的全部保险业务和保险人,但排除第一代非寿险指令所规定的准国家或者政府组织。指令要求各成员国采取各种措施确保在1994年7月1日之前,取消这类机构继续独家经营某些种类的保险业务(第三代非寿险指令第3条)。概括地说,第三代非

① The Non - Life Insurance Establishment Directive. Directive 73/240/EEC,于1973年通过。

② The Second Non - Life Coordination Directive. Directive 88/357/EEC,于1988年通过,1990年生效。

③ The Third Non - Life Coordination Directive. Directive 92/49/EEC,于1992年通过。

寿险指令主要包括：

(1) 单一执照制度。

(2) 母国监管制度。母国监管制度协调了成员国对保险的监管规则。不管保险公司是到其他成员国设立分支机构，还是到其他成员国直接提供保险服务，都由母国单独负责该公司的财务监管。财务监管包括核对保险人的整体业务状况、偿付能力状况、责任准备金的设立。母国有权要求保险人根据公司整体状况建立充分的责任准备金。

(3) 对投资人的控制。对设立非寿险保险机构设立人的身份，指令作了限制性规定。

(4) 责任准备金。指令明确要求母国具体审查保险人是否具有充分的责任准备金来覆盖共同体范围内的业务。

5.1.2 单一保险市场的深化程度

建立单一保险市场的理念非常简单：保险公司能够在欧盟任何成员国不受限制地销售保单业务，消费者可以自由选择他们想要的保险品种。然而，单一保险市场三个指令的彻底实施是一个漫长的过程。例如每一个成员国都有权否定"与公众利益"相违背的保险产品，而竞争的不平等相当大程度上与直接保险业务和间接保险业务的税收政策有关，另外各个成员国的合同法条款的不一致也是影响单一市场建立的重要原因。只要各个成员国的财政和法律存在非常大的差异，单一保险市场终归很难变成现实①。

尽管如此，三个指令的实施对各个国家的保险市场的保险监管体系仍然产生重要的影响，例如德国在三代指令的指引下，慢慢放松了对保险市场

① Swiss Re. 非寿险公司的偿付能力：平衡财务稳定和获利能力预期[J]. Sigma, 2000(1).

的管制，逐渐将偿付能力额度监管的重要性提上日程。

5.1.3 欧盟各成员国非寿险业偿付能力监管制度分析

1998年，欧盟六大非寿险市场拥有整个非寿险市场的87%的股份。德国是欧洲最大的非寿险市场，接下来依次是英国、法国、意大利、西班牙。本节主要对四大非寿险市场（英国、德国、法国、意大利）的偿付能力监管制度系统概述。

1) 英国的产品定价、投资政策和责任准备金评估制度

英国保险市场是全球最为自由和成熟的市场之一。英国宽松的监管方式使保险公司可以自由决定产品的价格和保险条款。与之相对应，英国监管当局对保险投资的管理也最为宽松，英国监管当局对保险公司投资领域及投资比率没有任何直接的规定，保险公司在达到保险基金的要求后，可以按自己的需要来自行决定资产投资结构和投资比率。当然，不对保险公司资产运用进行限制并不意味着英国保险监管当局对保险公司的行为完全放任自流。为有效地控制保险投资的风险，英国监管当局对保险公司所使用的资产负债管理方法进行了规定，同时还根据《1986年金融服务法案》来监控保险资金托管人的投资行为，并在必要时采取有针对性的行动。1994年英国发布了《保险公司条例》，对英国的投资资金运用的范围和限度作出如表5-1的规定所示。

表5-1 英国的投资资金运用

序号	各类资产占保险公司总资产的比例上限
1	对土地的投资不得超过公司总资产的5%
2	对同一公司的抵押贷款不得超过公司总资产的5%
3	保单贷款、经纪人或代理人欠款或再保险人欠款不得超过公司总资产的5%
4	对同一公司的上市股票和债券投资不得超过保险公司总资产的5%

（续表）

序号	各类资产占保险公司总资产的比例上限
5	对同一公司的不上市股票投资不得超过保险公司总资产的 5%
6	对所有未上市的股票和公司债券投资不得超过保险公司总资产的 10%
7	在同一单位信托的资金不得超过公司总资产的 5%
8	对同一公司的证券投资不得超过公司总资产的 5%(特定条件为 10%)
9	现金不得超过公司总资产的 3%
10	计算机设备价值不得超过公司总资产的 5%
11	其他闲置设备不得超过公司总资产的 2.5%

英国监管当局并不直接干预保险公司的责任准备金的评估。英国保险公司的责任准备金的评估基本由保险公司自行决定。当然各个公司在评估责任准备金的同时需要遵守有关法规例如 1982 年的《保险法》等规定。保险监管主要集中在对非寿险公司的偿付能力额度监管的实施上。

2) 德国的产品定价、投资政策和责任准备金评估制度

德国的保险监管机构是联邦私营保险监管局(the Bundesaufsichtsamt für das Versicherungswese, Federal Supervisory Authority for Private Insurance, BAV)。德国保险监管方式是欧盟成员国中最严格的保险监管方式,德国严格的保险监管与英国宽松的保险监管形成了欧盟两个极端的保险监管方式。德国保险监管从 1901 年开始,就对保险产品的定价、产品的条款、投资资产类型的限制和准备金的评估进行严格监管。这种严格监管方式使得欧盟三代非寿险指令在德国非寿险市场贯彻实施的过程十分漫长,尤其是第三代非寿险指令的实施,是德国保险市场最为戏剧化的监管变化。第三代非寿险指令的实施是德国保险监管制度巨大变革的分水岭,随着欧盟第三代非寿险指令的执行德国的传统监管方式开始发生变化,尤其是对一直采用标准化费率并占非寿险市场重要市场份额的机动车辆责任保

险业务来说更是如此。德国在保单格式和费率方面的管制放松促使了德国非寿险市场业务竞争的出现。

德国非寿险业资金运用和准备金的评估与德国寿险业的资金运用和责任准备金的评估同样受到严格监管。德国保险机构要求保险投资应注意安全性、盈利性、混合性和分散性。资金运用的范围和限度如下：

(1) 地产的拥有不得超过资产的 25%，建筑自用房屋需要保险监督局的批准；

(2) 以地产或船舶为抵押，或凭有可靠担保发放贷款或发行地产债券；

(3) 上市股票或参股(有若干限制规定)，以不超过资产的 25%为限，投资于一家公司，以不超过该公司全部股票的 10%为限；

(4) 保单贷款；

(5) 债券；

(6) 向联邦、各州政府、乡、镇公法团体放款，以担保为保证向企业放款；

(7) 在联邦银行和信誉良好的国内信贷机构存款。

德国非寿险业责任准备金的评估与德国寿险业责任准备金的评估监管手段类似，为避免重复，将在寿险责任准备金的讲述中提及。

3) 法国的产品定价、投资政策和责任准备金评估制度

法国自 20 世纪 80 年代中后期开始，对保险市场产品定价管制逐渐放松。法国非寿险产品设计及价格基本由市场决定，竞争非常激烈。

法国非寿险业资金运用和准备金的评估与法国寿险业的资金运用和责任准备金的评估监管形式类似。为避免重复，将在下文有关法国寿险业进行详细论述。

4) 意大利产品定价、投资政策和责任准备金评估制度

意大利非寿险市场是欧洲第四大非寿险市场，1994 年以前，意大利保险市场一直受到政府的严格监管，直到 1994 年欧盟第三非寿险指令的颁布，意

大利非寿险保险市场管制才逐渐放松。

与德国相比，意大利保险监管引起的价格管制促使保险产品的价格普遍偏低（德国的监管促使保险产品价格偏高），这是因为意大利对保险业务的监管集中在对产品的价格上限进行限制。意大利规定产品价格上限的原因是意大利政府认为保险的目的主要是为社会和经济服务的。

意大利非寿险责任准备金的评估按照监管机构给定的标准公式计算，并要求责任准备金评估的基础假设应比保单定价的基础假设更加谨慎。责任准备金的充足性评估由指定精算师负责并签字。监管机构对匹配责任准备金的资产类型进行严格限制，例如要求责任准备金投资于政府证券的上限为90%，其他如不动产、抵押贷款、股票等各自不得超过责任准备金总量的5%。

5.1.4　综合分析

欧盟偿付能力监管是通过欧盟1973年以第一代非寿险指令和1979年第一代寿险指令的实施贯彻执行的。1992年第三代非寿险指令取消了整个欧盟范围内对费率和产品的控制，取而代之实施偿付能力监管控制。欧盟偿付能力监管的核心就是确定法定偿付能力额度监管，并规定最低保证基金为法定偿付能力额度的三分之一，是保险监管当局干涉保险公司的最低底线。

在欧盟偿付能力额度监管标准实施过程中，由于第一代指令规定只有个体公司才受到偿付能力额度的监管，为避免保险集团在不同的水平上重复计算法定偿付能力额度，欧盟提出监管仍停留在个体保险公司的基础上，要求对集团的内部关系进行检测，且保险集团必须同时汇报调整后的偿付能力比率。然而，随着欧盟保险市场的不断变化，对现行欧盟偿付能力监管条例的批评也越来越多。基于这些因素的考虑，欧盟联盟委员会于2002年对 1973 年标准进行了调整，并统一称之为“Solvency Ⅰ”。新的最低偿付能力额度要求提高了整个欧盟非寿险公司的资本要求。

从对欧盟几个成员国的非寿险市场和监管制度环境的描述可以看出，各国的保险监管制度存在明显差异。与宽松的监管环境相比，无疑在严格的监管环境下保险公司的稳健性更高[①]：研究资料表明，保险监管环境越宽松，保险公司面临的系统性风险也越大，保险公司的稳定性也越弱。同时实践也证明了，在保险监管相对宽松的英国，非寿险公司的破产案件远远超过保险监管相对严格的德国。

各国的管制放松时间不一致，程度也不一致，从而导致偿付能力额度监管在各国发挥的积极作用不一样。随着第三代保险指令的实施，各国逐步弱化了费率和产品定价、资金运用等保险业务经营环节的监管，而偿付能力额度监管则成为保险监管最主要的内容。因而，偿付能力额度监管对维持保险公司的稳健性显得更加重要了。

5.2 西欧非寿险市场承保结果和投资实践

5.2.1 非寿险市场的险种分布、承保与投资实践

偿付能力资本监管制度的作用是其他相关制度不能所代替的。在其他偿付能力监管制度被逐渐取消或放宽的前提下，为什么一个简单的偿付能力计算公式能在欧盟多年的监管历史中获得成功？本节内容表明，欧盟偿付能力监管的成功与稳定的金融投资环境，谨慎的投资活动和险种创新不无关系。多年来股票市场的杰出业绩和良好的债券市场，掩盖了现有偿付

① Swiss Re. 非寿险公司的盈利性：是该回到根本的时候了[J]. Sigma，2001(6).

能力额度监管的缺陷，使得在多年的监管历史中欧盟各国并没有遭遇致命的打击。

1) 德国

● 险种分布

德国非寿险市场由西德和东德两个截然不同的非寿险市场组成，是欧洲第二大的非寿险市场。原西德非寿险保险市场发展相当完善，而原东德对非寿险保险集中采取公共保险的方式。德国统一后，原西德的保险人迅速占有新市场的主动权，一些外国保险人也进入了市场，但总体而言，统一后的德国市场中，德国的保险公司仍占有绝对优势。

德国经营的主要非寿险业务包括车险业务、大型风险保险(large risks)(主要指企业财产保险、营业中断险、企业机动车保险、劳工赔偿保险、海上保险、航空保险和运输保险以及其他工商企业保险和职业责任保险)。汽车保险是德国非寿险市场中所占份额最大的险种，1994 年其保费比例高达 63%，而责任保险只占 16%，个人意外险占 14%，其他财产保险和其他险种占去了剩下的市场。

据 Sigma (2004)统计，2002 年，德国非寿险市场中车险保费收入 219.7 亿欧元，占整个非寿险保费收入的 42.7%。在车险业务中，三者险和车损险占据了绝对比例。2002 年，三者险保费收入 136.2 亿欧元，车损险保费收入 64.4 亿欧元，分别占车险总保费的 62.0%和 29.3%。

● 承保与投资实践

1975～1992 年期间，德国非寿险业的承保结果和投资收入如图 5－1 所示。

从图 5－1 可以看出，德国保险公司在整个评估期间承保结果普遍为正。二十世纪九十年代初之所以承保结果为负数是因为冬季风暴造成的巨灾所导致的。纵然如此，投资收入还是能远远弥补最终损失，从而保险公司最终能获得较多利润。

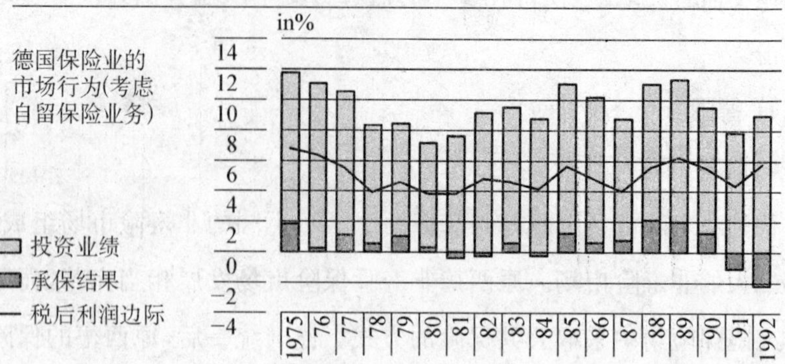

图 5-1 (1975～1992 年)德国非寿险市场的承保结果和投资收入

资料来源:Swiss Re, Sigma No. 1/1995.

2) 法国

● 险种分布

法国非寿险市场是欧洲第三大非寿险保险市场。市场上保险供应者相对比较多,随着管制的放松,小型保险公司越来越多,产品创新也不断出现,汽车保险产品创新更是如此。

据 Sigma (1996)统计,1994 年,法国非寿险市场险种分布显示,汽车保险是保费收入份额最大的险种,占总保费额的 46%;住房保险位居其次,占 14%;工业风险保险占大约 13%;其余险种中,水险和一般责任保险各占 6% 和 5%。

● 承保与投资实践

1975～1992 年期间,法国非寿险业的承保结果和投资收入如图 5-2 所示。

由图 5-2 可以看出,法国非寿险市场承保结果在整个评估期间损失较大。尽管 1975 年到 1985 年期间投资收入增长很快,还是不能弥补承保损失。

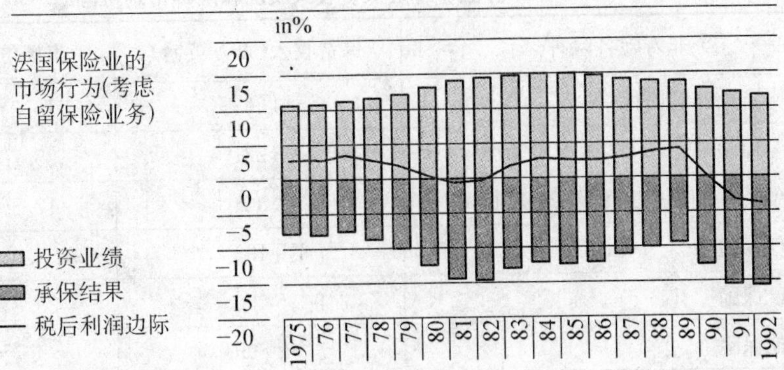

图 5－2　(1975～1992 年)法国非寿险市场的承保结果和投资收入

资料来源：Swiss Re，Sigma No. 1/1995.

3) 英国

● 险种分布

英国非寿险市场是欧洲第二大非寿险市场。英国保险市场由国内市场部分和国际市场两部分构成，后者通常又被称为伦敦保险市场。三大指令的实施与英国宽松的保险监管方式相结合导致英国非寿险市场出现了大量保险产品供应者，吸引了大批的国外保险公司。20 世纪 80 年代末期国外保险公司占约 25%的市场份额。

自 20 世纪 70 年代以来，英国非寿险市场主要销售六大类险种业务且受到英国有关法规的监管。这六类业务分别是：责任险、海上保险、航空险和运输险、机动车辆险(私人车辆)、人身意外险；损失险和财产保险业务(主要指火灾引起的财产损失)。这些险种基本上被列入欧盟第一非寿险指令的监管范围内。英国宽松的监管方式使保险公司可以自由决定产品的价格和保险条款。

1994 年英国非寿险保费收入状况和非寿险各险种市场份额如表 5－2 所示。

表 5-2 1994 年英国非寿险保费收入状况和险种市场份额

非寿险各险种	保费收入(百万英镑)	市场份额
人身意外和健康保险	3 263	10.2%
汽车保险	8 221	25.7%
MAT(水保险、航空保险、运输保险)	2 864	17.2%
责任保险	9 193	9.0%
财产保险	5 490	28.8%
其他保险	2 899	9.7%
总和	31 930	100%

资料来源:Cometé Européе des Assauances (1996).

● 承保与投资实践

1975～1992 年期间,英国保险业承保结果和投资收入如图 5-3 所示。

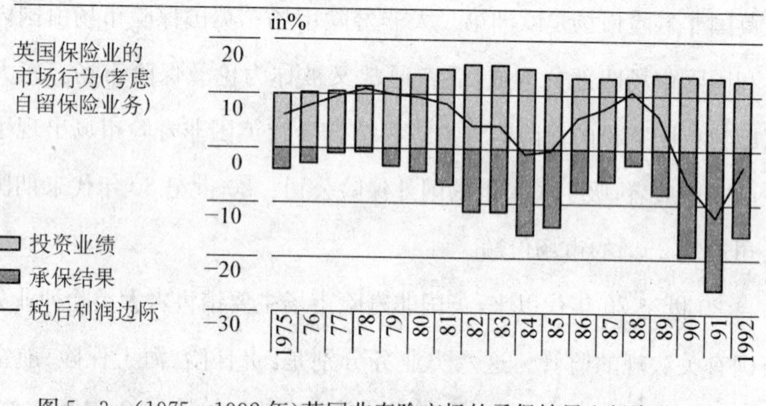

图 5-3 (1975～1992 年)英国非寿险市场的承保结果和投资收入

资料来源:Swiss Re, Sigma No. 1/1995.

从图 5-3 中可以看出,评估期间投资收入波动并不大,而承保结果波动很大。20 世纪 80 年代中期和 90 年代开始,投资收入不再能够弥补保险业务损失(冬季风暴引起的损失)。整个行业处于亏损状态。承保结果波动幅度巨大的原因归结为:自 20 世纪 80 年代初管制放松开始,保险市场激烈的竞争和新保险公司进入市场的门槛较低。英国保险公司的投资收入之所以波动不大与英国强大的证券市场规模有关。2001 年以前非常长的一段时期，英国股票市场非常活跃，规模日益扩大，英国保险公司从中获得了丰厚的投资收益。

4) 意大利

● 险种分布

意大利经营的主要非寿险业务与前面三个国家非寿险业务基本类似，其中车险业务也是意大利非寿险市场的核心业务，机动车辆责任保险业务约占 50％的市场份额。政府监管机构也尤其注重监管这类业务。

● 承保与投资实践

1975～1992 年期间，意大利非寿险业在评估期间的承保结果和投资收入如图 5－4 所示。

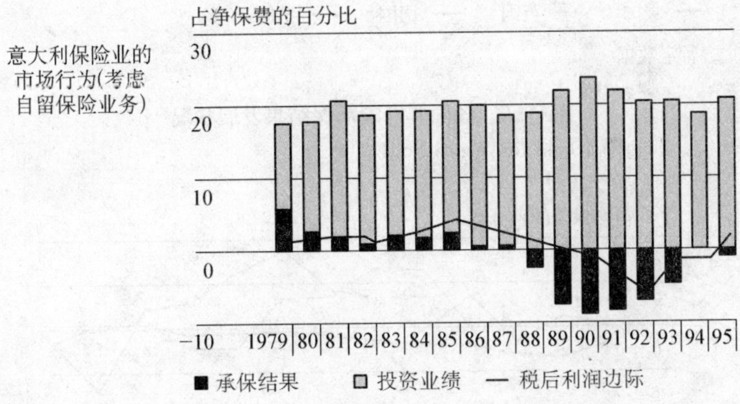

图 5－4　(1975～1992 年)意大利非寿险市场的承保结果和投资收入

资料来源：Swiss Re，Sigma No. 7/1996.

可以看出，自 20 世纪 80 年代末以来，意大利非寿险市场承保结果亏损很大。这是因为，尽管非寿险业务损失经验(尤其是机动车辆责任险的承保出现了戏剧性的损失)表明应提高保费价格，但规定价格上限的监管条例限制了费率的改革。直到 1994 年，意大利非寿险市场盈亏状况开始逐渐好转。

5）1992年后各国非寿险的承保结果和投资实践

图5－5表明1992～2002年各国非寿险承保结果继续恶化，基本处于亏损状态。同时，图5－6表明1992～2002年各国整个投资和承保结果总体发展状况基本处于盈利状态。显然，投资收入改善了各国的整个税后利润。

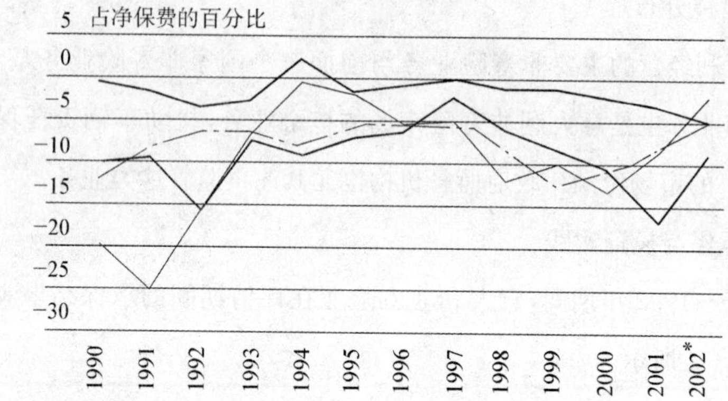

— 美国　— 英国　— 德国　-·- 法国

*暂定数据

图5－5　各国非寿险承保结果发展状况

资料来源：Swiss Re, Sigma No. 4/2002.

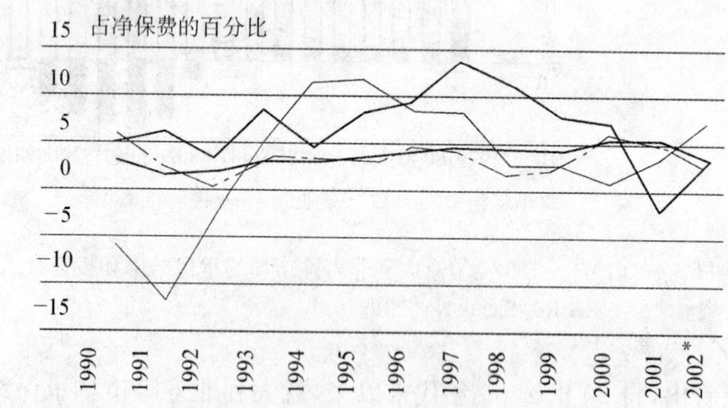

— 美国　— 英国　— 德国　-·- 法国

*暂定数据

图5－6　非寿险市场承保结果和投资结果

资料来源：瑞士再经济研究与咨询部。Swiss Re, Sigma No. 4/2002.

5.2.2　综合分析

1) 西欧主要国家非寿险市场集中度分析

欧洲保险市场主要由两大类保险公司构成：一类是由母国监管的欧洲跨国保险公司；另一类是区域性承保的国内保险公司。以单个保险公司的市场份额进行衡量，据瑞士再保险公司统计[①]，在欧洲各国中，英国非寿险市场是最具动态性的市场。由于英国非寿险管制放松最早，在20世纪80年代，英国是欧洲非寿险市场集中度最低的国家之一。到了20世纪90年代后期，英国前15位公司占有接近80%的非寿险市场份额。德国的市场份额分割相对稳定，1990年德国前15位公司占有接近60%的非寿险市场份额，1994年超过60%，1999年则接近70%。与英国和德国相比，法国非寿险市场的集中度相对较高，在1990年时，前5家非寿险公司占有的市场份额就超过了40%，前15家非寿险公司的市场份额达到了近3/4，在整个90年代期间，虽然市场份额占有率出现一些波动，但在90年代后半期，前15家非寿险公司的市场份额达到了85%左右。意大利非寿险市场的集中度也很高，1990年前5家非寿险公司的市场份额达到了50%左右，前10家非寿险公司的市场份额达到了近2/3；1999年前10家非寿险公司的市场份额则达到了总额的75%。

2) 部分国家非寿险市场承保与投资实践分析

从表5-3和表5-4中我们可以发现，过去相当长的一段时间里，承保盈利状况恶化，而投资绩效则表现良好。后者使非寿险公司的偿还能力得以维持。然而，在步入21世纪后，市场环境发生了巨大的变化，一是各种灾难的频繁出现，尤其是新的风险如恐怖分子袭击使得全球非寿险公司积累

---

① 文中数据根据 Sigma (1995～2001年)资料整理而得。

了巨大的损失；二是经历20世纪90年代的高收益率后，保险公司投资收益回报开始走低，这使非寿险公司的偿付能力在欧洲甚至全球范围内出现了下降。在2002年，非寿险公司希望通过提高保险费率改善非寿险业的承保结果，然而，不断下降的投资收益率又使总体绩效不理想。

表5-3　1975～1992年部分国家非寿险市场综合盈利率构成状况①

	德国	法国	英国	瑞士
承保盈利率	0.51%	−11.6%	−8.82%	−8.48%
投资收益率	8.72%	13.01%	13.29%	11.55%
综合盈利率	4.99%	1.38%	4.52%	3.07%

表5-4　1995～2000年部分国家非寿险市场盈利状况②

	德国	法国	英国	意大利
年份	1995～1999	1995～1999	1996～1999	1995～1999
赔付率	70.5%	84.5%	75.4%	85.7%
费用率	25.3%	22.5%	32.5%	27.1%
承保绩效	1.5%	−8.3%	−7.9%	−14.1%
投资收益	7.2	5.8	9.0	2.9
净投资绩效	15.7%	15.4%	24.6%	15.8%
综合绩效	17.3%	7.1%	16.7%	1.7%

3）西欧不同监管制度环境下的非寿险保险市场行为分析③

监管对保险市场产生的影响可以利用经验数据加以实证分析，1995年

① 表5-3由Sigma(1995～2001年)资料获得。

② 表5-4由Sigma(1995～2001年)资料获得，除带"+"号外，均为五年平均数，占净保费的百分比。

③ Swiss Re. Development of insolvencies and importance of security in the insurance industry [J]. Sigma No. 7/1995.

瑞士再保险公司经济研究和咨询部对六个国家(美国、日本、德国、法国、英国和瑞士)在各自不同的经济环境和监管制度环境下 1975 年到 1992 年的非寿险市场行为进行了研究。该项研究根据 CAPM 公式估计了各个保险市场的市场行为如表 5-5 所示：

表 5-5 1975～1992 年各保险市场的市场行为

	美国	日本	德国	法国	英国	瑞士
Beta 系数	0.99	0.97	0.95	1.53	1.54	0.96
Alpha 系数	−2.8	0.3	6.4	−9.3	−5.3	+3.2
相关系数	0.45	0.81	0.87	0.78	0.89	0.82

资料来源：Swiss Re, Sigma No. 8/2003.

由表 5-5 可以看出，监管制度环境严格的国家如德国，其 Beta 系数(系统性风险)小于 1，而监管制度环境较为宽松的国家如英国和法国等，其 Beta 系数(系统性风险)超过 1.5，远大于 1。这是因为，一方面承保结果依赖于理赔趋势和政府对市场结构的影响，另一方面，法律的限制如投资原则也对保险公司的系统性风险产生影响。

Alpha 系数的大小表明：在一个高度监管的非寿险市场中例如德国和瑞士，Alpha 系数显然为正；而在一个管制宽松的非寿险市场例如英国，显示了风险调整业绩位于证券市场线以下(Alpha 系数为负数)。这表明德国和瑞士严格的保险监管使保险公司在证券市场上获得了良好的业绩趋势。

5.2.3 小结

西欧非寿险市场遭受了一个相当长时间的市场疲软时期。2001 年 9·11事件后，承保条件在逐步改善，但承保盈利仍处于恶化状态。20 世纪 90 年代期间，良好的投资业绩改善了非寿险公司的偿付能力状况。然而，1999 年以后，利率降至最低点，股票市场出现大幅度滑落，投资回报开始恶化。长期以来,资本市场的不景气、重大损失的累积和股票市场的下跌严重影响了非寿险公司的偿付能力。非寿险公司必须改善承保结果,否则后果严重。然而,未来的承保环境和投资环境极为不确定。这种不确定性加上新的风险不断出现(例如安然事件的发生和恐怖主义分子带来的新风险等)使得各国监管机构开始讨论更为严格的监管方式和新的风险管理理念,即如何在这种不断变化的经济环境中维持非寿险公司的财务稳定成为各国监管机构面临的最首要问题。

从监管的角度看,欧盟保险公司偿付能力额度监管取得的成功与它的发达繁荣的资本市场息息相关;监管时期长期处于牛市的资本市场掩盖了现行偿付能力额度标准的缺陷,使得偿付能力额度监管获得业界的一致认可。

5.3 我国非寿险业偿付能力监管制度分析与发展现状分析

5.3.1 非寿险业偿付能力监管制度分析

健全的偿付能力制度对促进保险公司财务稳健和保护保单持有人的利益来说是至关重要的;合理的、制度化的、法制化的偿付能力监管框架是保证保险公司稳健性的必要条件。《保险核心原则与方法》(IAIS, 2003 年)提到,保监当局应制定谨慎的要求来规避保险公司的经营风险。保险监管机构的审慎性要求应体现在对保险公司的保单定价原则、责任准备金评估原则、投资原则、资本充足率要求等方面。

偿付能力额度要求是我国偿付能力监管的重要内容。偿付能力额度监管的质量和有效性是建立在保险费率的监管、责任准备金提存的评估原则、保险资金的运用等监管原则的有效实施的基础上。例如,保险公司必须有充足的责任准备金支付所有预期赔款和费用，而偿付能力额度则用于吸收重要的未预期损失。如果责任准备金不充足，则不足以支付那些预期损失，那么保险公司同样面临支付危机，从这个意义上讲，如果其他制度实施不到位，最低偿付能力额度要求再谨慎也不能发挥它应有的作用。

我国保险业起步晚，保险监管机构的各项制度还在不断补充与完善之中，在制定过程中难免有遗漏与不足之处。下面将对我国保险公司责任准备金评估原则、保单定价、保险资金运用原则等具体的监管制度进行分析。

1) 费率管制逐步放开

《保险公司管理规定》指出，保险公司使用的保险条款和保险费率应当依法报经中国保监会审批或者备案。在此基础上，保险公司可以根据实际情况，公布指导性保险费率。

为了规范对人身保险公司开发产品的审批和备案管理，中国保险监督管理委员会根据《中华人民共和国保险法》和《保险公司管理规定》的有关规定，制定了《人身保险产品审批和备案管理办法》。该办法对在中华人民共和国境内经营人寿保险、健康保险、意外伤害保险等业务的人身保险公司开发设计的人身保险产品进行了规范。其主要内容包括人寿保险公司需要中国保监会审批的产品、人寿保险产品的审批和备案材料、审批和备案程序、精算责任人和法律责任人的资格、职能和法律责任等。

2005 年保险监督管理委员会接着颁布了《财产保险公司保险条款和保险费率管理办法》(保监会 2005 年 4 号令)。“4 号令”规定，中国保监会依法对保险机构的保险条款和保险费率实施监督管理。“4 号令”要求保险机构应在遵守法律规范的基础上拟定保险条款和保险费率、保险费率厘定合理、不危及保险公司的偿付能力或者妨碍市场公平竞争；一些特殊的险种如依法实行强制保险的险种、中国保监会认定的其他关系社会公众利益的险种，保险公司应当将险种的保险条款和保险费率报中国保监会审批等。

“4号令”的出台,使得财险公司的费率厘定基本放开,使得财险市场的竞争趋于白热化。

2) 责任准备金评估制度有待完善

1995年的《保险法》规定:经营非寿险业务的保险公司应从当年自留保费中提取未到期责任准备金;提取和结转的数额,应从相当于当年自留保险费的50%。经营人寿保险业务的保险公司,应当按照有效的人寿保险单的全部净值提取未到期责任准备金。《保险法》同时对未决赔款准备金作出规定:保险公司应当按照已经提出的保险赔偿或者给付金额,以及已经发生保险事故但尚未提出的保险赔偿或者给付金额,从当年的自留费中足额或基本足额提取未决赔偿准备金。2000年,《保险公司管理规定》指出,保险公司应当根据中国保监会有关规定提取各项保险责任准备金,保险公司提取的各项责任准备金必须真实、充足。

可以看出,这些规定只是明确要求对保险公司的责任准备金计提进行监管,但不具备可供操作的细节性条款规定。

2003年末,保监会出台了《保险公司非寿险业务准备金管理办法(试行)》,并于2005年1月15日起施行。该办法对准备金的种类和定义、各类准备金提取方法、准备金的报告等作出规定。

非寿险保险公司的责任准备金的具体评估原则是在最近两年之内完成的,中国保监会启动的关于责任准备金的评估的实施细则都是在相对短的时间内完成的,还需要更多的深入研究来评判和完善这一系列的规定。例如,张伟①(2005)指出,按1999年《保险公司财务制度》标准规定,计提的已发生但尚未报告或立案的责任准备金标准不合理。

---

① 张伟.我国保险公司非寿险IBNR准备金评估研究[D].上海财经大学博士论文,2006.

责任准备金评估监管的主要目的是保证保险公司有足够的偿付能力来履行对保单持有人的承诺。国外许多保险公司破产案例表明,责任准备金计提不足是主要原因之一。目前,关于寿险险种的责任准备金的计提规定相对非寿险险种而言更加粗糙,这样一些保险公司便容易钻空子,少提责任准备金,从而降低了保险公司的偿付能力最低资本要求,最终严重影响保单持有人的利益。

3) 保险资金运用渠道进一步拓宽

我国的保险资金运营有着深厚的经济背景:一是经历了宏观经济政策的调整。这要求我国保险资金的运用原则也需作相应的调整,例如我国中央银行先后8次下调利率,加上我国保险资金运用渠道过于狭窄,造成我国寿险业严重的利差损,因而需要拓宽保险资金的运用渠道。二是随着我国保险业的快速发展,加上全球一体化趋势的发展给我国保险业带来了挑战。我国保险业在经营被动和竞争被动的同时,偿付能力出现严重问题。因此,拓宽保险资金运用是必然趋势。

我国保险资金运用在1995年《保险法》颁布之前,资金的运用处于自由发展阶段。这段时期经营主体为综合性的保险公司,产寿险业没有分开,投资监管环境相对宽松。这段时期保险公司的投资还处于摸索阶段,缺乏经营管理手段和专业技术,加上监管不到位,积累了大量的呆账、坏账,保险公司的偿付能力受到严重影响。

1995年10月《保险法》实施,对保险投资进行严格限制:保险公司的资金运用限制在银行存款、买卖政府债券、金融债券和国务院规定的其他形式。保险公司的资金运用不得用于设立证券机构和向公司投资;保险公司资金运用及其总额的比例,由金融监督管理部门规定。

《保险法》的实施使保险投资集中在低风险、低回报领域。然而,由于我国20世纪90年代前半个时代属于高利率时代,大量的高利率寿险保单在此期间销售，结果1997年后中央银行先后8次下调的利率，造成了保险公司巨额的利差损。为了弥补以往的损失，保险监管机构在1998年后相继出台了一系列的规范性文件，逐步放开保险资金的运用渠道。1999年10月29日颁布的《保险公司投资证券投资基金管理暂行办法》，该法规定我国保险资金可以在二级市场买卖已经上市的证券投资基金和在一级市场上配售新发行的证券投资基金，这意味着我国保险资金可以间接进入证券市场。

2002年，新《保险法》出台，删掉了“不得向企业投资”一项。这意味着保险公司可以投资买卖企业股票和债券，我国保险资金营运渠道进一步拓宽。保险公司成立了专门的资产管理公司，开始了专业投资经营时期。

一直以来，我国保险资金只能投资国债、高级别的金融债、银行存款和证券投资基金等，投资渠道非常狭窄。2004年10月《保险机构投资者股票投资管理暂行办法》(保监会2004第12号令)及2005年8月《保险机构投资者债券投资管理暂行办法》(保监发〔2005〕72号)等文件的颁布进一步落实了保险资金的运用渠道，明确了保险资金直接投资股市涉及的资产托管、投资比例、风险监控等问题。2005年9月，《保险外汇资金境外运用管理暂行办法实施细则》的发布企图开放保险业境外投资的渠道。

显然，我国保险资金的运用渠道正在逐步得到改善，保险资金运用的范围还会进一步拓宽。《保险资金间接投资基础设施项目试点管理办法》征求意见稿已经出台，保监会希望先进行小范围试点。此外，保险资金还将获准投资部分金融衍生品。

我国保险资金运用渠道在不断拓宽，这无疑有利于保险公司改善目前的低收益瓶颈。然而，这也意味着我国大量的保险资金将进入高风险投资领域。投资风险将是我国保险公司不可避免的重要风险。

5.3.2　非寿险市场发展现状分析

1) 市场份额集中度概况

我国非寿险市场的市场结构也经历了很大变化，1988 年以前，由于香港民安公司和新疆兵团业务规模极小，中国人民保险公司基本垄断整个非寿险市场，直到 1988 年平安保险公司和太平洋保险公司成立，中国人民保险公司独自垄断整个非寿险市场的局面才被打破。从表 5-6 我们可以分析出，非寿险市场从完全垄断市场发展成为寡头垄断市场。

表 5-6　市场份额集中度

公司	2001 年	2002 年	2003 年
中国人保	73.91%	70.48%	69.84%
太平洋	12.43%	13.15%	12.23%
平安	9.71%	10.55%	9.60%
华泰	0.92%	0.97%	0.97%
天安	0.57%	0.92%	2.38%
大众	0.47%	0.65%	1.13%
中华联合	0.52%	0.66%	2.1%
出口信用	0%	0.72%	1.1%
永安	0.24%	0.41%	0.89%
华安	0.49%	0.38%	0.88%
小计	100%	100%	100%

资料来源：《中国保险年鉴》，2000～2003 年。

表 5-6 中的数据表明，中国人保、平安财险和太平洋财险占据整个非寿险市场约 85% 的市场份额。非寿险市场中经营主体不断增加，但大多数新型非寿险公司仅占极小的市场份额。不过比较各年的数据可以看出，各个小型非寿险保险公司的市场份额每年呈上升趋势。这说明

在我国非寿险市场，新的保险公司具备一定的竞争力。这是新建的保险公司经营机制灵活和力求保险产品创新等经营优势的结果。然而，由于承保能力、承保技术、信息、信誉、人才等方面的限制，新型保险公司难以与大公司抗衡。从长期看，缺乏效率的寡头垄断市场最终会被垄断竞争市场所取代。

需要提到的是，我国非寿险市场地区发展极不平衡，总体上非寿险市场属于寡头垄断市场。然而，在极不发达地区，还仅仅只有中国人保独家经营，基本处于完全垄断状态，而在一些发达地区例如上海、深圳和广州等，基本处于垄断竞争的市场局面。

2) 险种分布

《保险公司管理规定》规定，财产保险公司可以经营下列全部或者部分保险业务：①财产损失保险；②责任保险；③法定责任保险；④信用保险和保证保险；⑤农业保险；⑥其他财产保险业务；⑦短期健康保险和意外伤害保险；⑧上述保险业务的再保险业务。

目前，我国非寿险市场的主要险种有：机动车辆险及第三者责任险、货运险、家财险、企财险、农业险、责任险和信用保证保险。各主要险种目前的市场份额变化情况见表5-7。

表5-7　非寿险保险主要产品的市场份额

年　份	2000年	2001年	2002年	2003年
企业财产险	19.15%	17.69%	15.74%	14.37%
家财险	2.07%	2.74%	3.04%	2.23%
机动车辆及三责险	61.49%	61.33%	60.06%	62.13%
货运险	5.90%	5.90%	5.36%	4.70%
建安工程及责任险	0.91%	0.91%	0.98%	1.42%
信用保险	0.55%	0.43%	0.95%	0.96%

（续表）

年　份	2000 年	2001 年	2002 年	2003 年
责任险	3.39%	4.02%	4.73%	4.01%
保证保险	0.31%	0.61%	1.18%	0.23%
农业险	0.91%	0.48%	0.61%	0.53%
其他	5.32%	5.80%	6.79%	9.42%

资料来源:《中国保险年鉴》,2000～2003 年。

表 5－7 中的数据显示，一方面，机动车辆险及第三者责任险、企财险和货运险占有整个非寿险市场 80％以上的市场份额，尤其是机动车辆险及第三者责任险一直占有整个非寿险市场 60％以上的市场份额，这说明我国非寿险也存在承保业务过度集中的现象。这种险种结构不合理的现象不利于分散非寿险公司的承保风险。另一方面，也能发现，三大险种（机动车辆险及第三者责任险、企财险和货运险）的比例在逐年下降，而其他险种的市场份额在逐步上升，整个非寿险市场的险种结构不合理现象每年有所减轻。

3) 非寿险业务赔付状况

分析非寿险业各年赔付支出状况的变动，可以让我们对非寿险业的风险程度有一定的认识。表 5－8 显示了 1997～2005 年期间非寿险业的成本支出①。

① 注:简单赔付率为当年的支付损失与保费收入之比,综合赔付率为当年的综合赔款与保费收入之比,综合赔款的定义参考"一号文"中的定义,综合成本率定义参考"一号文"中的两年综合成本率定义。转引自:《中国保险年鉴》1997～2005 年、保监会资料和鹏元资信保险业数据。

表 5-8　1997～2005 年非寿险业的成本支出

年份	简单赔付率	综合赔付率	综合成本率
1997	53.10%	—	—
1998	56.00%	—	—
1999	54.15%	53.78%	1.11
2000	52.00%	51.12%	1.02
2001	48.11%	48.58%	1.00
2002	52.03%	52.03%	1.01
2003	54.79%	54.79%	1.06
2004	—	52.07%	1.02
2005	—	44.40%	0.90

可以看出，我国非寿险业各年的简单赔付率、综合赔付率波动性不大。然而综合成本率基本大于 1，这说明我国非寿险公司承保结果几乎处于亏损状态。从上述各险种在非寿险市场的市场份额可以看出，机动车辆险险种占的市场份额达 60%以上，这也就是说，总的赔付率的变化受机动车辆险及第三者责任险的影响最大。表 5-9 列出机动车辆险及第三者责任险的简单赔付率。

表 5-9　各年机动车辆险及第三者责任险的简单赔付率

年份	机动车辆险及第三者责任险简单赔付率
1998	59.78%
1999	56.25%
2000	55.23%
2001	51.89%
2002	57.37%
2003	61.49%

可以看出，机动车辆险及第三者责任险的简单赔付率比总的简单赔付率普遍要高，这说明了机动车辆险及第三者责任险的赔付率相比其他险种要高些，这也暗示了随着机动车辆险及第三者责任险的市场份额的下降，总的赔付率将会随之下降。

4) 非寿险业的资产分布状况

与寿险业相比，非寿险业的业务属于短期业务。非寿险险种特点决定了其资金运用比不上资金运用对寿险业的重要性。我国非寿险业的大部分资产也主要以银行存款为主，非寿险业的综合投资收益率也普遍很低，大约在3%～5%之间变动。投资收益率低与投资结构不合理是我国非寿险业面临的重大问题。

5) 非寿险公司偿付能力状况

中国人保、平安财险和太保财险三大保险公司占有较大主要市场份额。中国人民财产股份有限公司是由中国人保控股的我国最大的财产保险公司。人保股份自2003年在香港上市之后，资本金得到补充，偿付能力迅速上升，截至2006年偿付能力充足。平安财产保险股份有限公司自2002年资产结构得到调整后，实际偿付能力额度明显改善。由于保费收入增长缓慢，法定偿付能力额度变化不大，因而平安财产保险股份有限公司偿付能力充足率上升，截至2006年偿付能力充足。太平洋产险公司的偿付能力变化状况与平安财产保险公司类似，自太平洋集团公司向太平洋产险公司补充资本金后，实际偿付能力额度很快上升，同时由于保费收入增长幅度不大，法定偿付能力额度波动较小，因而偿付能力充足率呈上升趋势。其他股份制非寿险公司和外资非寿险公司偿付能力状况都基本稳定。

6) 小结

本节从非寿险业的市场结构变化、险种分布、承保业务赔付状况、资产分布状况和非寿险业的偿付能力状况展开了分析。综上分析，可以得出以下结论：

(1) 非寿险市场集中度高，老牌的保险公司仍处于寡头垄断地位。

(2) 机动车辆险及第三者责任险在整个非寿险市场占 60%以上的市场份额，这说明承保风险过于集中，不利于保险风险的分散。

(3) 非寿险公司的投资状况不乐观。投资政策的限制、证券市场的不发达等因素导致目前非寿险公司的投资回报率低，这构成了非寿险公司的潜在的偿付能力风险的一部分。

5.4 非寿险业制度环境与经营实践比较分析

5.4.1 非寿险业制度环境与经营实践比较分析

1) 制度环境比较分析

制度环境的比较分析见表 5-10。

表 5-10 制度环境比较分析

制度	英国	德国	法国	意大利	中国
偿付能力额度要求	欧盟 1973 年及 1979 年第一代保险指令	与英国等同，但直到 1994 年开始真正重视该要求	1985 年左右开始开始重视该要求	基本实施状况与德国类似	2003 年开始真正落实偿付能力额度要求的监管
投资原则	对保险公司整个投资领域和投资比率没有直接的限制。保险公司自行决定投资结构和投资比率	对保险公司的投资种类和投资比率进行限制	对保险公司的投资种类和投资比率进行限制	对保险公司的投资种类和投资比率进行限制，尤其对高风险投资领域进行严格限制	对保险公司的投资种类和投资比率进行限制，尤其对高风险投资领域例如股票等严格限制

（续表）

制度	英国	德国	法国	意大利	中国
责任准备金评估技术	不直接干预，由公司自行评估	严格要求保险公司按照保费定价的假设条件进行评估	要求责任准备金的评估假设和保费定价的基础假设一致	按照监管机构给定的标准公式计算，计算的基础假设比保费基础假设更加谨慎	非寿险责任准备金目前出台了较为具体的评估规定
保单定价	保险费率由市场决定，保险公司根据市场厘定费率和保单条款	对保单定价和保单条款作详细规定，一直到1994年以后，开始放松管制	1985年以后，开始对费率管制放松	与德国类似	《财产保险公司保险条款和保险费率管理办法》的出台，使保险费率逐步市场化

结合表5-10与前文中的相关概述，我们可以找出各个国家的共同点与差异：

(1) 各国实现以偿付能力额度监管为重心的监管历史长短不一。英国从20世纪80年代初期就开始实行费率管制放松，坚持以偿付能力额度监管为重心；法国相对滞后至少5年，德国和意大利更甚。我国实施偿付能力额度监管的时间不足三年。

(2) 英国并不直接对保险公司的投资政策、责任准备金评估进行管制，除了一些原则性的规定。与此不同，德国则对责任准备金评估政策、投资原则做了严格的规定，尤其是对责任准备金的评估，要求其精算假设一定要跟保费定价的基础假设一致。法国虽然要求责任准备金精算假设与保费定价的基础假设一致，但比不上德国的规定那么具体。意大利的责任准备金比保费定价基础假设更加保守，一定程度上是因为其费率监管规定下限导致费率相对偏低而引起的。与西欧发达国家相比，我国出台了《保险公司非寿险业务准备金管理办法(试行)》(2005),目前的责任准备金评估较比以前评估方法科学性、技术性更好,但科学性、完善性、可操作性细节仍有待改进。

(3) 除了英国的投资原则最为宽松外,德国、法国和意大利的投资原则严格程度相差不大。相比之下,我国现行的保险投资原则较为严格。投资原则的规定在一定程度上左右着保险公司的资产分布状况和资产风险的大小。

2) 非寿险市场经营实践比较

表5-11对各国保险市场的经营实践的描述进行分析,并可以得出以下结论:

表5-11 非寿险市场经营实践比较

	英国	德国	法国	意大利	中国
险种分布	汽车保险和财产保险(火灾引起的财产损失)占有市场50%以上的份额	汽车保险是最大的险种,94年高达63%,2002年下降为42.7%,其次是大型风险保险	汽车保险是最大的险种,其次是住房保险、工业保险	汽车保险占市场50%左右的份额	汽车保险占市场60%以上的份额
承保与投资实践	投资结果盈利,且相对稳定,承保结果波动大,而20世纪80年代中期和90年代以后,基本由投资收益弥补承保亏损	20世纪80年代,承保结果和投资结果同时盈利,但从90年代以来,承保结果开始出现亏损,投资结果盈利	承保结果从20世纪70年代中期开始一直处于亏损状态,投资收入基本能够弥补承保亏损	20世纪80年代,承保结果和投资结果盈利,90年代开始承保结果出现亏损,投资收益基本上能够弥补承保亏损	自1999年以来,多数年份赔款与费用率超过100%,同时保险资金整体投资收益率较低,整体经营状况处于亏损的边缘

英国、法国、德国和意大利投资业绩在整个 20 世纪八九十年代极大地增强了保险公司的经营能力，尤其是英国、法国和意大利非寿险业承保亏损期间，基本由投资业绩来弥补承保损失。2000 年以后，由于资本市场的不景气，欧盟保险市场投资损失较大。在这段时期，德国、法国和意大利这些国家传统上侧重于债券投资的资产结构给他们带来了好处。

与这些国家相比，我国近些年非寿险市场承保一直处于亏损状态，而较低的投资收益勉强弥补承保损失，整体经营状况不佳。

5.4.2　国外保险公司偿付能力不足原因分析

根据英国、法国、意大利等六个欧盟成员国对 1975～1995 年保险公司偿付能力不足问题的原因进行了归类(Switzerland, 1996)，如表 5 - 12 所示。

表 5 - 12　1975～1995 年保险公司偿付能力不足的原因

保险公司破产原因	非寿险公司
资产风险	30%
管理失误	40%
业务快速增长	20%
责任准备金不足	60%

5.4.3　结论

(1) 我国非寿险市场与大多数欧盟国家类似，汽车保险占重要的市场份额。

(2) 欧盟保险市场的经营实践证明，对非寿险公司来说，投资收入变得越来越重要。金融经济学理论表明，收益越高，风险也越大。保险投资给保险公司带来收益的同时也带来风险。欧盟资本市场的繁荣使保险公司获得良好的投资回报，一度掩盖了保险偿付能力额度监管的缺陷（忽略了投资风险的存在）。2000年后，资本市场不景气，保险偿付能力额度监管的缺陷得以暴露。

（3）费率管制、投资原则和责任准备金评估原则直接影响到保险公司偿付能力额度监管的质量。英国因投资原则、责任准备金评估原则和费率管制最为宽松，其次是法国、意大利等国家，而简单的偿付能力额度要求监管不能弥补这些政策的放宽带来的风险。英国、法国、意大利等欧盟成员国的保险公司偿付能力不足原因也证明了这一点。与欧盟国家相比，我国费率管制也逐步放开，实行市场化机制，投资管制也正在放宽。由于直接借鉴了欧盟模式，我国偿付能力额度监管同样不能避免这些政策的放宽带来的风险。

第6章　寿险业偿付能力监管制度环境与经营实践分析

与第5章类似，本章首先分析欧盟寿险业偿付能力额度监管三十多年来监管的制度环境和投资环境，接着分析我国寿险市场近年来的应用环境，并进行两者之间的比较，力图找出两者之间的异同。

6.1　欧盟寿险业市场的监管制度环境和发展实践

6.1.1　欧盟单一保险市场的寿险监管法律综述

随着欧洲联盟进程的加快，欧洲主要国家已经同意创建一个涉及商品与服务的单一市场，其中包括寿险服务。由于欧洲联盟已经达到相当高的发展水平，各国提出了许多有关协调欧盟成员国金融保险法规的建议。依据欧盟法律，领域内任何一国依法注册设立的寿险公司都有权在欧盟的其他国家销售寿险。然而，各国在一些领域中所存在的法规差异使得有关欧盟国家认为，来自其他欧盟成员的保险公司拥有不公平的优势。这些领域包括注册资本要求、保险险种类型、寿险征税、社会保障体系等。于是有些国家强烈要求实现法规的协调，而其他国家的态度却并不积极。不过，我们还是要在指出存在有关重大差异的同时，归纳其相似性。

与欧盟第一代非寿险指令类似，欧共体在 1979 年 3 月 5 日颁布第一代寿险指令(79/267/EEC)，其主要内容包括营业资格要求、偿付能力额度要求、最低保障基金的要求等；此外，第一代寿险指令涵盖的业务有 9 种寿险业务，并要求经营寿险业务的保险公司必须只能专门经营寿险业务，现有的综合性公司必须分业管理、独立核算。

第二代寿险指令(90/619/EEC)与第二代非寿险指令类似，其主要内容包括直接寿险业务的法律合作、监督和管理条款。概括地说，第二代保险指令主要对那些不希望在另一个成员国设立经营机构的保险商提供跨境服务问题进行规范，是对第一号指令的补充。

寿险第三代指令与非寿险第三代指令的原则和内容类似。包括①单一保险执照和本国监管制度。②保险人对被保险人告知义务的定义。③对保险责任准备金和投资的管理。该指令规定技术准备金的计算方式必须建立在同一精算基础上，目的为了建立健全的财务制度。另外赋予本国保险监管制定责任准备金的投资管理原则。④保险合同法。第三代寿险指令是第一代寿险指令和第二代寿险指令的补充。

6.1.2 欧盟寿险业偿付能力监管制度、承保和投资实践

1) 英国

● 保险监管方式

英国对保险业务的监管主要通过三个途径：一是法规监管；二是行业准则；三是职业行为准则，如精算师职业制度等。贸工部是国家设立的保险监管机构，保险监管的具体机构是贸工部下设的保险局。保险局与贸工部的其他单位如法律处、公司调查处和审计处保持着密切联系。

英国保险业以高度的行业自律为特色。保险业自律组织负责各自不同

的管理范围。行业自律的主要机构有:劳合社理事会、英国经纪人委员会、保险人协会、寿险组织协会等,对保险宏观监管起辅助作用。

英国有关保险法规包括《保险经纪人法》、《1982 年保险公司法》和与之有关的保险条例:《1983 保险公司财务条例》、《1981 年保险公司条例》、《1983 年劳合社保险条例》、1986 年的《金融服务法》、1990 年的《保险公司管理条例(修改案)》以及贸工部关于收费标准的法律文件、《1990 年保险公司法律费用保险条例》和《保险公司修改条例》等。

英国保险监管以保险公司的偿付能力额度监管为监管重点,对保险费率、保单条款内容和公司所有权等,一般不进行直接干预。

● 保单定价和产品设计

英国的保费定价和产品设计是由每个保险公司内部决定,但也受到一些管制:

(1) 一个新的保险公司在合法开展业务之前,必须将每个保单业务的详细的计算基础和其他相关信息提交给保险监管机构,由监管机构尽快审核批准。

(2) 一个保单业务的设计如果不能满足保单持有人的合理预期,则出于保护保单持有人利益的角度,监管机构将取消保险公司经营此业务的合法权利。

由于保单定价没有严格的法律约束,精算师在保单定价中起着关键作用。一般而言,寿险公司需要两种资格的精算师来完成保费定价:公司的产品发展精算师和由 1982 年保险法规定的指定精算师。由于在精算师的职业准则范围内,其行为决定自由度高,所以产品创新的空间非常大,产品发展精算师或指定精算师对产品设计创新的作用非常大。

由于英国的监管主要集中在保险公司的注册资格和每年一度保险公司的财务报表的审查上,因而,保费基础、产品设计、准备金评估基础和退保价值都由指定精算师和业务经理决定。这种监管制度相对来说显得非常宽松，带来的好处是保险市场产品创新不断出现，消费者选择的余地就很多。

● 险种分布

英国是欧洲第二大寿险市场。寿险与养老基金是英国人传统的储蓄险种。在英国人寿保险合同销售中，大部分是传统的生死两全保险。这些保单通常是分红保单。寿险分红产品发展于20世纪60年代。英国寿险业务一般可分为非分红保单、分红保单和投资连结险保单三大类。非分红保单提供死亡给付或生存给付，没有保证退保价值；分红保单包括典型的分红保单(General Fund Policies，也称最低保证回报保单)和英国特有的分红保单(With－Profit Policies)。典型的分红保单除了提供最低保证利率外，当保单投资获利时，还需要给保单持有人支付一定比率的红利，保险公司承保此类保单需要承担较高的利率风险；英国特有的分红保单提供最低死亡保障或最低生存保障，在此基础上，保户拿到的实际额度由每年的实际分红额度决定；英国特有的分红保单与投资连结险业务的不同之处在于英国特有的分红业务的投资收益需要平滑每年投资收益的波动，而投资连结险业务则不需要。英国特有的分红保单其投资策略较传统的分红保单更为灵活，其保单价值不确定性高，退保惩罚费用高，退保价值通过市场价值调整因子计算。

投资连结险同样提供最低死亡保障或最低生存保障，保户拿到的实际额度由各个合同实际的投资资产的市场价值决定；投资连结险种实际上是另一种类型的分红保单，保单的透明度高，投资风险基本由保单持有人来承担。此类产品对公司的财务影响较小，目前在英国也是最受欢迎的保险产品之一。1988～1998年，英国的投资连结型保险保费占总寿险保费的比例由39％提高到50％。1996～2000年，英国的投资连结型业务保费的年均增长达到26％，而非投连险业务的保费年均增长不到10％。

投资连结险业务是英国市场上最流行的保单之一，这种保险所提供的给付与信托基金(共同基金)中的投资单位的市场价值挂钩。现在许多人用年金,包括与单位投资挂钩的保费趸缴的年金来补充退休收入。

英国市场上也有定期保险,但不怎么受欢迎。《1988 年社会保险法》的新条款允许工人可以不参加由雇主发起的与盈利相关的国家养老金方案(State Earnings Related Pension Schemes,简称 SERPS),而是向私营计划投资。这使个人养老金成为寿险公司中增长迅速的业务领域。

英国的人寿保险市场的保费收入主要来自分红保单业务、投资连结险业务和退休金计划业务。其比率高达 98%。

从以上对英国人寿保险市场的险种结构的分析可以看出,一方面,投资连结险业务占的比重足以说明保险公司有相当一部分的投资风险是由保单持有人来承担;另一方面,英国的分红保单的产品结构也表明,人寿保险公司把部分投资风险转移给了保单持有人。

● 责任准备金评估和投资政策

英国寿险责任准备金的计提主要由保险公司自行决定,并由公司的指定精算师依照 1982 年《保险法》负责核实责任准备金的合理性和充足性。1982 年《保险法》要求保险公司的负债评估必须符合精算规定和有关谨慎性假设条件,且负债评估值不能低于法定最低要求,并要求法定责任准备金的评估必须考虑利率的上限、保单定价的方法、费用准备金、选择权以及期限等因素。

与非寿险公司类似,寿险公司投资经理几乎可以选择他们想要投资的任何资产类型(不动产除外)。指定精算师参与保险公司投资政策的合理性评估,并提出建议。

2) 德国

● 保险监管方式

德国保险监管深入到保险公司各个经营环节,保险公司监管机构是 BAV(Bundesaufsichtsamt für das Versicherungswese)。BAV 有 100 多年的历史，并制定了大量的法规和指引，并形成了诸多先例。BAV 的目标是保护保单持有人的利益，并通过三个原则来达到保护保单持有人利益的目的：一是通过设定一个十分谨慎的保费和责任准备金评估基础，确保没有保险公司破产；二是当谨慎的保费定价和责任准备金评估导致公司高的盈余时，要求保险公司公平合理地分配盈余；三是要求保单条款尽可能简单，以便于保单持有人理解。

● 保单定价和产品设计

在德国，保单定价的基础假设、保单条款、退保价值和红利的分配方法等都需要以报告的形式上交给保险监管机构 BAV 审批。每批新业务计划需要 BAV 的批准才能够实施。BAV 通常发行标准的业务计划，保费基础一般 25 年左右才进行一次大的变动。在德国，分红养老保单是保险公司的主要业务。

● 险种分布

德国寿险市场比较发达。个人年金保险发展很快，1995 年占有的市场份额为 22%。而生死两全人寿保险的市场份额下降较快，从 1970 年的 75%下降到 1993 年的 54%，但仍可以看出，生死两全保险在市场上仍占据主导地位。终身寿险的市场份额很小。综合性寿险在德国实际上还是鲜为人知。团体人身保险则越来越流行，其中生死两全人寿保险仍是首选险种。德国自 1994 年底开始放松对保险市场的管制，为保险市场和险种分布带来显著的变化。

德国寿险公司大约 80%的产品销售来自养老保险，养老保险的销售之所以盛行是因为该保单的税收优惠政策。定期寿险大约占销售额的 5%，团体险种占 6%，年金占 10%。新型产品如投资连结险约占 2%，这一方面反映了德国人的风险厌恶，另一方面因为投资连结险不享受税收优惠。德国的投资限制非常严格，保险公司的投资组合要求收益率至少达到定价时评估利率。在加入欧盟之前，德国保险产品的定价要求非常严格和保守，保费死亡率假设是根据传统的人口死亡率附加一个边际，死亡率按照性别区分，但不区分吸烟和非吸烟者；利率假设不超过 3.5%。在第三代寿险指令出台之前，保险产品相对简单（主要包括养老保险、定期寿险和延期年金）。与欧洲大多数国家一样，德国人寿保险业被高度监管，公司之间的竞争是通过给保险持有人提供可观的红利。当然，英国是一个例外，英国的保单定价不受费率表的限制，因而大量的投资连结险种被销售。

20 世纪 90 年代，与欧盟其他大多数成员国类似，德国开始放松费率管制，允许保险市场正常的费率竞争，并改革旧的费率制度，新的产品例如年金、养老金、投资连结险种、万能寿险和其他储蓄性产品等，和定期保险产品等相继出现。

德国寿险业务在 20 世纪 90 年代的险种结构状况如表 6-1 所示。

表 6-1　德国 20 世纪 90 年代的寿险业务险种结构

	1997	1990～1995	1995	1996	1997	1998	1999
寿险业务	DEM bn(%)	真实增长率/%					
个体寿险	67.1(69)	3.8	1.4	1.3	0.5	—	—
个体年金	15.7(16)	32.3	18.2	12.2	9.7	—	—
团体寿险	9.3(10)	12.1	13.5	8.4	9.3	—	—
其他	5.3(5)	6.1	5.9	4.5	4.5	—	—
总寿险	97.3(100)	6.7	4.6	3.6	2.9	3.3	3.6

资料来源：Swiss Re, Sigma No. 6/1998.

● 责任准备金评估和投资政策

德国的责任准备金评估假设要求与保费定价假设相同，德国《保险法》规定了投资资产的类型及其投资数量限制，例如对股票的投资不能超过投资资产总量的 20%～25%（依据负债的类型而定），所有的资产以账面价值计算等。

3）法国

● 保险监管方式

法国保险监管机构（DA）有一个附属机构，是由高级政府公务员组成的外部保险委员会，负责协调DA监督保险公司的财务状况。法国保险监管目的是保护保单持有人的利益。

● 保单定价和产品设计

原则上，法国要求人寿保费必须按照生命表和规定的上限利率进行定价，要求合理的费用和佣金。若保险公司需要发行新的产品，则需要监管机构的批准通过方可销售。

● 险种分布①

法国寿险公司大多数产品都是退休金储蓄产品（与美国的递延年金相似），这种产品一般设置一个独立账户，缴纳保费方式为趸缴或者灵活支付。一般寿险账户产品常常提供保证利率和年末额外的利息（根据公司的业绩）。法国的主要产品类型包括储蓄性保险保单、两全保险、与单位投资挂钩的保单、定期保险、个人意外事故保险、开放型团险和分红保险等。

近年来，法国寿险业发展惊人。在不到10年的时间里，法国保费收入增长了10倍。法国给予寿险险种的税收优惠进一步加速了其发展步伐。1996年之前，所支付的保费中，有25%可以享受抵扣应纳税所得的优惠，若保险合同期限超过8年，则保单收益可以免税。1990年取消对大多数个人寿险合同的保费税。法国健康险发展也很迅猛，但法国销售的大多数保险都是带有储蓄性的。1996年，法国储蓄性和投资性保险占寿险保费收入的74%，健康险占11%，定期保单占6%。相比之下，法国1983年储蓄性和投资性保单的比例仅为1/3，人寿/储蓄保险定期保险占6.3%，健康和意外保险、再保

① 数据由Sigma（1995～2001年）各期内容有关数据计算整理获得。

险和国外业务占 3.3%，其他类型保单占 5.3%。

● 责任准备金评估和投资政策

除了投资连结险和团体年金之外，法国要求个体险合同的责任准备金按照传统的计算公式计算，且责任准备金计算的基础假设与保单定价的基础假设一致。投资政策除了限制投资的资产类型外，还规定了每类允许投资的资产应用的范围。例如，法国规定对固定利率证券的投资不得低于总资金运用的 34%，对不动产的投资不得高于总资金运用的 40%。

4) 2000 年以后西欧人寿保险市场的险种结构的变化

近些年来，欧洲人寿保险公司遭受了来自股市下跌和利率下降的打击。网络泡沫引起的股市下跌导致传统分红保险单需求量大增，投资连结险种销售量下降。英国的分红保单由于大部分资金投入证券市场，股市的下跌使得英国保险公司的偿付能力严重下跌，部分公司不得不出售股份维持偿付能力水平。德国和瑞士一些人寿保险公司由于向其保单持有人保证了高额的回报和盈余，因而增加了其资产中投资于股票市场的份额，股票市场的下跌使得这些公司损失惨重。其他欧洲大陆国家的寿险市场也出现了类似情况。

一些国家的寿险市场的损失状况相对不严重。20 世纪 90 年代后半期开始，法国、意大利和西班牙的人寿保险公司开始销售投资连结险业务。销售这些产品所获得的成功使保险公司缓和了投资风险，因而也降低了股市暴跌带来的冲击。而这些国家传统上侧重于债券投资，这种保守的投资策略也给他们带来了好处。不过，随着股市的恢复，加上利率持续下降，投资连结险种重新获得民众的青睐。

6.1.3　欧盟寿险市场的承保与投资实践

欧盟寿险市场中许多保险险种纯粹是投资或储蓄性的产品，死亡风险很小或根本不存在，因而寿险公司的死亡赔付率很低。因此欧盟寿险市场的承保与投资经营能力直接依赖于保险公司的投资收益。

1) 西欧寿险市场险种分布对承保与投资实践的影响

在前面对欧盟主要国家英国、法国和德国的险种分布的讨论中,可以发现,英国和法国投资型保险占有重要的市场份额,而在德国储蓄性产品则占有市场的主要份额。在1980～2002年期间,西欧保险市场业务发展发生了两个重要变化:

(1) 投资连结险业务的不断发展壮大。20世纪90年代,西欧国家的投资业务保费占人寿保险费总收入的百分比从1997年的21%增长到了2001年的36%。截止到2001年底,人寿保险公司投入连结产品的总资产已经达到了10 200亿欧元,相当于西欧国家国内生产总值的11%。但是随着2001年欧洲股市的低迷和下跌,能够较多参与股票市场的投资连结保单也失去了往日的吸引力,导致该业务量在很多国家都出现了大幅度下滑。但在2002年又重新恢复了增长趋势。

(2) 年金和养老金产品的发展推动了寿险业的发展。在西欧寿险市场,储蓄性保险产品(例如分红保单、投资连结险和退休金计划等)成了各国销售的主要产品。在法国,84%的保费收入来自储蓄性产品,英国则达到98%以上。由于许多保险险种纯粹是投资或储蓄性的产品,死亡风险很小或根本不存在,因而寿险公司的死亡赔付率很低。保险公司的税前利润是由承保结果和投资结果决定的。据Sigma (2004)统计,西欧寿险市场的死亡保障产品销售量很小,风险保费(专门为死亡或失去劳动能力等特定事件承保的保费)占总寿险保费的比率在1995年到2003年间一直维持在15%左右①。在这种情况下,西欧寿险市场的险种分布和险种结构决定了寿险公司的投资收益对西欧寿险业的发展起到了关键性的作用。

---

① Swiss Re. 死亡保障:寿险核心产品[J]. Sigma, 2004(4).

资本市场不景气时亏损最为严重的西欧国家寿险市场的特征①为：

(1) 股票占投资组合较大；

(2) 保证利率高于市场利率；

(3) 富有保证受益的保单占据大量市场份额；

(4) 当地寿险市场过度饱和。

西欧主要国家寿险险种的结构和险种分布状况决定了对资本市场的依赖性很高，资本市场的繁荣与否直接制约了西欧国家寿险业的发展。

2) 保险公司的投资实践

事实上，在 20 世纪 80 年代早期，国内政府债券利率可观。欧盟寿险市场取得了可观的投资收益。图 6-1、图 6-2 和图 6-3 为我们展示了1980～2003 年的证券市场的历史发展状况。

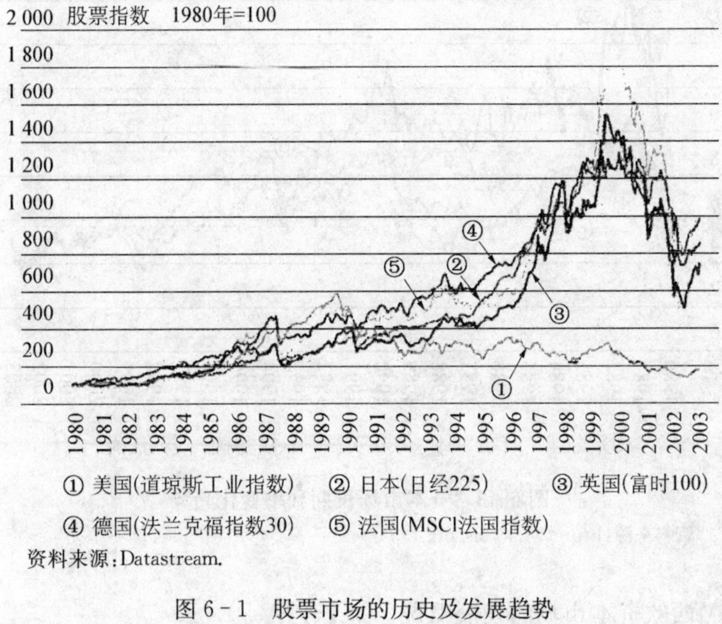

资料来源：Datastream.

图 6-1　股票市场的历史及发展趋势

资料来源：Sigma No. 8/2003.

① Swiss Re. 2002 年世界保险业：非寿险业务出现高增长[J]. Sigma，2003(8).

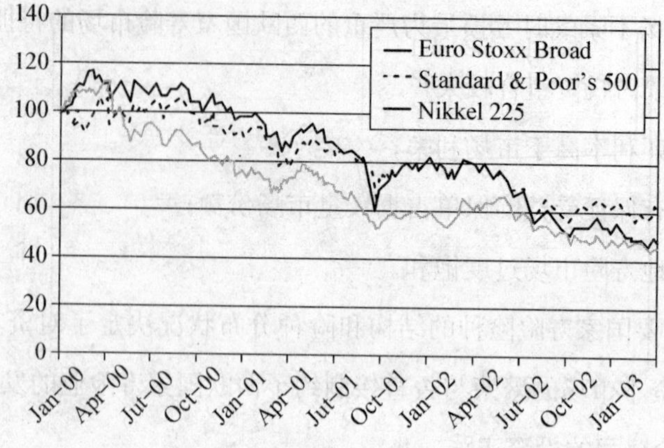

图 6-2 股票市场的历史及发展趋势(季度)

资料来源:Sigma No. 8/2003.

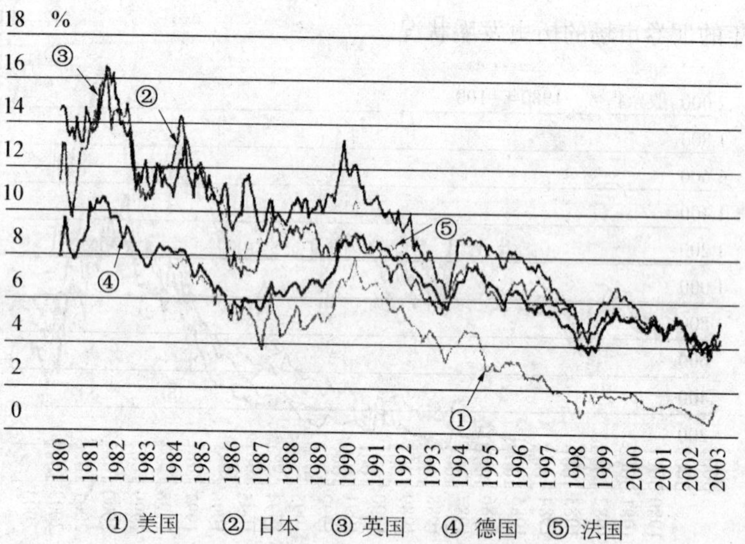

图 6-3 资本市场长期利率变化趋势

资料来源:http//www. bis. org.

(1) 西欧资本市场的发展概况。

(2) 各国寿险业的投资资产分布状况。

从表 6-2、表 6-3 和表 6-4 中可以看出,资产分布结构状况反映了各国监管的投资规则。与其他国家相比，英国保险公司的资产分布中股票占很大比重。这里有几个理由可以解释：

表 6-2　英国人寿保险公司的投资资产分布状况

<table>
<tr><th>年份</th><th>债券</th><th>股本投资</th><th>不动产</th><th>抵押信用</th><th>流动资产</th><th>其他</th></tr>
<tr><td>1960</td><td>43.7%</td><td>23.2%</td><td>9.0%</td><td>16.5%</td><td>6.8%</td><td>—</td></tr>
<tr><td>1980～1989
（非投连险）</td><td>27%</td><td>48%</td><td>15%</td><td colspan="3">7%</td></tr>
<tr><td>1990</td><td>21%</td><td>53%</td><td colspan="4">26%</td></tr>
<tr><td>1999</td><td>18%</td><td>61%</td><td colspan="4">21%</td></tr>
</table>

资料来源：Swiss Re，Sigma No. 6/1998.

表 6-3　法国人寿保险公司的投资资产分布状况

<table>
<tr><th>年　　份</th><th>债券</th><th>股本投资</th><th>抵押信用</th><th>不动产</th><th>流动资产</th><th>其他</th></tr>
<tr><td>1960</td><td>63.2%</td><td>13.2%</td><td>0.2%</td><td>11.5%</td><td>12.8%</td><td>5.0%</td></tr>
<tr><td>1980～1989（非投连险）</td><td>59%</td><td>15%</td><td>—</td><td>19%</td><td colspan="2">7%</td></tr>
<tr><td>1990（法、德和意/均值）</td><td>41%</td><td>17%</td><td>35%</td><td colspan="3">8%</td></tr>
<tr><td>1999（法、德和意/均值）</td><td>44%</td><td>27%</td><td>24%</td><td colspan="3">5%</td></tr>
</table>

资料来源：Swiss Re，Sigma No. 6/1998.

表 6-4　德国人寿保险公司的投资资产分布状况

<table>
<tr><th>年　　份</th><th>债券</th><th>股本投资</th><th>抵押信用</th><th>不动产</th><th>流动资产</th><th>其他</th></tr>
<tr><td>1960</td><td>15.4%</td><td>10.0%</td><td>11.3%</td><td>17.6%</td><td>45.7%</td><td>—</td></tr>
<tr><td>1980～1989（非投连险）</td><td>44%</td><td>7%</td><td>—</td><td>14%</td><td colspan="2">35%</td></tr>
<tr><td>1990（法、德和意/均值）</td><td>41%</td><td>17%</td><td>35%</td><td colspan="3">8%</td></tr>
<tr><td>1999（法、德和意/均值）</td><td>44%</td><td>27%</td><td>24%</td><td colspan="3">5%</td></tr>
</table>

资料来源：Swiss Re，Sigma No. 6/1998.

a. 资金运用的限制。相比之下，英国的资金运用非常宽松；

b. 与其他国家相比，英国的证券市场的规模大很多；

c. 产品设计的监管限制，与其他国家相比，英国人寿保险公司的产品设计不坚持提供保证退保价值，因为这种保证很难和股权投资的政策搭配；

d. 与其他国家相比，投资连结险种的业务在英国比其他国家发达。

其他国家资产类别的差异还可以用一个理由来解释，即与英国相比，其他国家的投资者风险厌恶程度很高。因此，在德国，尽管证券市场很发达，同时资金运用政策允许股票投资占资金运用的 20%～25%（取决于产品的类型）。然而保险公司投资于股票的比例远低于这个数。

6.1.4 小结

寿险市场的险种分布受许多因素的影响，各个市场的险种分布存在明显差异，例如在英国寿险市场，投资连结险的市场份额比重较大，而在德国寿险市场，则储蓄性险种市场份额占主要地位。存在这种差异一方面由于各国的保险监管制度环境和其他相关政策存在不同，例如各国的税收优惠政策、养老金改革、资金运用原则等；另一方面西欧寿险市场的险种市场份额在一定程度上也与各国资本市场不同的发达程度密切相关。20 世纪 90 年代证券市场的长期繁荣使得投资连结险业务发展非常迅速。然而，自 2000 年股票市场下跌，利率走势偏低后，投资连结险业务的市场份额开始迅速下降；而随着各国税收和退休金改革的进行，储蓄性产品例如个人及职业退休金产品市场份额开始扩大。

对于债券占主要投资份额的寿险市场来说，利率是决定保险公司投资回报的最重要因素，而对于股票占主要投资份额的国家来说，股息收入则是最重要因素。资本收益在利率低时是主要的投资回报。

投资风险是寿险公司最重要的风险之一。一方面，西欧主要国家寿险险种的结构和险种分布状况决定了其资本市场的依赖性程度很高；另一方面，西欧寿险业的历史发展历史表明，在 20 世纪八九十年代，资本市场繁荣大大推动了寿险业的发展；而进入 21 世纪之后，证券市场的衰退使得西欧寿险市场亏损最为严重，发展几乎停滞。这种亏损严重挫伤了西欧寿险业的偿付能力，资本金迅速下降。寿险保险公司险种分布的变化、资产分布的变化决定了投资风险因素影响的日新月异及其复杂性。这也显示了寿险公司 1979 年偿付能力额度标准对投资风险设置的最低资本要求不能反映寿险公司的投资风险日益变化的真实状况。

6.2 我国寿险业发展现状分析

6.2.1 寿险保险市场的市场结构演变

我国寿险保险市场自 1980 年恢复保险业务以来，市场结构大致经历了三个阶段的变化：第一个阶段是由中国人民保险公司独家经营寿险业务的阶段。第二个阶段是 1988 年以后，中国太平洋保险公司和中国平安保险公司先后成立，开始经营寿险业务。这意味着中国人民保险公司独家经营寿险业务的格局已被彻底打破，并初步形成三足鼎立的局面。第三个阶段是从 1996 年开始，多元化市场格局已经初步形成，如表 6-5 所示。

表 6-5　1996 年寿险市场格局　（单位：亿元）

公　司	保费收入	市场份额
中保寿险集团	212.87	63.95%
新疆兵团	0.15	0.05%
平安	71.86	21.6%

（续表）

公　司	保费收入	市场份额
太平洋	38.62	11.6%
泰康	1.47	0.44%
新华	2.6	0.78%
友邦上海和友邦广州	5	1.5%
其他	0.28	0.08%
合计	323.85	100%

资料来源：陈文辉．中国寿险业的发展与监管[M]．北京：中国金融出版社，2002.

从表 6－5 我们可以发现，中国寿险市场的市场经营主体由最初的独家经营发展为股份制寿险公司，中外资保险公司并存的多元化市场竞争格局。然而，尽管我国寿险市场多元化格局已经初步形成，我国寿险市场仍然是三家公司占有大部分市场份额。寡头市场的特点是新公司进入保险市场比较困难，且难以与大公司进行竞争。目前我国寿险市场似乎面临这样的局面。这是由于我国政府对市场准入控制非常严格，加上大公司与客户、政府的关系牢靠等原因。新进入的公司很难与大公司竞争。从这个意义上讲，我国寿险市场属于寡头垄断市场。

自从进入 21 世纪以后，三大寿险公司的市场份额在不断呈下降趋势。而一些新的保险公司例如新华人寿等新公司的市场份额则逐步呈上升趋势。

表 6－6 显示了进入 21 世纪后寿险市场的结构现状。

表 6－6 中的数字表明我国寿险市场寡头垄断的这种格局正在发生变化，垄断竞争市场可能成为我国寿险市场未来的新格局。

表6-6　21世纪后寿险市场结构现状

公司	2001年市场份额	2002年市场份额	2003年市场份额
中国人寿	57.05%	56.59%	53.98%
平安	28.13%	23.54%	19.88%
太平洋	10.07%	10.95%	12.70%
新华	1.63%	3.51%	5.79%
泰康	1.17%	2.89%	4.49%
其他公司	1.93%	2.52%	3.16%
合计	100%	100%	100%

资料来源:《中国保险年鉴》,2002～2004年。

6.2.2　险种分布

寿险产品的供应是寿险市场发展的动力源泉。《保险公司管理规定》规定,寿险公司可以经营下列全部或者部分保险业务:①意外伤害保险;②健康保险;③传统人寿保险;④人寿保险新型产品;⑤传统年金保险;⑥年金新型产品;⑦其他人身保险业务;⑧上述保险业务的再保险业务。

截至2003年底,我国寿险保险市场共有27家保险公司经营寿险业务。其中,全国性保险公司(包括中国人寿保险股份有限公司、中国平安保险股份有限公司、泰康人寿保险股份有限公司、新华人寿保险股份有限公司)占据市场的主要份额。

随着寿险市场主体的不断增加,我国寿险业的发展步伐也在不断加快,寿险险种种类越来越多。我国寿险业发展的初期,寿险险种相对单一,主要以传统人身险业务、人身意外险业务和养老金为主,其特点是保费价格偏低、保障低。随着寿险业的发展,寿险公司的传统寿险业务、健康险业务、意外伤害险业务被进一步细分成满足不同消费者的险种业务类型。尤其是自

2000 年以来，中国寿险市场的险种业务发生了非常大的变化，传统的个人寿险业务开始被现代寿险业务所取代。分红型寿险业务、万能寿险业务、投资连结险业务等相继获得了市场消费者的青睐，满足了消费者日益多样化的保险需求和投资理财的需求（见表 6－7）。

表 6－7　人寿保险市场产品的市场份额

年　份	2001 年市场份额	2002 年市场份额	2003 年市场份额
传统寿险	61%	37.23%	30.10%
投资连结险	7.49%	3.05%	2.12%
万能产品	2.82%	1.5%	0.56%
分红产品	19.15%	49.31%	55.84%
意外伤害险	5.23%	3.5%	3.31%
健康产品	4.28%	5.34%	8.03%
其他	0.03%	0.07%	0.04%
合计	100%	100%	100%

资料来源：《中国保险年鉴》，2002～2004 年。

可以发现，分红产品的份额增速十分迅猛，在 2003 年甚至超过了传统的寿险业务，市场份额达到 56%。这也说明了我国寿险市场险种的承保风险发生变化。根据分红产品的特点，分红产品设计中都有最低保证回报。这也意味着如果保险公司的投资回报达不到最低保证回报水平，将出现亏损。因而，我国寿险业务的市场份额的转变加大了寿险业的承保风险。

6.2.3　寿险业务赔付状况

保险公司在经营寿险业务的过程中，寿险业务的赔付或给付是最大的经营支出部分，直接影响着公司的经营利润。一旦寿险业务的赔付或给付超出公司的预期，意味着寿险公司将面临承保损失。为了分析我国寿险公司经营寿险业务的承保风险状况，可以用一个简单赔付率来进行分析。这里的某险种赔付率等于某险种当年的赔付支出与当年某险种保费收入之比（见表 6-8）。

表 6-8　险种赔付率变化状况

年　份	人寿保险赔付率	意外伤害险赔付率	健康险赔付率
1990	47.78%	9.556%	（无统计数据）
1991	50.18%	11.898%	（无统计数据）
1992	48.43%	17.548%	（无统计数据）
1993	40.96%	25.208%	（无统计数据）
1994	36.35%	26.690%	（无统计数据）
1995	30.35%	32.288%	（无统计数据）
1996	33.69%	45.359%	2.942%
1997	24.39%	48.629%	14.764%
1998	30.73%	53.506%	28.112%
1999	24.73%	67.346%	41.467%
2000	19.73%	80.00%	28.000%
2001	15.75%	74.836%	61.551%
2002	13.2%	60%	
2003	12.1%	58.64%	

资料来源：《中国保险年鉴》，1990～2004 年。

从表 6-8 第二栏中可以看出，1997 年以后，人寿保险业务的赔付率比较低，且呈下降趋势。之所以出现这种状况，是因为：每年新签单的保费收入增长速度很快，例如在 2003 年人寿保险收入为 2 669.49 亿元，比 2002 年同期保费收入增长 27.1%，加上人寿保险业务属于长期业务，期限较长，当简单赔付率的分子增长速度赶不上分母的增长速度时，每个年度的简单赔付率自然也就呈现下降趋势。从这个意义上讲，简单的赔付率不能反映人身保险业务的实际风险状况。

对于表 6-8 中的第三栏和第四栏中的人身意外险业务和短期健康险业务而言，由于这两类业务属于短期业务（不超过一年），所以这两类业务的简单赔付率在一定程度上可以反映承保风险状况。从这些数据可以分析得出，这两类业务的承保风险在 2000 年以后相对比较稳定，但相对以前年份，赔付率偏高，这也说明了这两类业务的承保风险较以前年份增大了。

6.2.4 寿险业的资产分布状况

1997 年 10 月以前，我国经营寿险业务的保险公司普遍提供 8%～9%的保单预定利率。然而，中央银行迫于通货紧缩的压力，1997 年 10 月开始第一次降息，接着先后 8 次降息。这使得我国保险公司在 1997 年 10 月以前承保的有效保单出现了严重的利差损，给公司带来了沉重的负担。据专家统计，全国保险业的总的利差损超过 500 亿元，而截至 2003 年底中国保险业的资产总额不足 1 万亿元。

为解决我国寿险业的"利差损"问题，中国保监会允许保险公司可以根据上一年度的资产总额的一定比率购买投资基金。这在某种程度上丰富了保险投资种类，拓宽了保险业的资产结构。我国目前寿险业的资产分布状况如表 6-9 所示。

表 6-9 寿险业的资产分布状况

		2001 年平均资金占用额占总额的比	2002 年平均资金占用额占总额的比	2003 年平均资金用额占总额的比
银行存款	小计	53%	52.01%	53.94%
	活期	—	5.25%	5.83%
	大额协议	—	41.34%	42.24%
	定期	—	5.32%	5.88%

（续表）

		2001 年平均资金占用额占总额的比	2002 年平均资金占用额占总额的比	2003 年平均资金用额占总额的比
证券投资	小计	32%	45.48%	44.06%
	政府债券	23%	20.33%	18.24%
	金融债券	3%	7.17%	9.56%
	企业债券	1%	2.77%	4.02%
	证券投资基金	5%	4.32%	6.39%
	买入返售债券	—	10.89%	15.41%
	其他	6%	2.51%	2.00%
	总计	100%	100%	100%

资料来源：陈文辉. 中国人身保险发展报告[M]. 北京：中国财政经济出版社，2003.

尽管投资渠道在逐步拓宽，但与以往的预定保单利率(8%～9%)相比，我国目前保险资金的投资收益率普遍很低。寿险业的综合年收益率不超过4.5%。大量的保险资金仍然集中在银行存款上面(见表 6－10)。

表 6－10　投资收益率状况

	2001 年	2002 年
银行存款	3.61%	3.21%
证券投资基金	16.29%	0.05%
国债	6.28%	4.57%
回购业务	3.52%	2.64%

目前我国保险投资面临如下困境：一方面，寿险保费高速增长，出现大量的闲置资金；另一方面，我国证券市场缺乏良好的投资工具，例如缺乏与长期寿险业务相对应的长期资产，给保险公司造成很大的利率风险。这种业务的快速发展与有限的投资渠道之间的矛盾造成了寿险业的长期负债和

长期资产结构和期限上的不匹配，对保险公司的盈利能力、长期偿债能力和偿付能力造成了极大的影响。

6.2.5 我国寿险业偿付能力状况分析

通过前面的市场结构分析可以知道，我国寿险市场的大部分寿险业务集中在中国人寿、平安寿险、太平洋寿险、新华人寿和泰康人寿这几家公司。与这几家老牌的寿险公司相比，新成立的外资寿险公司因经营期限较短，业务规模相对较小。然而，大部分老牌寿险公司因历史遗留问题普遍存在偿付能力不足问题，而新公司因没有这些问题，普遍偿付能力充足。

老牌的保险公司尤其是太平洋寿险公司偿付能力状况严重不足几乎是人皆共知的事实。之所以出现这种问题原因有多种。长期以来，我国寿险产品的预定利率一直是以银行利率为主要参照物，寿险产品预定利率普遍较高，曾一度达 8.8%的年单利以上。随着中央银行先后 8 次下调存款利率，原来的定期存款年利率为 10.98%，现在被下调到 2.25%。保险产品的预定利率都在 8%～9%左右，保险投资的大部分资产集中在低风险、低利率资产上面，其中银行存款占主要份额。这样高预定利率产品因利率下调给保险公司形成了巨额的利差损。高达 500 亿元的利差损与不足 1 万亿元的中国保险业的资产总额(截至 2003 年底)相比，给保险公司的偿付能力带来了沉重的负担。

除了利差损原因外，老牌保险公司偿付能力不足的另一个重要原因，来自老牌公司的公司治理结构、经营机制的不健全和保险资金的运营失控：在经济过热时期，由于管理上的松散、制度上的不健全、层层占用大量的资金、搞投资贷款、办三产、做房地产等。保险资金运用失控形成大量不良资产，直接影响了保险公司的偿付能力。另外，老牌公司的自有资本金不足也是影响偿付能力的重要原因。

这些遗留问题不是一朝一夕就能解决的。近些年来，寿险公司的业务增长速度很快，这也同时说明了保险公司承保了更多的风险。在保费增长的同时，责任准备金的提转差(主要负债)也在增加。按照“一号文”的偿付能力额度标准，一方面，保险公司的最低偿付能力额度相应提高；另一方面，由于寿险公司的前期费用(例如佣金等)较高，因而在业务展开的早期阶段寿险公司的实际偿付能力额度会随保费收入的增长而有所降低。因而业务增长过快对保险公司的偿付能力改善并没有起到积极作用。从长远看，承保新的业务对改善保险公司的偿付能力能起到积极作用，但是新的承保业务的质量是能否改善保险公司偿付能力的关键。

改善保险公司偿付能力的另一个阻碍因素是保险市场的市场规范和市场秩序问题。前面提到，在 1995～1998 年期间，保险监管集中在对保险市场的市场行为进行监管。1998 年以后，保险监管步入保险市场行为监管和保险公司偿付能力监管并重的监管阶段。这些年保险市场行为监管已经取得良好的成绩，保险公司的经营行为和市场竞争行为都比以前规范了许多，但一些不良竞争行为例如高手续费、低费率等现象还普遍存在。这些不良因素恶化了整个行业环境，给保险公司改善偿付能力状况也造成了直接的影响。投资上的限制也是造成保险公司偿付能力不足的重要原因。保险公司治理结构和内部控制制度的不健全依然是阻碍改善保险公司偿付能力的重要因素。

6.2.6　小结

这一节从我国寿险业的市场结构变化、险种分布、承保业务赔付状况、资产分布状况和寿险业的偿付能力状况展开了分析。综上分析，可以得出以下结论：

(1) 寿险市场集中度高,加上国内特有的人文环境和政策导向,老牌的保险公司仍处于业务垄断地位。

(2) 分红险种在整个寿险市场的市场份额急剧上升,与传统寿险之和超过总保费收入的85%以上。结合我国寿险保险公司并不乐观的投资环境,一旦投资达不到保单持有人的预期水平,退保率将增加,承保风险加大。

(3) 若按照每年的保费收入和保费支出来计算简单赔付率,人寿保险业务的赔付率较低,但波动性很大。但正如前文分析,业务收入过快增长和人寿保险业务的长期性使简单赔付率并不能如实反映寿险业务的赔付状况。

(4) 寿险公司的投资状况并不乐观。投资政策的限制、证券市场的不发达等因素导致目前寿险公司的投资回报很低,这构成了寿险公司的潜在偿付能力风险。

(5) 老牌寿险公司的偿付能力不足依然存在。

6.3 我国保险业投资环境风险分析

6.3.1 我国保险业投资环境现状分析

根据我国保险的资金运用原则,目前我国的保险业资金仅仅能用于银行存款、政府债券、金融债券和证券投资基金等几种方式。这里主要对债券市场、基金市场、股票市场的发展状况进行简单分析。

对于我国的债券市场而言,目前主要有国债、政策性金融债和企业债。国债是公认的最为安全的投资工具,近年来发行的国债主要以中长期为主。表6-11显示了中长期记账式国债的发行量分布状况。

表 6-11 记账式国债的期限结构

年份	短期(一年以内)	中期(2~5年)	中长期(5~10年)	10年以上
2000年	0%	8%	20%	72%
2001年	17%	6%	28%	49%

资料来源:傅安平.中国寿险业与资本市场的互动发展[M].北京:经济科学出版社,2004.

我国政策性金融债是中国政策性银行(例如国家开发银行、中国农业发展银行和中国进出口银行)为筹集信贷资金,经国务院批准由中国人民银行用计划选派的方式,向邮政储汇局、国有商业银行、区域性商业银行、城市商业银行、农村信用社等金融机构发行的金融债券。表6-12和表6-13显示了我国金融债券的发行规模和期限结构。

表 6-12 2000年我国金融债券的发行规模和期限结构 (单位:亿元)

债券种类		短期一年以内		中期2~5年		中长期5~10年		10年以上	
		发行额	比重	发行额	比重	发行额	比重	发行额	比重
国债		200	0.794	502	0.20	1 817.5	0.721 4	0	0
政策性金融债	国家开发银行	200	0.137 9	230	0.16	1 020	0.703 4	0	0
	国家进出口银行	95	0.487 2	0	0	100	0.512 8	0	0

表 6-13 2001年我国金融债券的发行规模和期限结构 (单位:亿元)

债券种类		短期一年以内		中期2~5年		中长期5~10年		10年以上	
		发行额	比重	发行额	比重	发行额	比重	发行额	比重
国债		200	0.649	863.53	0.28	1 500	0.486 5	520	0.17
政策性金融债	国家开发银行	300	0.142 9	250	0.12	1 300	0.619 0	250	0.12
	国家进出口银行	230	0.469 4	130	0.26	130	0.265 3	0	0

资料来源:傅安平.中国寿险业与资本市场的互动发展[M].北京:经济科学出版社,2004.

中国证券投资基金市场起步于20世纪80年代末90年代初。2003年初基金市场发展规模与股票市场相比，其总资产净额占A股流动市值总额的10%左右。基金市场的发展规模如表6-14所示。

表6-14 基金的发展规模

年份	基金市场总体规模(亿元)	封闭式基金数量(只)	开放式基金数量(只)
2000	560	33	0
2001	800	48	3
2002	1388	54	17

资料来源：傅安平.中国寿险业与资本市场的互动发展[M].北京：经济科学出版社，2004.

我国股票市场的特点集中表现为市场价格的剧烈波动，股价波动与宏观经济周期和上市公司业绩的相关性都较低。例如，20世纪90年代以来中国经济增长速度的年度波动幅度只有1%～2%，但是股票市场的波动幅度却高达400%以上。周振华、陈家骏(1997)指出，中国上证综合指数与GNP的相关系数只有－0.405 0，与物价指数的相关系数为－0.456 5。

股票市场的长期低迷一直持续到2005年底，2005年之后的亚洲股市对中国内地的股市产生了积极的拉动作用。2005年的日本股市上涨幅度超过40%，同期的韩国股市上涨超过30%，香港恒生指数也创2001年来的新高。周边市场的好转使得国际资金流动正在影响我国股票市场，股票市场开始有所好转。

6.3.2 我国证券市场发展现状

在债券市场中，企业债券的发行额和收益额较小，保险公司的债券投资主要集中在国债和金融债上。债券因发行的主体不同、期限不通、发行时间的不同，发行利率便不同。图6-4和图6-5分别列出了4种国债和4种金融债券的发行利率变化状况(傅安平，2004)。

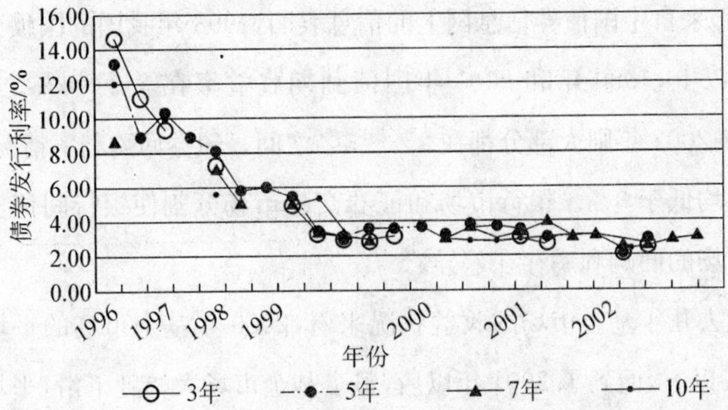

图 6-4　1996～2002 年 4 种金融债券发行利率变化状况

资料来源:傅安平. 中国寿险业与资本市场的互动发展[M]. 北京:经济科学出版社,2004.

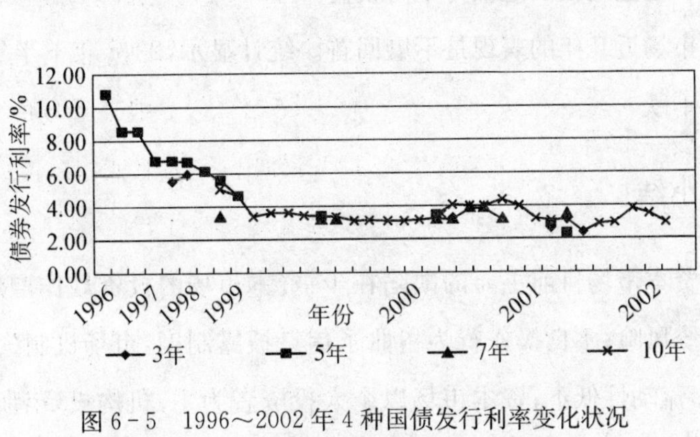

图 6-5　1996～2002 年 4 种国债发行利率变化状况

资料来源:傅安平. 中国寿险业与资本市场的互动发展[M]. 北京:经济科学出版社,2004.

可以看出,债券发行利率逐年下降。2002 年绝大部分债券的发行利率低于 3%,30 年的超长期国债发行利率仅为 2.90%。债券市场的发行利率在一定程度上反映了市场对未来经济状况和盈利水平状况的预期。

债券市场的收益率状况一般可以通过债券到期收益率、当前收益率和回报率来衡量。发达国家的债券市场都是通过收益率曲线来分析债券市场的收益水平。我国因债券市场还不成熟等原因目前还无法绘制国债收益线。然而,来自中国债券信息网上的信息表明,1998 年我国的国债到期收益率在 4%以上,1999 年和 2000 年国债到期收益率在 3%~4%之间,到了 2001 年和 2002 年则大部分都在 2%~3%之间。债券回购利率情况是,所有回购利率均低于 3%。银行市场和证券交易市场分割使银行间债券市场与交易所市场的回购利率存在差异。

从过去几年基金市场的收益状况来看,2000 年基金市场的平均收益率达到 37%以上,而到了 2001 年以后,整个基金市场大幅度下滑,平均市场收益率下降到 −15.45%。2002 年稍有放缓,平均市场收益率为 −8.85%左右。基金的表现让投资者蒙受了不小的损失。在这样的市场状况下,保险公司很难从基金的投资上获得更高收益。

股票市场近几年的表现是不堪回首。统计显示,2008 年下半年以后,A 股是节节下跌。

6.3.3 小结

我国资本市场目前主要的缺陷在于:资本市场的投资炒作增加了资本市场的系统风险;不良操作行为扭曲了信息披露制度,市场机制失灵;市场分割严重,流动性低下;资本市场以个人投资者为主,机构投资者不多。这些缺陷造成了保险公司进入资本市场的困难。金融工具的期限结构的不合理造成了保险公司资产负债匹配的困难。市场分割限制了保险公司可以运用的资产工具类型。衍生工具的创新不够使保险公司不能利用利率期货等现代金融工具实行套期保值。保险公司的这种投资现状最终会损害保单持有人的利益。

总结起来,我国当前寿险保险投资突出风险表现在:

(1) 利率风险。如果利率将来上升,寿险保单和年金的退保就会增加,因为保单持有人总是寻求更高盈利的投资。这一过程导致现金流缺乏,可能导致保险公司需要在短时间内卖掉投资资产，而此时，由于市场利率的上升，资产价格相对降低，最终导致投资受损。如果利率将下降，投资收益就会下降，影响利润。

许多长期寿险和年金产品被要求提供最低利率或保证利率，这是在产品定价时就确定好的。利率变化就可能减少这些产品带来的利差益，或者称保单要求的利率与实际投资能获得的回报率之间存在差异。如果投资回报率低于保单预定利率，公司利润就会受损。

我国资本市场上缺乏长期固定收益证券，且投资范围受限，因此不能完全匹配资产和负债的期限，这增加了利率风险。

(2) 我国保险法限制了保险公司投资资产的类别，且市场上缺乏长期投资产品，导致了多数寿险公司的资产期限短于负债期限。如果不能完全匹配资产和负债期限，保险公司将可能面临损失。

(3) 我国保险投资的系统性风险大，非系统性风险因投资工具的缺乏难以扩散。

(4) 我国保险公司的主要资产投资是定期存款，相当一部分存放于四大国有商业银行。经济的严重衰退可能导致投资受损，最终减少盈利。

(5) 固定期限的投资违约也会使盈利受损。证券的发行人可能由于破产、流动性不足、经济衰退、操作失败或其他原因不能偿还其债务。这些违约会减少我国寿险公司的利润。

(6) 如果不被允许投资于更广泛的资产，我国保险公司提高投资回报率的能力就受到限制。

(7) 中国的证券市场仍是新兴市场，这使我国保险公司的投资面临损失的风险。中国的证券市场的特征是上市公司规模相对小，交易量少，监管制度、会计制度和披露要求仍不完善，导致价格不时波动，损失不可预料，流动性不足及交易清算困难。这些因素可能导致我国保险公司投资基金受损。

近十多年的发展，我国资本市场已经初具规模。2003年《保险法》对保险资金运用的拓宽也表明了我们不能坐等时机成熟，而是应在资本市场发展的同时，发挥保险业资金雄厚、稳定和长期的优势，打好保险投资这一仗，在面临投资风险的同时，努力提高投资收益。

6.4 寿险业制度环境与经营实践比较分析

6.4.1 保险业制度环境与经营实践比较分析

表6-15 制度环境比较分析

保险监管制度	英国	德国	法国	意大利	中国
偿付能力额度要求	欧盟1979年第一代寿险保险指令	与英国等同，但直到1994年开始真正重视该要求	1985年左右开始重视该要求	基本实施状况与德国类似	2003年开始真正落实偿付能力额度要求的监管
投资原则	对保险公司整个投资领域和投资比率没有直接的限制。保险公司自行决定投资结构和投资比率	对保险公司的投资种类和投资比率进行限制	对保险公司的投资种类和投资比率进行限制	对保险公司的投资种类和投资比率进行限制，尤其对高风险投资领域进行严格限制	对保险公司的投资种类和投资比率进行限制，尤其对高风险投资领域例如股票等严格限制
责任准备金评估技术	不直接干预，由公司自行评估	严格要求保险公司按照保费定价的假设条件进行评估	要求责任准备金的评估假设和保费定价的基础假设一致	按照监管机构给定的标准公式计算，计算的基础假设比保费基础假设更加谨慎	寿险责任准备金的评估原则相对粗糙，不够具体，还有待完善

（续表）

保险监管制度	英国	德国	法国	意大利	中国
保单定价	保险费率由市场决定，保险公司根据市场厘定费率和保单条款	对保单定价和保单条款作详细规定，一直到 1994 年以后，开始放松管制	1985 年以后，开始对费率管制放松	与德国类似	新生命表的公布，使保险费率逐步公开市场化

表 6－16　寿险市场经营实践比较分析

	英国	德国	法国	中国
险种分布	20 世纪八九十年代投资连结险种占有市场的主要份额，2000 年后，该险种份额开始下降，分红储蓄保单市场份额开始上升	储蓄养老保险占有德国寿险市场 80％以上的份额	储蓄性保单为主，其次为投资型县中，储蓄性和投资型险种占有寿险市场 70％以上的市场份额	传统险由 2001 年 61％下降为 2003 年 30％，分红险从 2001 年约 19％上升为 2003 年 56％
承保与投资实践	在 20 世纪八九十年代，投资收入获得良好业绩，但在 2000 年后投资结果开始亏损	在 20 世纪八九十年代，投资收入获得良好业绩，但在 2000 年后投资结果开始亏损	在 20 世纪八九十年代，投资收入获得良好业绩，但在 2000 年后投资结果开始亏损	综合投资收益率也普遍很低

根据表 6－15 和表 6－16 中各国保险市场的经营实践的描述，有以下结论：

英国、法国、德国和意大利投资业绩在整个 20 世纪八九十年代极大地增强了保险公司的经营能力。尤其是英国、法国和意大利非寿险业承保亏损期间，基本由投资业绩来弥补承保损失，2000 年以后，由于资本市场的不景气，欧盟保险市场投资损失较大。对于英国来说，尽管寿险市场的资产份额以股票为主，然而投资连结险占有主要市场份额（英国的投资连结险的投资风险基本由保单持有人承担），这一险种结构缓和了保险市场的投资损失。对德国而言，德国一些公司主要销售高利率保单，投资业绩的下跌给他们带来了惨重的损失。法国和意大利保险市场的损失则因为销售投资连结险业务的成功使得保险公司缓和了投资风险，因而也就降低了股市暴跌带来的冲击。总的来说，德国、法国和意大利这些国家传统上侧重于债券投资的资产结构，这种情景下给他们带来了好处。

相对于非寿险业经营较为窘迫的现状，我国寿险行业的盈利水平目前有所好转，平安保险公司的表现最为突出，2004 年和 2005 年的净资产收益率均超过 10%[①]。然而，由于存在历史遗留的“利差损”问题，所以老牌保险公司偿付能力问题依旧较为严重。

6.4.2 保险资金投资环境比较分析

保险投资已经成为西欧国家保险经营的生命线，其保险投资在金融市场上具有极为重要的地位：以储蓄性险种和分红业务为主要市场份额的市场结构决定了保险投资收益直接影响寿险业的经营业绩；多年来非寿险业通过投资收益来弥补承保损失已经决定了保险投资的重要性。西欧发达的资本市场以及投资工具品种的多样化使得保险公司成为资本市场的重要机构投资者。相比之下，我国资本市场还欠发达，保险投资与资本市场的互动关系还很不足，保险投资政策也不完善，这在很大程度上束缚了我国保险业资金的运用。

---

① 保监会资料和鹏元资信保险业数据。

对西欧国家而言，保险投资风险主要来自信用风险和市场风险，显然我国保险投资也存在这类风险。目前，我国证券市场的表现让保险业蒙受了不少损失。2005年4月22日，人保财险年报显示2004年人保财险的纯利润只有2.08亿元，比2003年的14.51亿元急挫85.7%。人保财险利润大幅下滑的原因，除车险赔付率上升之外就是投资收益下降。上市及非上市证券的净亏损近9.48亿元，其中仅基金浮亏（未实现亏损）就达7.4亿元。加上中国人寿、平安保险，三大保险公司的投资浮亏已逾25亿元。2005年中国人寿年报显示投资亏损数额巨大：中国人寿2004年投资净亏损2.37亿元，证券投资基金浮亏达到10.72亿元。平安保险上市后首份年报也显示，2004年投资封闭式基金浮亏高达7.89亿元。

与西欧国家不同，我国保险投资环境的特定条件决定了投资风险的影响因素的特殊性。一方面，我国资本市场各项配套制度的不完善造成了保险投资的系统性风险过大，投资工具的匮乏导致了多数保险公司的非系统性风险难以扩散；另一方面，投资政策的约束使得我国保险公司提高投资回报率的能力受到限制。在这种环境下，若保险资金投资于低风险领域，如银行存款等，保险公司的投资收益就会很低，可能无法支付某些险种例如分红保险的最低保证利率；若保险资金投资到高风险领域例如基金市场、股票市场等，然而基金市场和股票市场的欠发达和长期低迷将给保险投资带来更大的风险。

毋庸置疑的是，保险资金的保值和增值的内在要求和保险市场的竞争日趋激烈对保险投资提出了更高的要求。一般来说，保险市场的竞争都是通过降价来占有保险市场份额的，费率下降自然就很难足额支付赔款，为了生存，保险人必须投资，以弥补可能的承保损失。因此，保险资金投资是保险公司非常重要的利润来源。

6.4.3 国外保险公司偿付能力不足原因分析

根据英国、法国、意大利等六个欧盟成员国对1975～1995年保险公司偿付能力不足问题的原因进行了归类，如表6-17所示①。

表6-17 1975～1995年保险公司偿付能力不足原因

保险公司破产原因	寿险公司
资产风险	50%
管理失误	40%
业务快速增长	30%
责任准备金不足	20%

6.4.4 主要结论

(1) 我国寿险市场的险种结构与德国类似：分红险种和储蓄险种占有主要市场份额。

(2) 有效的保险监管依赖有效率的金融市场，与欧盟保险业相比，我国缺乏这么一个有效率的金融市场。尤其对寿险公司来说，利率风险、资产负债匹配风险（长期投资工具的缺乏）使我国寿险公司的投资风险尤为严重。

(3) 与欧盟不同，我国老牌寿险公司存在历史遗留的“利差损”问题，这个沉重的负担需要通过提高投资收益率来逐渐弥补，这可能迫使老牌公司投资风险大的领域。由于我国寿险市场老牌公司占有重要的市场份额，因而老牌公司投资风险的上升将会提高整个寿险市场的投资风险水平。

(4) 费率管制、投资原则和准备金评估原则直接影响寿险公司偿付能力

① Joke, M. R., Henk, W. M., Harry, J. H. et al.. Report on life insurance undertakings & solvency [C]. Trans 26th ICA, 3, 1998: p199-p214.

额度监管的效率。欧盟规定的寿险公司责任准备金的计提原则较为谨慎，投资原则和费率管制与非寿险业类似。相对非寿险业而言，投资风险是寿险公司偿付能力不足的重要风险。英国、法国、意大利等欧盟成员国的保险公司偿付能力不足原因也证明了这一点。而最低偿付能力额度要求监管对投资风险的资本配置过于简单，不能准确地计量日益复杂的投资风险的资本要求。与欧盟国家相比，我国寿险偿付能力监管不够谨慎。我国寿险公司的责任准备金的评估监管原则中一些规定可操作性不强。目前费率管制、投资管制等正在放宽；因此这使得我国寿险公司偿付能力额度监管有必要对这些管制放松可能带来的损失设置资本要求。

6.5 欧盟偿付能力资本监管制度与经营环境的变迁

6.5.1 对欧盟现行最低资本要求监管的评估与总结

简单地说，繁荣的证券市场使西欧发达国家保险业获得良好的投资业绩，为保险业增加了充足的资金。这在一定程度上掩盖了偿付能力额度计算公式的缺陷，也是保险偿付能力额度监管获得成功的重要原因。在三十多年的欧盟保险偿付能力监管应用环境中，最为典型的例子是英国和德国。

英国保险监管环境很宽松，偿付能力额度监管是英国保险监管最主要的内容。英国保险市场是个高度发达的保险市场，目前市场处于垄断竞争阶段。二十世纪九十年代长期繁荣的证券市场改变了英国的寿险市场险种分布的市场结构，使投资连结险险种占有重要的市场份额，同时促进了英国寿险业的发展。前一节对英国保险业承保结果和投资业绩的分析表明，英国保险业良好的投资业绩弥补了承保结果的不足。这种背景下偿付能力资本监管发挥了积极的作用。

在偿付能力额度监管制度实施以后，英国保险业发生了两次大的危机：一次是在20世纪80年代中期，债券市场发生急剧变化。当时英国保险公司大部分资产以债券为主，一些保险公司不能应变而破产。第二次是进入到20世纪90年代末期以后，原本一直处于牛市的英国证券市场开始表现欠佳，保险业开始出现疲软迹象。随着证券市场的表现急剧下滑，陆续出现英国保险公司破产事件。英国寿险市场以投资连结险为市场主要份额，很大一部分投资风险由保单持有人来承担，因此在一定程度上缓和了英国寿险业的损失，但还是严重阻碍了英国寿险业的发展增长速度。在这种背景下，保险公司的偿付能力下降。宏观经济疲软和保险公司的倒闭以及保险业资本不断减少这些情况引起了监管当局的重视。原有的简单的偿付能力额度计算公式无法反映这些环境的巨大变化，其自身结构上的缺陷也逐渐暴露出来。

与英国保险监管环境相比，德国保险监管环境要严格得多。德国保险监管除了资本监管之外，对保费定价、保单条款、资金运用和准备金评估等都作了严格的限制。前一节德国的承保结果、投资业绩和税后利润边际能充分说明德国保险公司的经营业绩。至今为止，德国没有一家保险公司破产，这主要归功于德国全方位的严格的保险监管制度。

需要提及的是，1992年第三代保险指令的实施取消了整个欧盟范围内对费率和产品的控制，取而代之实施偿付能力的监管控制。随着第三代保险指令的实施和欧盟单一保险市场的不断深化，德国对保险公司的产品定价的管制也开始放松，逐渐强调偿付能力额度监管的重要性。

在欧盟最低偿付能力监管实施的三十多年里，因为证券市场繁荣，可以弥补承保结果导致的预期损失，大多数保险公司偿付能力充足。现有的欧盟最低偿付能力监管框架获得了业内的一致认可。现行偿付能力监管制度在使各成员国统一监管方法、保护保单持有人利益以及保证资产和负债相匹配上发挥了积极作用。然而，欧盟保险市场在进入20世纪90年代后期以来，经营环境发生了巨大变化，陆续出现了许多保险公司由于无偿付能力而破产的情况。环境的变化对现行最低偿付能力监管制度提出了挑战。

6.5.2　经营环境的变迁

保险公司的投资环境在发生巨大的变化，主要体现在：

(1) 利率水平偏低，通货膨胀率较低。这从图6-1、图6-2和图6-3能明显看出来。利率的偏低对寿险公司的一些保障型产品不利。通货膨胀率较低对养老金以及长期给付型产品的成本增大，尤其是非指数调节型的产品。

(2) 1996～2000年，股票市场经历了一个坚挺的牛市，使某些保险公司得以在严重的承保损失后幸存下来。然而，由于美国某些公司的企业丑闻以及信息技术产业泡沫的破裂，股票市场和证券市场在2001～2002年全面下跌。而一些保险公司正是依赖这类资产的收益来弥补承保损失，股票与证券损失对公司造成极大的影响。

保险公司面临的保险市场环境也在发生巨大的变化，主要体现在：

(1) 近些年来，欧盟大型保险公司几乎在所有国内市场上都处于领先地位，且大型保险公司主要通过兼并其他保险供应商的方式来拓展业务，占有重要的市场份额。小型保险公司一旦竞争力不够，就会成为大型保险公司扩张的牺牲品。

(2) 欧元的问世大大拓宽了保险公司的投资机会和可供运用的金融工具的范围。未来只有有效利用所有投资机会的公司才能获得足够的收益率，以缓解保险公司承保业务盈利空间缩小的压力。

(3) 随着欧盟保险市场的日趋统一，汇率风险将不复存在，投资者们将能够更好地比较保险公司的业绩。因此，一旦保险公司经营不善，他们将发现吸引资本基金的成本将会越来越大。

(4) 由于近期的市场疲软，保险业的资本金锐减，这意味着保险业存在资金短缺的问题。

(5) 人为的或由于洪水、气候类型等的改变所导致的巨大灾害较多，保险公司的索赔和索赔估计不断上升。

(6) 电子商务的应用降低了从外部获得服务的交易成本。新成立的保险公司从一开始就尽量利用这一潜在优势。而传统的保险公司潜在的成本较大，需要从产品销售、行政管理和理赔管理等方面进行节约，因而盈利和价格压力将会增加。

(7) 由于利率水平的降低以及某些成员国放松了对投资的管制，保险公司的投资政策趋向于高风险领域。

这些变化不仅对保险公司的负债而且对保险公司的资产产生了重大影响，保险市场的发展和监管都面临巨大挑战。据 Sigma(2002 年第 4 期)统计，自 2000 年以来，全球非寿险业的资本减少了约 1 800 亿美元，市场疲软、重大承保损失的积累和股票市场的下滑是所有主要市场保险业资本金减少的主要原因。非寿险业的偿付能力在全球范围内出现了下降。在这内忧外患的大环境下，当前欧盟整个保险业处于困难时期——高风险、投资回报率低，许多保险公司都在试图补充额外的资本金。

与此同时，欧洲保险市场的竞争性也在不断增强：股东价值提升的压力、资本市场的整合、大的金融集团的出现、新的销售渠道、资产负债管理和 ART 风险转移等市场技术的发展加上金融衍生工具的不断创新等。

环境的巨大改变使欧盟偿付能力额度标准遭到业界严厉的批评。偿付能力额度标准的最大优势就是简单易行，且使用成本低，以至于被大多数非欧盟成员国采用。然而这种简单易行的特点越来越不能适应大环境的改变。一个十分明显的缺点是对保险公司的风险敏感度不高，缺乏定性的风险管理技术。另外,相对简单的固定比率计量模型而言,欧盟保险公司已经发展出识别风险、分配经济资本的更好技术和方法。

基于保险业经营环境风险的不断扩大,加上其他相关制度和技术上的支持,欧盟决心进行监管体系的改革,即计划实行“Solvency Ⅱ”项目,其目标是:

(1) 比当前系统反映保险业风险的敏感度更高;

(2) 从定量和定性两方面监管保险公司的财务状况;

(3) 鼓励保险公司采用更加复杂精确的内部风险模型改善对风险的测量和管理;

(4) 引进双资本要求,其中较高的资本要求倾向于对保险公司的内部进行经济资本配置;

(5) 使得保险业和其他部门的定性和定量的监管方式更加协调;

(6) 在欧盟范围内建立一个统一的审慎监管框架,相当于保险界的“Basle Ⅱ”框架。

建立一个有效的监管体系不是短时间内能够完成的。欧洲统一保险市场的整个建设过程中,三代寿险和非寿险指令起到了举足轻重的作用。然而,各国都有自己的独特的法规体系,而且保单持有人的行为以及保险公司和监管者的传统都不相同,因而在整个欧盟保险市场有效实施统一颁布的法规本身就需要一个十分缓慢的过程,首先就需要协调不同的监管体系,这在欧盟各国已经达成一致意见。

6.5.3　欧盟偿付能力监管的改革

欧盟于 2001 年 5 月正式启动了“Solvency Ⅱ”项目,该项目的主要目的是评价现行的偿付能力监管体系,并在总结过去经验的基础上,设计出一套更有效的监管制度。该项目分为两个阶段,第一阶段是总结和评估现行制度，这部分工作已经完成；第二阶段偏重技术的内容，要设计出一套更有效、更适合欧盟保险业风险特点的偿付能力监管制度：

（1）详细阐述责任准备金的计提标准；

（2）建立一个双资本要求标准，鼓励保险公司利用内部模型，设置经济资本的资本配置要求；

（3）期望对资产风险提出一个明确的要求；

（4）扩大资金运用原则到整个资产负债表，而不仅仅针对于责任准备金；

（5）试图有利于整个欧盟市场的监管，使之更加协调和透明度更高，同时更有利于市场参与者。

新偿付能力体系既要能够利用巴塞尔协议Ⅱ（Basle Ⅱ）的三支柱结构作为出发点，同时又能适应欧盟内部保险监管的需要。

第7章　欧盟保险市场发展与监管趋势[①]

欧盟保险市场现存的监管模式、行业结构、社保和商业保险间的联系，以及各类寿险和非寿险业务的实际需求等对每个欧盟成员国国家而言都是相对特质的。本章首先对欧盟保险行业的基本情况进行概述，探讨欧洲市场的发展趋势是否变得越来越同质或是越来越异质；此外，本章还重点概述了国际上偿付能力监管和会计制度的重大发展；最后，对部分欧洲国家保险市场作简要概述。

7.1　欧洲保险市场概况

7.1.1　概览

本节分析整个欧盟保险行业的主要发展趋势。首先，分析对整个欧盟保险市场而言哪些国家的保险市场相对重要，哪些又处于相对弱势的地位；其次，对一些由来已久的争论点进行分析，例如监管的区域发展趋势、欧盟监管的角色，欧盟成立后的影响，以及欧盟保险业偿付能力监管和会计准则

---

① 资料来源：David Cummins，Bertrand Venard. Handbook of International Insurance：Between Global Dynamics and Local Contingencies [M]. Springer，2006.

的国际协调的新发展趋势。

表 7-1 和表 7-2 展示出了这些国家的一些可供比较的数据，也包括其他较小的欧洲国家，如奥地利、比利时、丹麦、芬兰、希腊、爱尔兰、卢森堡、葡萄牙以及瑞典。表 7-1 展示了按照保险行业规模对每个国家进行的排序（寿险和非寿险是单独分开来排的），并且这也展现出除美国和日本外（这两者占两类市场的排名分别为第一第二），欧洲国家拥有全球保险市场最大份额。同时，法国、德国以及英国在寿险和非寿险市场上拥有欧洲保险市场的最大份额。表 7-2 显示了寿险和非寿险的保险密度（按人口计算）以及市场深度（以占 GDP 的百分比来衡量）。瑞士在所有欧洲保险市场中保险密度最大。英国和瑞士分别在欧洲寿险和非寿险市场上保险深度最大。

表 7-1　2003 年欧洲保险市场排名

国家	寿险保费收入/百万美元	寿险占世界总体份额/%	寿险世界排名	非寿险保费收入/百万美元	非寿险占世界总体份额/%	非寿险世界排名
英国	154 842	9.26	3	91 891	7.25	4
德国	76 738	4.59	5	94 073	7.42	3
法国	105 436	6.30	4	58 244	4.59	5
意大利	71 694	4.29	6	40 066	3.16	6
西班牙	20 042	1.20	16	26 972	2.13	8
荷兰	25 371	1.52	9	24 895	1.96	9
瑞士	24 713	1.48	10	16 047	1.27	12
比利时	21 004	1.26	14	12 810	1.01	14
爱尔兰	9 037	0.54	22	8 291	0.65	18
瑞典	14 297	0.85	17	6 742	0.53	20
丹麦	10 944	0.65	20	5 793	0.46	22
芬兰	11 065	0.66	19	3 058	0.24	31
奥地利	6 586	0.39	24	8 410	0.66	17

（续表）

国家	寿险保费收入/百万美元	寿险占世界总体份额/%	寿险世界排名	非寿险保费收入/百万美元	非寿险占世界总体份额/%	非寿险世界排名
葡萄牙	6 122	0.37	26	4 688	0.37	24
卢森堡	7 130	0.43	23	1 102	0.09	46
希腊	1 628	0.10	36	2 040	0.16	38
挪威	6 031	0.36	27	5 501	0.43	23

表 7-2　欧洲市场排名(密度和深度)

	保险密度 人均保费/美元				保险深度 保费占 GDP 百分比/%			
	寿险		非寿险		寿险		非寿险	
	美元	排名	美元	排名	%	排名	%	排名
奥地利	811.0	14	1 035.7	8	2.59	14	3.30	6
比利时	2 004.8	6	870.9	11	6.81	3	2.96	10
丹麦	2 037.5	5	1 078.5	7	5.18	7	2.74	11
芬兰	2 126.8	4	587.7	15	6.81	3	1.88	16
法国	1 767.9	7	930.5	10	5.99	6	3.15	9
德国	930.4	13	1 120.8	6	3.17	12	3.82	4
希腊	152.1	17	190.7	17	0.93	17	1.17	17
爱尔兰	2 312.5	3	1 356.9	4	6.04	5	3.55	5
意大利	1 238.3	11	674.8	13	4.82	9	2.63	12
卢森堡	1 161.1	12	1 335.0	5	2.09	16	2.40	13
荷兰	1 561.7	9	1 532.4	2	4.93	8	4.84	2
挪威	1 322.5	10	998.8	9	2.79	13	2.10	15
葡萄牙	611.4	15	468.2	16	4.14	11	3.17	8
西班牙	488.6	16	657.5	14	2.38	15	3.20	7
瑞典	1 602.3	8	755.6	12	4.74	10	2.23	14
瑞士	3 431.8	1	2 228.5	1	7.72	2	5.02	1
英国	2 617.1	2	1 441.4	3	8.62	1	4.75	3

评选出的作为主流保险市场国家的依据是按照其非寿险和寿险的总体保费收入至少占全世界保险市场份额的1%的标准进行的。经过最初评选，得出如下的六大欧盟保险市场：英国、德国、法国、意大利、西班牙、荷兰，和非欧盟国家保险市场：瑞士。

7.1.2 欧洲保险法规在主要地区的发展趋势

欧盟保险市场除了受欧盟法律法规监管制外，还要受各国国家法律法监管。此外，一些重要的金融服务指令和法规最近纷纷出台，这将有利于促进欧盟和EAA地区保险市场之间的整合。

在欧盟法规近期发展之前，亚伯特(1987)认为欧洲保险市场的监管存在重要的区域性差异。

正常层次上的保险市场的监管制度(也叫“海上模型”，主要为英国、爱尔兰以及荷兰所使用)通常包括业务运营前的许可，偿付能力额度要求，充足的业务责任准备金，以及事后审批制度等。

另一保险市场的监管制度(也叫“高山模型”，主要为奥地利、德国、瑞士所使用)对保险市场的监管非常严格，不仅包括上述所有监管制度，而且还要采取事先审批制度，使每一个费率和每一个产品都必须在运营前得到监管当局的审核批准。

以上监管制度都不能完全描述对这些国家保险业的监管。首先，正常层次上的保险监管制度隐含了该制度的有效性需要有效的行业自律系统。然而，金融服务公司的管制放松以及来自专业人士意见的代理人分离制度导致了更多的政府干预(例如英国1975年的保单持有人保护法法规，金融服务局对新的“实际”准备金的要求)。重视求对各技术领域职业准则的披露和规则的遵守。其次，已经有一些欧盟指令用于会计准则、偿付能力、登记业务以及经济和社会一体化等方面。

另一方面,严格层次的监管制度如高山模型被批评对较小较新的公司而言征收的税率太高。因此,可行性和成本问题使人们对费率管制的总体效率产生质疑。此外,费率监管制度强调了产品必须有资本保证;然而,越来越多的消费者开始偏好投资与保障于一体的保险产品,从而促进了许多欧洲国家投资连结险的发展。最后,传统的分销渠道划分意味着独立顾问和直接销售力量的共存与分离。在近代,保险经纪人以及保险中介逐渐被基于互联网的营销策略所取代,从而减少了坚持严格中介的做法,这是为了规避保险费率监管所采取的做法。

此外,由于我们的分析延伸到斯堪的纳维亚和地中海国家,人们可能考虑一些可供选择的监管模式适用于这些区域。在这两个区域,私人保险公司所提供的保险准备金更加次要一些,这是因为这些费用部分是由各个国家一些非保险公司提供支付的(如,职业养老金)。由于大多数的国家(除意大利外)也都是欧盟相对较新的成员国,同类的保险市场、监管措施以及保险法律的发展比中欧和西欧相对来说发展得更新更快。

目前,许多欧洲国家的保险监管正处于一种监管的过渡状态,他们正在寻求与银行监管及投资部门监管进行合作。在过去的十年里,分业经营逐渐变得不太适合金融业的发展。越来越多的金融机构合并成为更大的组织集团,同时拥有银行和保险公司。与此同时,这些金融机构所暴露的风险以及两个监管部门的监管类型本质上存在着相似性。目前,对国际会计法则以及偿付能力监管方面的协调所做出的努力是一个焦点。这一问题会在7.1.4进一步讨论。

7.1.3 欧盟协调性法则的影响

欧盟委员会成为一个单一的保险市场的目的在于促进更大的经济效益和市场一体化。因此,它要求制定一个共同的法律框架,允许保险公司在整个欧盟市场能够运营、建立和自由地提供服务。这个框架还旨在保护消费者。虽然寿险和非寿险第一指令(79/267/EEC 以及 73/239/EEC,分别为寿险非寿险;随后修正的第三次寿险和非寿险指令,分别为 92/96/EEC 和 92/49/EEC)尝试着协调欧盟保险市场的统一监管,他们只在协调有关金融监管的偿付能力额度要求方面有些成功。在此之前,一个金融服务公司可能在跨越国界提供服务方面面临极大困难,因为某些监管制度规定所有公司只能在母国提供服务。因此,第三代指令促进了各公司在保险法规方面的相互认可,要求保险公司不局限于一个成员国。

不过,欧盟指令只对其成员国有约束力。而且,各国监管当局在对欧盟指令的履行的形式和方法方面有所差别。欧盟指令也已经转变成为国家法律(大多数国家于 1996 年开始实施)。成员国对保险业务的财务、技术及商业方面继续享有自主权。目前,一种独立的通行证系统应用于保险公司所管理的各个地方,按照欧盟指令,保险公司在一个成员国被批准的业务可以出售到另一个成员国。该指令于 1995 年开始普遍实施。

7.1.4 偿付能力监管

欧盟在偿付能力法规方面于 1973 年引进第一个非寿险指令并且在 1979 年引进了寿险指令。这些指令随后被修订,欧盟保险业监管基本上是以 1992 年增补过的第三代欧盟指令为依据。1998 年,在这些指令上增补了保险集团监管条例和保险中介监管条例。一个较严谨较标准的修正计划准备实施。因此,保险监管条例,在很大程度上统一了欧洲大陆,即使在某些方面保险指令与实际应用相结合还有一定的差距。2002 年,欧盟颁布新的寿险和非寿险指令(指令 2002/83/EC 和 2002/13/EC)以实施标准化的偿付能力额度要求(称为偿付能力监管Ⅰ),并于 2004 年开始实施。这些指令条例改善了偿付能力额度要求(保险公司必须把不可预见的情况下最低额外资本的要求考虑进去)，并且包括设立一个不能低于300万欧元的最低资本金标准。

欧盟正在发展一个更为宽泛的监管制度(即偿付能力Ⅱ监管)，这样通过一个风险敏感性方式统一确定了偿付能力监管框架。偿付能力Ⅱ项目所研究的法律条例包含了保险公司资产和负债问题、资产负债匹配问题、再保险安排以及会计和精算的一些准则条例等。偿付能力Ⅱ监管的目标是确保保险公司面临的风险能够有足够的偿付能力匹配，并且这也鼓励保险公司改善他们对风险的测度。2002年，欧盟委托毕马威会计师事务所KPMG进行调查研究，研究结论表明需要改革现有的偿付能力额度方法和评级机构的方法。该建议考虑到一些重要风险并且不会对保险人进行过度谨慎的要求。

现有的欧盟保险市场在偿付能力监管准则和会计制度上存在很大的差异。这些特点将以成熟的保险公司为例在后面的章节进行简要的概述。偿付能力Ⅱ项目的发展，以及公司治理日益增加的重要性，对欧盟保险市场的偿付能力监管有着广泛的影响。

欧洲的再保险公司在整个欧盟地区受到不同程度的偿付能力监管。有些国家如丹麦、瑞典以及英国等再保险公司监管条例与原保险公司监管条例相似。其他国家则对再保险公司施加更多监管条例限制，如财务监管条例但是没有批准程序(如法国和德国)。相比之下，比利时和荷兰都没有在保险监管方面太多地限制再保险公司，理由是专业的再保险公司仅与有足够偿付能力的保险公司做生意。

所有的欧洲国家使用固定比率模型来计算他们的偿付能力额度要求。相比之下，美国基于风险的资本充足性标准尝试着处理固定比率模型的缺点，通过合并保险公司所面临的所有风险——技术风险、投资风险以及其他的管理风险来实现，并努力把风险之间的相关性考虑进去。

近年来，由于股市动荡以及历史上低利率的经济环境，寿险公司遭遇严重的偿付能力问题。在2000～2003年期间，消耗了许多欧洲保险公司的较好的资本基础并且导致了许多公司在注入新的资本或是经营业务方面都遇到了财务困难。九个欧洲国家（奥地利、比利时、希腊、意大利、卢森堡、挪威、葡萄牙、西班牙以及瑞典）在没有实质的修正案之前都维持使用最低偿付能力额度要求，他们正在等待着偿付能力监管Ⅱ的正式出台。

Tillinghast-Towers Perrin (2004)指出另外七个国家在不同程度上正在把公司结构和市场的变化假设纳入进去，以前景模型补充依靠历史数据计算偿付能力要求的回溯模型。具体方法之一就是基于一种压力或风险基础方式，风险基础方式与以前美国RBC方法相类似，在芬兰、法国以及德国测试使用。此外，法国1999制定法律条例要求对中期和长期偿付能力进行分析。丹麦也要求对有保证的负债按照市场价值计算，其中选择权或保证权不被考虑。三个国家——荷兰、瑞士以及英国——现在要求对总资产和负债按市价计算，并且进行随机分析。风险资本然后通过一些不利情景设置进行评估，并且总资本要求是这些“实际”和现有法定要求中的较大者。

7.1.5 国际会计准则

保险会计的持续发展对偿付能力Ⅱ项目和股东以及其他用户所需要的财务报告是非常重要的。监管报表与公开的财务报表偏差很大，而在欧洲和世界其他的国家，保险合同的会计核算方式有很大的不同。

2003年之前，除了欧盟会计核算指令(91/674/EC)，没有专门供保险公司使用的欧盟会计核算标准。国际会计准则委员会(IASB)自1997年来一直致力于研究关于国际会计核算标准的项目，然而，他们发现许多保险会计核算的操作性和概念性问题难以处理。因此，欧盟决定通过两个阶段程序来建立这个标准。2003年7月，IASB为调整保险合同会计准则提出了会计核算操作准则。最后，2004年3月，IASB推出了国际财务报告准则 4。

从 2005 年 1 月份开始，本标准构成的部分国际财务报告准则适用于所有欧盟上市的公司。它要求对保险合同核算操作进行有限的改进。然而，这仅仅是将现存的做法编在一起；并没有解决一直存在争议的问题，例如保险公司的金融资产和负债的核算，这些核算问题目前在会计准则 32 和 39 提出的"公允价值"确定和计量要求中被免除。更多基本问题如"嵌入式衍生工具"价值核算和财务报告公允价值的发展已经被推迟了，原计划 2007 年完工，计划完成程度究竟如何需要进一步核实。

IASB 所提出的准则遭到了欧盟保险行业各方的普遍反对。虽然欧盟从 2005 年开始批准使用这个国际会计核算准则，并决定 IAS39 许多有争议的问题采用"开辟"条例；尤其是关于保险负债的公允价值所涉及的嵌入式指令和保险合同，这些合同不满足"保险合同"的定义，因此，被视为"投资合同"(如"嵌入式衍生工具")。因此，2005 年 1 月份开始在大多数国家实施的国际财务报告准则与由欧盟为所有上市公司整合的财务报表中所采取的"改良的"国际财务报告准则之间存在潜在的冲突。

虽然国际财务报告准则有利于一致的风险披露，偿付能力Ⅱ也能做到这点。一些行业观察专家认为偿付能力Ⅱ应该仿照巴塞尔协议Ⅱ，因为偿付能力Ⅱ和巴塞尔协议Ⅱ有相同的理由并且影响相同的组织机构。然而，一致的以风险为基础的资本监管方法可以为以上两个标准所采用，但必须考虑到银行和保险方面的实质性差异。巴塞尔协议Ⅱ强调信用风险和运营风险，它本身并不为银行提供一个整合风险框架。相比之下，偿付能力Ⅱ更加着力发展一个一致性框架，包括风险分析、风险资本以及资本配置等。为英国金融服务局采用的英国寿险公司"真实"资本金要求及相关风险管理规则为如何在实践中应用提供了实例。

这些监管法规的发展对欧盟保险公司的风险管理和再保险计划有着重

要的意义。更重要的是，盈余和财务报告日益增加的透明度显示有必要核算经济和会计风险暴露。

7.2 欧盟成员国保险市场发展趋势

7.2.1 简介

本节对欧洲保险市场中份额比较大的几个国家的保险市场进行了一个简单描述和概览，包含每个国家市场概况、业务趋势、市场与监管问题。这些分析主要基于对过去十年里（1994～2003 年）主要业务趋势的经验分析。表 7-3 提供了总体保费趋势的总结（以当地货币计算），而表 7-4 报告了人均保费数据，这些数据经过了通货膨胀调整（以 1994 年为基准）并以欧元计。表 7-7 总结了每个国家前五名寿险和非寿险公司的市场集中率。表 7-6 提供了该行业的偿付能力状况总结（总准备金中自有资产出资比例）。表 7-5 提供了过去十年里（自 1992 年开始）部分欧洲国家寿险和非寿险行业关于五年期和十年期投资收益信息，表 7-8 提供了在每个欧盟国家运营的保险公司数量趋势（其中这些公司按所属身份进行划分，如国内公司、欧盟分公司或是非欧盟分公司）。表 7-9 展示了部分国家寿险和非寿险公司所分销渠道类型。

这些主要市场都经历了近期的增长，特别是新投资连结产品获得了较快的发展，然而，不利的资本市场条件以及资本和投资环境的恶化使得重组合并不断发生。即将实施的偿付能力Ⅱ要求保险公司按照市场价值评估公司总资产及公司负债。在国际财务报告准则下由于更为严格和一致的风险报告准则使得许多重大风险问题得以暴露。

表 7-3 1994~2003 年保险费趋势

单位:百万各国货币

奥地利										
年份	1994	1995	1996	1997	1998	1999	2000	2001	2002	2003
货币	奥地利先令	奥地利先令	奥地利先令	奥地利先令	欧元	欧元	欧元	欧元	欧元	欧元
寿险	40 655	46 530	60 274	50 974	4 103	4 835	5 416	5 831	5 711	5 808
非寿险	80 671	83 368	84 566	84 608	6 120	6 125	6 290	6 639	6 999	7 419
比利时										
年份	1994	1995	1996	1997	1998	1999	2000	2001	2002	2003
货币	比利时法郎	比利时法郎	比利时法郎	比利时法郎	欧元	欧元	欧元	欧元	欧元	欧元
寿险	160 260	181 786	211 677	251 651	8 289	10 025	12 909	13 235	14 400	18 138
非寿险	249 725	258 240	262 763	263 115	6 709	6 912	7 121	7 119	7 875	8 378
丹麦										
年份	1994	1995	1996	1997	1998	1999	2000	2001	2002	2003
货币	丹麦克朗	丹麦克朗	丹麦克朗	丹麦克朗	欧元	欧元	欧元	欧元	欧元	欧元
寿险	29 310	32 420	38 262	42 464	49 836	47 507	52 705	60 601	66 066	72 012
非寿险	23 594	25 000	27 441	29 258	30 119	31 264	32 617	34 240	36 637	38 612
法国										
年份	1994	1995	1996	1997	1998	1999	2000	2001	2002	2003
货币	法郎	法郎	法郎	法郎	欧元	欧元	欧元	欧元	欧元	欧元

（续表）

寿险	383 068	418 860	465 860	506 690	64 913	74 669	90 253	84 635	85 500	93 100
非寿险	230 890	245 588	253 298	254 720	38 749	39 354	41 082	43 424	46 502	50 170
德国										
年份	1994	1995	1996	1997	1998	1999	2000	2001	2002	2003
货币	马克	马克	马克	马克	欧元	欧元	欧元	欧元	欧元	欧元
寿险	82 959	88 406	92 890	98 770	52 505	58 749	61 225	63 287	65 068	68 600
非寿险	130 100	137 510	132 682	134 171	68 686	69 084	70 595	72 837	76 282	79 600
芬兰										
年份	1994	1995	1996	1997	1998	1999	2000	2001	2002	2003
货币	芬兰马克	芬兰马克	芬兰马克	芬兰马克	欧元	欧元	欧元	欧元	欧元	欧元
寿险	23 642	29 703	36 664	36 783	7 078	8 150	9 401	9 367	9 680	9 478
非寿险	10 767	10 670	10 885	11 338	2 141	2 248	2 346	2 452	2 567	2 664
希腊										
年份	1994	1995	1996	1997	1998	1999	2000	2001	2002	2003
货币	德拉马克	德拉马克	德拉马克	德拉马克	欧元	欧元	欧元	欧元	欧元	欧元
寿险	190 078	218 047	248 011	286 095	337 289	456 413	1 321	1 292	1 310	1 435
非寿险	196 370	224 997	265 443	288 082	321 552	364 453	1 252	1 350	1 585	1 800

（续表）

意大利										
年份	1994	1995	1996	1997	1998	1999	2000	2001	2002	2003
货币	里拉	里拉	里拉	里拉	欧元	欧元	欧元	欧元	欧元	欧元
寿险	18 625 431	23 225 393	26 062 611	36 985 614	26 483	35 597	39 784	46 329	55 294	62 261
非寿险	36 793 670	39 594 136	41 649 700	44 449 851	24 501	26 246	27 875	29 926	32 415	34 373
荷兰										
年份	1994	1995	1996	1997	1998	1999	2000	2001	2002	2003
货币	荷兰盾	荷兰盾	荷兰盾	荷兰盾	欧元	欧元	欧元	欧元	欧元	欧元
寿险	27 467	30 129	33 184	38 176	19 749	20 414	23 003	25 814	24 030	24 300
非寿险	26 079	27 380	28 735	30 080	14 490	15 389	16 544	17 655	20 087	21 950
爱尔兰										
年份	1994	1995	1996	1997	1998	1999	2000	2001	2002	2003
货币	爱尔兰镑	爱尔兰镑	爱尔兰镑	爱尔兰镑	欧元	欧元	欧元	欧元	欧元	欧元
寿险	1 782	1 689	2 055	2 572	3 564	4 793	5 986	7 168	7 253	7 978
非寿险	1 263	1 308	1 413	1 506	1 672	1 994	2 334	3 350	3 955	4 709
葡萄牙										
年份	1994	1995	1996	1997	1998	1999	2000	2001	2002	2003
货币	埃斯库多	埃斯库多	埃斯库多	埃斯库多	欧元	欧元	欧元	欧元	欧元	欧元

（续表）

寿险	216 705	340 564	439 217	457 562	2 929	3 757	3 789	4 487	4 562	5 400
非寿险	411 863	442 345	486 272	508 822	2 699	2 929	3 275	3 502	3 852	4 062
西班牙										
年份	1994	1995	1996	1997	1998	1999	2000	2001	2002	2003
货币	比塞塔	比塞塔	比塞塔	比塞塔	欧元	欧元	欧元	欧元	欧元	欧元
寿险	1 442 982	1 376 740	1 667 893	1 964 698	12 296	17 304	23 800	23 029	26 627	17 675
非寿险	2 033 903	2 143 782	2 122 172	2 216 671	13 375	15 023	17 051	19 034	21 596	23 832
瑞典										
年份	1994	1995	1996	1997	1998	1999	2000	2001	2002	2003
货币	瑞典克朗	瑞典克朗	瑞典克朗	瑞典克朗	瑞典克朗	瑞典克朗	瑞典克朗	瑞典克朗	瑞典克朗	瑞典克朗
寿险	41 561	42 456	58 137	61 430	75 463	96 282	126 017	121 357	107 638	114 083
非寿险	34 401	37 242	36 567	36 634	35 693	37 214	40 110	42 931	47 772	54 989
瑞士										
年份	1994	1995	1996	1997	1998	1999	2000	2001	2002	2003
货币	瑞士法郎	瑞士法郎	瑞士法郎	瑞士法郎	瑞士法郎	瑞士法郎	瑞士法郎	瑞士法郎	瑞士法郎	瑞士法郎
寿险	21 088	24 102	27 158	30 869	34 958	31 341	31 472	33 147	34 639	33 280
非寿险	13 201	13 436	13 288	13 372	13 170	14 337	15 852	17 610	18 394	19 310

（续表）

英国										
年份	1994	1995	1996	1997	1998	1999	2000	2001	2002	2003
货币	英镑	英镑	英镑	英镑	英镑	英镑	英镑	英镑	英镑	英镑
寿险	44 185	46 135	55 529	62 755	74 245	91 725	120 727	104 332	103 553	92 000
非寿险	32 039	31 035	29 799	30 339	30 630	30 311	33 765	38 461	43 174	47 286

来源：CEA(2004)，表Ⅱ-4与表Ⅱ-5，160—161页。

表7-4　各欧洲国家寿险和非寿险保费收入
（按人口平均计算，1994年的通货通胀调整，欧元）

年份		1994	1995	1996	1997	1998	1999	2000	2001	2002	2003
奥地利	寿险	369.46	436.13	554.59	466.71	527.22	622.41	720.07	793.59	788.89	800.21
	非寿险	733.11	781.41	778.10	774.66	786.40	788.47	836.27	903.56	966.81	1 022.17
比利时	寿险	398.96	463.41	530.91	628.54	850.59	1 038.18	1 367.19	1 428.76	1 572.65	2 012.41
	非寿险	621.68	658.31	659.04	657.17	688.46	715.80	754.18	768.52	860.04	929.54
丹麦	寿险	737.67	850.53	997.54	1 114.02	1 345.41	1 304.11	1 483.02	1 743.69	1 940.61	2 155.41
	非寿险	593.81	655.87	715.42	767.57	813.12	858.23	917.78	985.20	1 076.17	1 155.90
芬兰	寿险	790.91	1 014.07	1 238.07	1 216.30	1 418.62	1 647.02	1 952.42	1 990.60	2 083.98	2 058.69
	非寿险	360.19	364.28	367.56	374.91	429.11	454.30	487.22	521.08	552.64	578.64

（续表）

年份		1994	1995	1996	1997	1998	1999	2000	2001	2002	2003
法国	寿险	987.86	1 117.66	1 240.39	1 349.02	1 147.15	1 321.58	1 627.45	1 542.90	1 577.01	1 753.10
	非寿险	595.42	655.31	674.43	678.17	684.77	696.53	740.79	791.62	857.71	944.71
德国	寿险	525.30	574.53	591.20	629.03	667.60	750.76	793.20	835.00	867.97	924.23
	非寿险	823.80	893.64	844.46	854.49	873.34	882.83	914.59	961.00	1 017.56	1 072.43
希腊	寿险	56.71	66.78	82.77	99.78	116.35	156.21	158.40	154.25	161.21	182.99
	非寿险	58.59	68.90	88.59	100.47	110.92	124.74	150.13	161.18	195.05	229.53
爱尔兰	寿险	610.07	574.87	772.44	939.63	1 016.77	1 375.83	1 794.06	2 221.91	2 298.97	2 616.04
	非寿险	432.39	445.19	531.13	550.19	477.01	572.38	699.52	1 038.42	1 253.61	1 544.11
意大利	寿险	155.33	194.68	247.02	351.59	497.74	678.83	776.56	936.31	1 163.38	1 345.25
	非寿险	306.84	331.88	394.75	422.55	460.49	500.51	544.10	604.80	682.01	742.69
卢森堡	寿险	222.32	637.94	547.77	898.25	1 025.92	1 187.79	1 447.10	1 330.11	1 362.33	1 390.01
	非寿险	130.00	136.71	144.19	158.11	160.86	167.77	200.75	225.78	239.02	243.88
荷兰	寿险	821.16	924.06	998.11	1 143.90	1 328.09	1 402.43	1 606.14	1 869.88	1 774.61	1 833.57
	非寿险	779.66	839.75	864.29	901.31	974.43	1 057.21	1 155.15	1 278.82	1 483.42	1 656.25
挪威	寿险	520.57	521.06	567.80	742.89	735.04	813.20	864.61	1 132.61	1 376.55	1 364.15
	非寿险	663.41	659.97	706.65	722.81	715.61	914.46	1 101.69	901.92	1 047.42	1 065.60

（续表）

年份		1994	1995	1996	1997	1998	1999	2000	2001	2002	2003
葡萄牙	寿险	107.46	174.27	232.91	240.02	318.17	417.03	111.87	533.97	559.08	660.93
	非寿险	204.24	226.35	257.87	266.91	293.19	329.56	96.69	416.75	472.07	497.16
西班牙	寿险	217.72	220.22	268.43	315.32	335.73	482.89	686.27	674.30	795.22	543.94
	非寿险	306.88	342.91	341.54	355.76	365.20	419.23	491.66	557.32	644.97	733.42
瑞典	寿险	504.36	550.07	772.02	809.95	917.47	1 281.86	1 667.33	1 538.82	1 431.69	1 571.07
	非寿险	417.47	482.52	485.58	483.02	433.95	495.45	530.69	544.37	635.41	757.27
瑞士	寿险	85.50	97.37	113.18	115.48	141.74	129.68	129.68	149.34	158.58	150.68
	非寿险	53.53	54.28	55.38	50.02	53.40	59.33	65.32	79.34	84.21	87.43
英国	寿险	930.52	931.27	1 309.07	1 687.33	1 941.77	2 819.48	3 698.65	3 363.98	3 352.94	2 714.30
	非寿险	674.73	626.47	702.50	815.74	801.08	931.71	1 034.44	1 240.10	1 397.93	1 395.09

来源：CEA(2003)，表Ⅰ-3与表Ⅰ-4，155～156页；表Ⅱ-4与表Ⅱ-5，160～161页。

表 7-5 各欧洲国家的投资业绩

国家	险种	属 性	1992	1997	2002	2003
奥地利	寿险	投资组合/百万欧元	14 237	26 714	38 850	40 625
		回报率/%	10.6	7.8	4.6	
	非寿险	投资组合/百万欧元	9 904	14 535	14 918	15 328
		回报率/%	4.2	0.5	2.7	
比利时	寿险	投资组合/百万欧元	27 106	48 964	85 084	99 610
		回报率/%	12.1	11.7	17.1	
	非寿险	投资组合/百万欧元	15 228	25 078	27 804	28 985
		回报率/%	6.2	2.1	4.2	
丹麦	寿险	投资组合/百万欧元	49 579	85 542	127 360	139 097
		回报率/%	9.9	8.3	9.3	
	非寿险	投资组合/百万欧元	11 209	13 387	14 822	15 939
		回报率/%	2.8	2.1	8.2	
芬兰	寿险	投资组合/百万欧元	17 695	36 955	63 722	73 638
		回报率/%	13.7	11.5	9.9	
	非寿险	投资组合/百万欧元	4 314	9 157	7 960	8 295
		回报率/%	6.3	−2.8	4.2	
法国	寿险	投资组合/百万欧元	198 842	526 273	805 751	890 247
		回报率/%	15.0	8.9	9.8	
	非寿险	投资组合/百万欧元	59 006	92 131	109 673	125 641
		回报率/%	6.4	3.5	13.9	
德国	寿险	投资组合/百万欧元	273 846	421 857	593 084	609 337
		回报率/%	8.0	7.1	2.7	
	非寿险	投资组合/百万欧元	152 142	259 558	372 896	450 175
		回报率/%	10.5	9.7	9.0	
希腊	寿险	投资组合/百万欧元		2 299.0	4 040.0	3 900.0
		回报率/%		11.9	−3.5	

（续表）

国家	险种	属 性	1992	1997	2002	2003
希腊	非寿险	投资组合/百万欧元		917	1 780	NA
		回报率/%		14.2	NA	
爱尔兰	寿险	投资组合/百万欧元	11 914	25 955	38 047	44 575
		回报率/%	12.3	7.9	17.2	
	非寿险	投资组合/百万欧元	4 332	8 288	8 597	9 626
		回报率/%	7.1	0.7	12.0	
意大利	寿险	投资组合/百万欧元	41 999	95 917	250 751	297 899
		回报率/%	19.6	21.2	18.8	
	非寿险	投资组合/百万欧元	32 679	43 827	59 744	67 486
		回报率/%	6.9	7.8	5.7	
荷兰	寿险	投资组合/百万欧元	98 516	172 922	223 767	238 222
		回报率/%	8.5	5.3	6.5	
	非寿险	投资组合/百万欧元	12 380	22 658	27 073	29 317
		回报率/%	8.1	3.6	8.3	
挪威	寿险	投资组合/百万欧元	23 472	35 082	59 026	56 514
		回报率/%	9.7	11.0	5.1	
	非寿险	投资组合/百万欧元	6 919	9 608	14 198	13 334
		回报率/%	7.5	8.1	3.1	
葡萄牙	寿险	投资组合/百万欧元	1 959	9 836	20 777	23 177
		回报率/%	26.6	16.1	11.5	
	非寿险	投资组合/百万欧元	2 380	4 069	5 205	5 295
		回报率/%	8.1	5.0	2.0	
西班牙	寿险	投资组合/百万欧元	15 016	43 164	82 298	91 111
		回报率/%	18.5	13.8	10.7	
	非寿险	投资组合/百万欧元	9 637	13 601	27 432	30 370
		回报率/%	11.0	15.1	10.7	

(续表)

国家	险种	属　性	1992	1997	2002	2003
瑞典	寿险	投资组合/百万欧元	56 527	118 570	125 550	191 631
		回报率/%	8.3	1.2	12.0	
	非寿险	投资组合/百万欧元	17 015	35 226	30 808	36 836
		回报率/%	6.1	−2.7	9.6	
瑞士	寿险	投资组合/百万欧元	83 703	139 830	200 791	195 688
		回报率/%	9.1	7.5	2.0	
	非寿险	投资组合/百万欧元	29 494	47 290	74 175	73 712
		回报率/%	9.7	9.4	4.0	
英国	寿险	投资组合/百万欧元	462 604	955 262	1 311 280	1 331 914
		回报率/%	11.0	6.5	14.2	
	非寿险	投资组合/百万欧元	84 685	130 231	112 316	101 286
		回报率/%	2.9	−2.9	1.4	

来源:CEA(2003),表 A:Ⅴ2~3,63~67 页。

表 7－6　各欧洲国家的自由资产比率

年　份		1994	1995	1996	1997	1998	1999	2000	2001	2002	2003
奥地利	寿险	1.19	1.04	1.02	0.98	0.99	0.97	1.02	0.96	0.95	1.64
	非寿险	1.56	1.87	2.02	2.22	2.13	2.08	1.91	1.89	1.88	1.88
比利时	寿险	1.17	1.04	1.19	1.21	1.30	1.20	1.16	1.13	1.08	1.08
	非寿险	1.35	1.19	1.40	1.44	1.53	1.45	1.37	1.35	1.05	1.05
丹麦	寿险	1.12	1.12	1.13	1.14	1.16	1.20	1.19	1.15	1.12	1.18
	非寿险	1.52	1.67	1.84	1.85	1.83	1.64	2.07	2.02	2.03	2.09
芬兰	寿险	0.88	0.96	1.01	1.06	1.13	1.16	1.07	1.01	1.01	1.10
	非寿险	1.24	1.44	1.62	1.74	2.04	2.93	2.47	1.42	1.17	1.22
法国	寿险	1.01	1.10	1.15	1.15	1.19	1.16	1.16	1.14	1.12	1.24
	非寿险	1.00	1.73	1.26	1.35	1.41	1.35	1.39	1.28	1.22	1.41

（续表）

年份		1994	1995	1996	1997	1998	1999	2000	2001	2002	2003
德国	寿险	1.02	1.01	1.01	1.00	1.00	1.01	1.00	1.00	1.01	1.04
	非寿险	1.00	1.00	1.00	1.00	1.00	1.00	1.00	1.00	1.00	1.00
希腊	寿险	0.97	0.97	0.97	0.96	0.95	0.86	1.02	0.97	0.90	1.07
	非寿险	0.97	0.97	0.97	0.96	0.95	0.86	1.02	0.97	0.90	0.87
爱尔兰	寿险	1.00	1.00	1.00	0.10	1.00	1.00	1.00	1.00	1.00	1.00
	非寿险	1.73	1.57	1.73	2.14	1.20	1.28	1.31	1.86	2.17	2.39
意大利	寿险	1.20	1.15	1.13	1.11	1.13	1.12	1.14	1.11	1.10	1.22
	非寿险	1.27	1.20	1.19	1.15	1.10	1.07	1.08	1.15	1.14	1.18
卢森堡	寿险	2.12	0.98	40.56	41.62	1.03	1.03	1.02	1.02	1.02	1.02
	非寿险	1.02	1.02	1.13	1.29	1.15	1.03	1.08	1.06	1.03	1.03
荷兰	寿险	1.06	1.20	1.22	1.26	1.39	1.26	1.23	1.21	1.16	1.10
	非寿险	1.12	1.23	1.29	1.35	1.38	1.35	1.26	1.45	1.36	1.22
挪威	寿险	1.30	1.36	1.40	1.45	0.72	0.75	0.71	0.68	0.62	0.62
	非寿险	1.27	1.45	1.40	1.42	1.37	1.87	1.48	1.30	1.40	1.45
葡萄牙	寿险	1.13	1.19	1.15	1.17	1.13	1.11	1.07	1.01	0.96	1.16
	非寿险	1.21	1.26	1.23	1.16	1.17	1.26	1.21	1.04	1.07	1.18
西班牙	寿险	0.93	1.00	1.01	0.95	0.97	0.87	0.80	0.81	0.80	0.85
	非寿险	0.98	0.95	0.99	1.04	1.18	1.35	1.54	1.78	2.09	2.21
瑞典	寿险	1.18	1.14	1.02	1.07	1.06	1.01	1.04	1.05	0.85	1.07
	非寿险	1.09	1.26	1.85	1.69	1.90	1.68	1.71	1.47	1.13	1.32
瑞士	寿险	1.54	1.49	1.38	1.34	1.34	1.35	1.29	1.30	1.28	1.34
	非寿险	2.50	2.58	3.11	3.16	3.08	3.06	3.38	3.72	3.60	3.81
英国	寿险	0.98	1.01	0.99	1.00	0.99	1.03	0.99	0.95	0.90	1.02
	非寿险	0.88	0.88	0.91	0.89	0.93	0.81	0.75	0.72	0.78	0.87

来源：CEA(2003)表EⅡ-7与EⅡ-8，163～164页；表EⅡ9与EⅡ10，165～166页。

表 7-7 欧盟保险市场的市场集中度

	非寿险公司	%	寿险公司	%
奥地利	韦纳市立	10.0	储蓄银行-保险	13.5
	AUianz Elementar	11.0	韦纳市立	12.5
	优尼卡塞奇	10.5	瑞弗森	10.3
	忠利	9.2	UNIQA Personen	7.3
	优尼卡保险	7.5	忠利	7.0
		48.2		50.6
比利时	富通	23.0	安盛	17.1
	Ethias	17.7	富通银行	14.6
	安盛	12.2	Ethias	11.9
	比联保险/央行保险	11.1	比联保险/央行保险	8.6
	荷兰国际	10.1	温特图尔	6.8
		74.1		59.0
丹麦	Tryg	21.7	丹妮卡	19.0
	Topdanmark	18.7	PFA Pension	17.4
	柯顿	13.5	Nordea Liv & Pension	8.3
	Aim. Brand	10.3	Kommunemes Pensionsforsikring (KP)	7.6
	If ...	5.6	Industriens Pension	5.1
		69.8		57.4
芬兰	If P&C Insurance	31.7	诺底亚	35.7
	Pohjola Group	21.3	声宝寿险	34.5
	塔皮奥拉集团	17.0	OP-Life	14.8
	Fennia	8.6	芬兰寿险	5.2
	Local Insurance Group	3.7	塔皮奥拉集团	4.3
		82.3		94.5

（续表）

	非寿险公司	%	寿险公司	%
法国	法国安盛	15.0	法国国家寿险	15.6
	法国安盟-甘集团	15.0	法国安盛	11.5
	法国保险公司	11.0	Predica	9.4
	法国手工业者互助保险公司	9.0	法国保险公司	6.1
	法国工商业互助保险公司	6.0	维多利亚	5.6
		56.0		48.2
德国	Allianz	13.2	Allianz	15.1
	AXA Colonia	4.2	Hamburg-Mannheimer	4.9
	德国格宁保险	3.9	Aachener und Munchener	4.6
	R&V	3.6	R&V	4.3
	苏黎世	3.0	德意志　洛德	4.1
		27.9		33.0
爱尔兰	Hibernian	21.8	爱尔兰寿险	22.6
	安联　爱尔兰	14.1	Ark Life	10.3
	法国安盛	12.7	Hibernian Life	8.7
	Royal & SunAlliance	11.1	Friends First Life	7.7
	鹰星爱尔兰	9.0	鹰星寿险	7.3
		68.7		56.6
意大利	Fondiaria-SAI	10.5	Creditas Vita	7.9
	Generali	9.8	圣保罗寿险	6.6
	RAS	7.9	Alleanza Assoicurazioni	6.2
	Assitalia	5.2	Fideuram Vita	5.5
	Milano	4.7	Poste Vita	5.1
		38.1		31.3

（续表）

	非寿险公司	%	寿险公司	%
荷兰	Achmea	13.8	荷兰国际	19.7
	富通	11.4	荷兰全球人寿	15.3
	荷兰国际	9.4	富通	13.5
	DeltaLloyd	7.2	Aviva	10.9
	荷兰拉博银行集团	6.0	Achmea	7.7
		47.8		67.1
挪威	KLP	28.9	KLP	21.6
	Gjensidge	25.8	Storebrand	18.5
	Vesta	23.4	Vital	14.6
	Spbl	10.9	Gh. Nor. Sp.	12.4
	Card	3.0	Nordea Liv.	6.5
		92.0		73.6
葡萄牙	Fidelidade	10.4	Occidental Vida	31.6
	Imperio	9.1	Tranquilidade Vida	18.9
	Tranquilidade	8.9	Tranquilidade Vida	16.2
	Axa Portugal Seguros	8.7	Santander Vida	6.5
	Mundial Confianca	8.7	AXA Vida	3.4
		45.8		76.6
西班牙	西班牙曼弗雷集团	7.9	Vida Caixa	11.9
	安联集团	6.6	Antares	11.8
	安盛集团	4.8	曼弗雷 Vida	8.5
	苏黎世集团	4.5	西班牙对外银行 Seguros	5.9
	温特图尔集团	4.0	SCH	5.6
		27.8		43.7

（续表）

	非寿险公司	%	寿险公司	%
瑞典	LF保险集团	29.2	斯堪地亚集团	24.4
	If Skadeforsakring	22.9	北欧思安银行	14.0
	Trygg-Hansa	18.1	Folksam	14.5
	Folksam	16.4	德斯银行	18.2
	苏黎世	3.4	Lansforsakringar	9.1
		90.0		80.2
英国	Royal & Sun Alliance	12.9	英国巴克莱银行	10.9
	商联保险	11.1	英国标准人寿	10.5
	苏黎世	7.3	保诚保险	8.5
	安盛	7.2	诺威治联合保险	8.1
	诺威治	5.4	Clerical Medical	4.5
		43.9		42.5

来源：CEA(2003)，表A：Ⅱ-3与AⅡ-4，31～34页。

发达保险市场的许多保险公司股权有严重的风险问题。尤其是监管制度严格的德国和瑞士寿险市场，许多小型保险公司相对来说资本不充足。

7.2.2　部分欧盟成员国保险市场发展趋势

1) 法国

● 市场概览

法国是世界第五大国内寿险市场和第五大国内非寿险市场。法国寿险市场正处于过渡期，寿险业处于衰退期，非寿险业务增长缓慢。保险业正在经历市场兼并，保险公司成为大集团的组成部分。大型综合集团的成员如AXA、一些规模较大的公司业务能够跨越多个市场和领域，由此要求欧盟放宽对其资本的要求。

● 业务趋势

在过去十年里，总体寿险业的保费收入增长已经超过了14%，但是在过去三年里增长有些放缓。相比之下，非寿险保费收入自2001年起持续以10%的增长率增长。定向储蓄型保险产品的保费收入在过去十年里已经增长了4倍。但是在近年间，许多的财政优势开始消失。储蓄方面CSG税征税从1997年的3.4%上升到7.5%并且导致了1998年保费量的减少。在2003年，保费量减少了14%但是减少幅度仍低于1997年的水平。

历史上法国寿险产品所享有的税收优惠的取消可能会为其他金融机构提供一个更加公平的竞争环境——如银行储蓄以及共同基金——他们也经历了低迷的保费增长。股本的财政状况方面的变化也导致了“万能型”连结险的发展。这些是捆绑式保险，它们提供给保单持有者直接投资股票市场的机会，同时提供一个保险保障。因此，他们不是纯粹的保险合同，即受国际财务报告准则4的制约，而且也满足投资合同的定义，即满足国际会计准则第39条。连结型合同保费收入与1995年占总体保费量不到10%相比，在2003年占据总体保费量的30%。

2003年，保费量略有回升，稍微超过了14%，但是仍然低于1997年的水平。2003年保费收入增长的原因在于利率的下降，银行储蓄对人们不具吸引力，相比而言，保险更有投资价值。总体而言，个人连结险产品增长最快，同时个人保障业务和团体业务收入有所下降。

在过去十年里非寿险业务也在逐渐增加。然而，市场的增长率随着政府的参与而受到限制，尤其是繁重的费率管制，强制第三者保险，以及许多公共部门企业的保险负债非寿险部分由国家担保，保险公司不能被要求在批准之前销售产品。

● 市场细分和合并

许多中等规模的保险公司目前正在遭受挤压。这些保险公司可能最终不得不削减业务规模，或变成市场补缺的经营者或不再独立经营业务而是加入或是创建更大的保险集团。寿险市场超过 55％以上的份额（以保费量来衡量）由 5 个金融集团掌控——销售渠道是通过银行分支机构进行销售。以前的银行保险业务仅局限于销售简单的储蓄合同，现在扩展到更多样化的风险导向产品——与传统的寿险和非寿险产品有区别的产品。

直接销售和代理人仍然是非寿险产品最普遍的销售方式，并且银行销售网络仍然是寿险产品销售的主要方式。历史悠久的保险公司以往依赖于独立财务顾问或是经纪人来销售他们的业务，现如今也在遭受销售趋势的挑战。然而，这些公司最近更多地是采取他们自己的商业模式如以个人客户需求为中心。因此，通过增进合并和合作以及改善营销策略实现规模经济，他们渐渐抵消了银行保险分销成本的优势。除非期盼已久的养老金保险的繁荣最终出现，竞争预计会加强并且边际利润预计下降。

至 2004 年 2 月总共有 486 家保险公司（法国以及非欧盟）在法国经营。在这些保险公司中，有 373 家是国内的保险公司；84 家经营寿险业务，282 家经营非寿险业务。在细分市场下，其余的是综合性保险公司。另外的 113 家保险公司有的是欧盟的，有的是非欧盟分公司。

法国的保险行业相对高度集中。前 5 位的寿险公司占所有保险业务的 56％；同时前 5 位的非寿险公司占法国总体业务的 48.2％。

银行保险占寿险业市场份额中的比例越来越大。这之所以成为可能，是因为利用低成本的分销网络渠道来销售简单的税收优惠储蓄性产品。银行保险几乎占据了一半的寿险保费收入。

大多数的银行保险已经拥有显著的低成本分销能力，可以直接通过银行分销。然而，这一发展被认为与目前正在经历兼并和监管变革的欧洲银行环境不协调。

此外，随着时间的推移，竞争已经越来越激烈。更多的传统的保险公司开始为改善分销系统效率做出努力。银行保险业务也已经开始呈现多样化，分别进驻非寿险、医疗保险以及其他的储蓄型产品领域。

法国保险市场主体可分为专门的保险企业和已并入较大、跨欧洲的保险或银行集团。在寿险市场享有税收优惠的储蓄产品中银行保险的低成本比较优势逐渐减少，传统的保险公司比银行保险具有更多样化的产品和分销渠道。此外，一些银行保险在海外业务活动的负面公众影响的经历(如在美国的子公司资不抵债问题)已经向保险市场凸显出了采取过于简单和极力扩张战略观点的危险性。传统的中等规模的保险公司迫于竞争压力努力使用任何的资本过剩来改造他们自身以便节约更多的成本，使其自身更符合成本效益。

大多数的国内非寿险公司通过与代理人相结合构建营销网络。经纪人主要从事商业保险的销售。通过未委任的销售机构的相互分销在汽车险和家庭险业务方面做得非常成功。另一方面，银行保险在保险市场中起到了一个非常重要的角色。直接保险市场份额仍然受到限制。

● 财政实力

法国寿险市场资本更为充分(即，保险资产的总市值与保单的账面总价值)，这是与我们这章所分析的其他的主要欧洲市场相比得出的结论。

非寿险的利润一般情况下比寿险的要高。然而，银行保险方发现很难深入到非寿险市场，这是由于他们对与储蓄相关的捆绑式产品过分依赖。法国的非寿险市场也遭遇巨灾损失，如2003年夏天期间法国南部所发生的洪水和火灾。

● 投资效益

法国的保险公司五年期和十年期投资回报率相对较高。寿险业五年期和十年期的回报率分别为15%和8.9%。然而，非寿险业在近10年期间投资回报率仅高于通货膨胀率。寿险和非寿险业所管理的资产在过去的十年里翻了 3 倍。最近在 2002～2003 年寿险和非寿险业的投资效益均有改善，回报率分别为 9.8%和 13.9%。此外，他们所管理的资产分别已经增长至 8 900亿欧元和 1 260 亿欧元。

2) 德国

● 市场概览

德国是世界第三大非寿险市场和第五大寿险市场。不过，过去 5 年里保险深度和密度一直保持相当的稳定并且与其他重要的保险市场相比明显低一些，这部分反映出一个较平稳的社会保障系统。在 2003 年，保费收入占 GDP 的份额仅为 6.5%，与英国和瑞士相比要低一些，这两个国家为 13%。市场概况侧重介绍寿险业，因为寿险业最容易受疲软的资本市场影响而导致效益不佳。

● 业务趋势

德国疲软的经济状况已经转化为不景气的商业环境，对保险行业产生了影响。寿险保费的增长在 1999 年一度高达 11.8%，究其原因是由于德国政府对寿险保单的征税计划进行修改从而促进了寿险业的发展，然而，在 2000 年，德国保险协会建议该计划取消。

2001～2002 年寿险业的发展受到联邦政府结构性养老金改革的影响。养老金改革目的是减少工作量并且在 2002 年开始生效，这一改革增加了个人补充养老金的需求。法定养老金计划规定不再将工伤保险纳入养老计划(如果当事人截至 2001 年 1 月时年龄在 40 岁以下)。不过，私人养老金由养老金改革法案通过，并于 2002 年开始实施，因此许多德国居民开始重新调整他们的养老金。

养老金改革，开始于 2002 年，它鼓励人们申请使用个人补充养老金，以此来提高他们的雇主基金、团体养老金。养老金改革刺激了寿险市场的繁荣，抵消了寿险市场因低投资效益和来自财产责任保险持续的竞争而带来的压力。然而，只有大的保险公司能够从改革中获益，因为这些公司有充足的资本支持新产品的开发销售和招揽新客户。

相比之下，非寿险市场仍然存在严重割裂和疲软现象。2002 年德国北部和东南部地区最近的洪水所造成的损失对一些非寿险公司的损失率造成影响。许多德国保险公司，不过并不是全部，都受到该灾害的影响，在财产，汽车，以及工业方面的保险损失尤其惨重。此外，资本市场的不佳表现导致许多保险公司招致更多的损失，尤其是那些小规模或是中等规模的保险公司，要知道，他们主要的收入集中在投资收益。

2002 年，保费收入与上一年相比增长大幅上升了 3.7%，尤其是在补充保险合同领域，如意外事故和工伤保险。但是在 2003 年，新业务较 2002 年相比下降了 29.1%。

人寿保险合同对于老年人及其家属来说是非常重要的。现存的寿险合同数量从 2002 年的 8 782 万减少到 2003 年的 8 249 万。主要合同中几乎有一半是在 2000 年进行了补充。2003 年，个人养老保险保费份额在总保费收入中一直保持着最高为 61.7%，相比之下，个人养老金为 17.2%，联合保险为 9.3%。

对保单持有人的负债年增长率与 2002 年相比下降了 0.4%（考虑了保单红利返还和利润分配之后的长期责任准备金和贴现的保单负债）。增长率经过计算达到了 622.4 亿欧元，相比之下，2001 年为 631.8 亿欧元。红利以及退税款额在 2000 年达到了 89.5 亿欧元，与 2002 年相比，2002 年为 83.3 亿欧元；利润额在 2004 年保持在 40.6 亿欧元，与 1999 年相比，1999 年为 40.8 亿欧元。

● 市场细分和合并

截至 2003 年末，受联邦或本国监管的保险公司共包括 703 个外资保险公司和国内保险公司。其中，132 家经营寿险，261 家经营非寿险。有 207 个养老金以及殓葬费保险的经营商，并有 55 家健康保险公司。

2003 年，德国前五大非寿险公司占总体业务的 28.3%。前五大寿险公司的保费收入占总保费的 32.6%。2001 年的寿险业发展趋势主要有盈利的增长，保费的进一步增长，新业务的增长，以及期缴保费（相对趸缴保费而言）的快速增长。

● 财政实力

德国的保险公司历来资产状况就比其他欧洲市场要好。前 50 大德国寿险公司的基于风险的资本总额在 1995～1999 年期间增长很快，虽然大多数的增长是由于令人满意的投资市场所导致。

然而，由于资本市场疲软，股本资产大幅度缩水，保险市场强有力的资产状况开始恶化。一些寿险公司偿付能力严重不足，例如经营了 50 年的德国第一人寿保险公司 Mannheimer Leben 公司在 2003 年不得不面临破产的命运。一些小型寿险公司也面临财务困境，中小型保险公司在新的税务环境和养老金改革背景下努力适应新的机遇和挑战。许多保险公司正在努力减少成本，提高经营效率。越来越多的兼并及公司之间的合作导致德国保险行业集中度进一步加深。

● 投资效益

德国寿险行业 5 年期和 10 年期投资收益都保持着相当稳定的增长，增长率分别为 8%和 7%，与此同时，非寿险业 5 年期和 10 年期投资收益也保持着高于通货膨胀率的回报率。寿险业总体资产已经翻了 4 倍，非寿险则增长了 3 倍。与其他欧洲市场不同，德国寿险和非寿险投资收益最近 2002～2003 年回报率分别下降了 2.7%和 9%。尽管如此，二者所管理的总资产分别已经增长到 6 100 亿欧元和 4 500 亿欧元。

3) 意大利

● 市场概览

意大利总保费收入方面在欧盟保险市场中寿险和非寿险均排在第4位。然而，在2003年，保费收入仅占GDP约7%的比重。此外，意大利的保险密度和深度相对来说较低，是欧洲第六大保险市场。

● 业务趋势

寿险和非寿险的保费收入在逐渐增长，尤其是寿险保费收入的增长更为强劲。在2002～2003年期间，寿险保费收入增长了18.3%（在1996到2000年期间年平均增长率为26%）。寿险业现在占总体保险市场的63%。

趸缴保费产品呈现出较强的增长势头，然而趸缴和周期性趸缴保费收入却下降了。由于股票市场的发展，传统的保险产品比连结险和指数连结保险增长得更快。非寿险业呈现出稳定的增长趋势。传统的保险代理人分销渠道仍然是主要的非寿险保单销售渠道。

对个人寿险产品所设定的新的保险条例于2001年开始实施。因此，自2001年1月份开始，新的保单销售不再受到保险税的限制，并且随着该制度的失效依然可以免税。

意大利大多数保险和养老金由国家管理（即第一产业）。意大利的养老金市场有开放式、封闭式和PIPs (Piano Individuale Pensionistico)。PIPs仅能通过寿险公司出售，并受保险监管机构而不是养老基金监管机构监管。

● 市场细分和合并

意大利境内共有189个国内保险公司和60个非国内保险公司。从2004年1月份开始列出了78个寿险公司，88个非寿险公司，19个混合经营公司，以及3个再保险公司（www. isvap. it）。前五大非寿险公司占总市场份额的38.1%，前五大寿险公司占非寿险市场的31.3%。此外，总的意大利保险市场中有大概23%的比重由非国内保险公司占有。

意大利保险市场上区域性差异（包括经济和文化）对主要的保险分销渠道有很大影响。就非寿险而言，当地的代理商和小区域的经纪人起重要作用。就寿险而言，银行在市场上起到了主要作用并且已经对其他的销售渠道带来了不利影响。

● 投资效益

意大利保险市场的五年期和十年期投资效益在整个欧洲市场表现最好。但是，随着时间的推移，意大利的保险公司被禁止平滑盈余，目前尚不清楚这是否会在较长时期内持续。更重要的是，寿险公司的投资组合在十年里效益增加了5倍，相比之下，非寿险业投资收益增长不超过40%。在最近的2002～2003年寿险与非寿险投资效益均有轻微的回落，回报率分别为18.8%和5.7%。尽管如此，他们所管理的总资产已经分别增长到接近3 000亿欧元和680亿欧元。

4) 瑞士

● 市场概览

瑞士保险市场具有较强的竞争力，与其他欧洲保险市场相比来说增长潜力较低，以及资本上持续的压力阻碍了瑞士保险行业为股东提供适当的回报率的效率。作为一个非欧盟国家，与其他欧盟主要保险市场相比，瑞士保险市场相对来说缺少可比性。此外，市场的公开信息相对来说较少，并且严重地限制了公众的评论。瑞士保险行业是由联邦私营保险办公室(FOPI)进行监管的。

● 业务趋势

在寿险方面，保费的增长一直保持着非常平稳的发展，并且一直没能超过1998年的增长水平。相比之下，非寿险保费收入，经历了20世纪90年代后期的停滞后，自2000年开始持续增长5%。在这一阶段，寿险和非寿险的偿付能力几乎都增长了两倍。

● 市场细分和合并

从瑞士联邦私人保险办得到的细分市场分析，并且通过引用瑞士保险协会(www. svv. ch)和 CEA (2005)的数据来进行分析。在瑞士境内共有141家保险公司进行营业,其中有104家国内保险公司。据2003家9月统计,有26家寿险公司,79家非寿险公司(其中又有38家非瑞士本土公司),剩余的为再保险公司。瑞士联邦私人保险办不对非寿险公司进行监管。

随着国际化的到来,市场主导者如瑞士寿险、温特图尔集团以及苏黎世,收益已经远远超出了离他们实力最近的竞争者,尽管这些竞争者在中欧和西欧也开展了业务。那些更小的保险公司尝试着去开拓国外市场,但是,他们发现达到收支平衡都很难,大多数公司还是不得不撤出海外市场并主要依赖瑞士本国内业务。

- 财务实力

瑞士保险市场的资本状况非常充足。瑞士是一个人均财富最富有的国家,以欧洲标准来说瑞士人口相对较少。因此,市场进行了很好的细分。市场主导者如瑞士寿险、温特图尔集团以及苏黎世,都能够在国际上扩展他们的经营业务。大多数的瑞士国内保险公司占的市场份额非常有限。

瑞士寿险业相关法律进行了调整,如规定了投资收益率的最低值,这给公司提供给股东们的收益率增加了压力。在竞争如此激烈和利率如此敏感的环境下相互保险公司面临艰难的资本充足率问题。由 FOPI 提出的新的瑞士偿付能力测试,即风险资本要求,于2007年生效,很有可能进一步对相互保险公司构成压力。2002~2003年寿险业和非寿险业的投资效益都有所下降,分别获得了2%和4%的回报率。尽管如此,两者所管理的总资产已经分别增长到约1 960亿欧元和740亿欧元。

5) 英国

- 市场概览

英国保险业已经从保单不适当销售问题和监管改革中恢复。虽然由于股市低迷而导致评级下降的公司数量不断增加,英国市场仍然是欧洲最强大，最具竞争力的保险市场。

● 业务趋势

2003 年英国寿险业务的销售下降了 11%，并且总体增长一直没有超过 2001 年以前的水平。在比较受欢迎的保险产品销售方面，如个人养老金出现了显著的下降，这是由于保单的不适当销售和对寿险公司缺乏信任的丑闻造成的。一般保险费的销售，在 1994 年到 1999 年这段时期内经历了下降后，到 2003 年每年以约 10%的增长率增长。

● 市场细分和合并

2003 年，总共有 772 家保险公司得到授权经营，不论是有英国授权还是作为欧洲经济地区成员，他们都在英国开展保险业务。其中有 178 家非国内保险公司。其中的 600 家保险公司仅能开展非寿险业务（例如汽车险，房屋险以及商业保险），160 家保险公司被授权开展长期保险业务（如寿险以及养老金），还有 54 家是可以进行混合经营以上业务的保险公司。英国保险行业按照欧洲保险标准来说是非常国际化的，有 12%的保险公司是非国内公司的欧盟子公司，并且另外的 9%的市场是以非欧盟区为基础来开展业务的，这在欧洲市场中比例是最高的。英国保险市场的银行分销渠道在 20 世纪 90 年代早期开始逐步形成，并且现在成为一些主导公司重要的分销渠道。

在历史上，大多数的保险销售是通过经纪人事务所进行销售的，但是，现在这种方式仍然在寿险市场上起主导作用（65%），在非寿险市场他们的重要性却降低了。相比之下，寿险行业和非寿险行业直接销售方式分别占了 29%和 24%，其他的销售网络在非寿险销售中的比例正在显著地增加（CEA，2005）。

披露的佣金，续保率的监管审查等已经改变了历史上产品销售的商业模式。而且，2004 年生效的金融服务机构决议，下降了以前对独立财务顾问（IFA）与代理商之间销售系统的分离要求。为一些简单产品采取的高成本网络分销在日益激烈的竞争中以及公众和机构监视中显得非常艰难，分销系统也更集中在产品和客户细分上。

前五大寿险公司占毛保费总额的42.5%，与此同时，前五大非寿险公司占总保费的44%。

● 财务实力

英国保险公司相对来说资本很充足。2004年以前，保险公司有相当大的权力来更改责任准备金计提的假设基础。但是，在新的偿付能力审慎标准下，新的“实际型”的偿付能力水平由金融服务机构（FSA）确定建立，并要求保险负债按照市场价值估值。这也使得许多寿险公司再次审视自己的优势，一些寿险公司已经停止开展了新型业务。新的寿险公司的财务报告标准有关的会计准则（财务报告标准27号）于2006年生效，这一标准减少了信息差，这与英国GAAP和国际会计准则IFRS4相一致。

● 投资效益

英国寿险业五年期和十年期投资分别获得了相对较高的收益。相比之下，非寿险业投资回报在相同投资期内非常低。寿险业自1992年以来总体投资组合增长了3倍，与此同时非寿险仅增长了50%。无论如何，在最近的2002～2003年，两个部门的投资效益均有改善，分别获得了14.2%和1.4%的回报率。二者所管理的总资产已经分别增长至约13 320亿欧元和1 010亿欧元。

6) 奥地利

在业务线方面，奥地利不同于那些综合保险经营为主导的欧洲国家。在这58个保险公司中，35个提供人寿保险，8个提供健康保险，其余的提供非寿险和意外保险。此外，存在5个专门人寿保险公司和12个专门的非人寿保险和意外保险公司。

寿险业的保险密度相对较低（类似于西班牙和葡萄牙），同时非寿险保险密度要高得多(与德国和丹麦相媲美)。另一方面,在保险深度方面,寿险业的保险深度相对低,为2.95%,这点与德国非常相似,非寿险业的保险深度在2003年为3.30%,这点与爱尔兰相提并论。

● 业务趋势

在经历了20世纪90年代后期的快速增长之后,近些年奥地利的保险业非常艰难,主要由于资本市场的表现和自然灾害造成的巨大损失所导致的。

总体寿险保费量在6年间一直到2000年大概翻了一倍,但是从2001到2003年这段时间里份额增加还不到1%。另一方面,非寿险保费收入较上一年同期增长了13%,在5年间中,寿险业务的索赔增长已超过保费的增长。

就保险代理人和经纪人业务而言,在5年间,直接销售渠道已经失去了市场。在非寿险业务方面经纪人是尤其重要的,同时,在奥地利,就寿险业务的销售而言,分行网络经营已经成为最重要的业务来源。

● 市场细分与合并

自1992年起,奥地利本国内的保险公司经营份额下降了8%。奥地利最大的5家保险公司在寿险和非寿险业务上占总体寿险和非寿险业务的50%。这一业务集中率可与其他国家相匹敌,但是维也纳城市保险公司在这两个商业线中都拥有重要的市场份额。

● 财政实力

奥地利保险业普遍资本金充足。与许多其他的欧洲市场一样,这些年来一直稳步增长,在2001～2002年期间,由于低迷的股市和利率下调的影响,奥地利的寿险业和非寿险业经历了一个困难时期。寿险保费的巨幅下降原因在于趸缴保费收入下降。计划引进的由国家倡导的养老金退休账户和相关的私人股指连结业务计划已对2003年寿险业产生了积极影响。然而，资本金压力相对较高，并且准备金占了将近95%的总资产。非寿险业的资本金也较充足，但索赔损失超过了总资产的50%。

● 投资效益

至2002年，就10年期和5年期投资收益而言，寿险业分别获得了10.6%和7.8%的正回报率。相比之下，非寿险业分别只仅获得了4.2%和0.5%的正回报率。2002～2003年非寿险业投资回报率分别为4.6%和2.7%。奥地利保险公司的投资相对分散，因此相对较少地受到股票价格波动的影响(与英国和德国的保险公司相比)。所管理的总资产已分别发展到400亿欧元和160亿欧元。

7) 芬兰

● 市场概览

依国际标准来说芬兰的保险市场比较小，尽管芬兰的人口有500万。它对经济活动的直接贡献也很小(大概占GDP的1%)。1995年成立的保险合同法案负责监管保险公司和保单持有人之间的关系，保险公司法案负责监管保险行业。社会事务和卫生部以及保险部监管机构对保险监管方面的问题进行了补充规定。芬兰的寿险市场在欧洲保险市场中保险密度占据第四位，保险深度占据第三位。

根据芬兰的保险业务线，依据法律分为寿险业、非寿险业以及雇员退休基金。寿险和非寿险业务不能由同一公司经营，虽然母公司可以有兼营寿险和非寿险的子公司。养老金保险公司专门从事法定的与收入相关联的养老金保险，同时寿险公司提供寿险业务，意外险业务以及健康险，还有自愿养老金保险。雇员退休金公司大多是共同基金。另一方面，经营非寿险和个人寿险业务的大部分是有限合伙人。超过一半的芬兰保险公司是有限公司。

随着寿险和非寿险的持续增长，保险经纪人的数量也在增加。外资保险公司的经营规模较为适度(芬兰市场估计外资保险公司的占有率在3%以下)。他们对寿险业的经营比非寿险业相对较强。另一方面,芬兰的保险公司也加强了在波罗的海国家的发展。

遵循“北欧福利国家”的原则,在芬兰,通过法规规定对其人口保险需求进行全覆盖。社会保险机构负责管理最低福利计划和法定健康保险。私人经营的非寿险提供法定的汽车保险和工人赔偿保险。私人经营的雇员养老保险提供强制性养老保险并且覆盖了80%的工人,其他人由养老基金所覆盖,即要么参与公司养老金计划,要么参与全行业计划(公共部门计划在特定机构投保)。芬兰雇员养老保险不被欧盟保险指令所管辖。它是所有雇员都能获得的法定覆盖,因此在欧盟保险分类中,它居于第一支柱。不能应用欧盟保险指令的原因在于退休金福利依据相同的规则发放而不考虑雇员是否投保,并且以现收现付制为基础融资的福利比率巨大。

近期个人养老金计划非常流行。投资连结险或是传统的分红保险销售火爆。投资连结保单在所有新寿险业务的销售业绩中约占据第三,非寿险保单销售量(在2003年约占GDP的2%)低于欧洲平均水平,原因主要在于个人健康保险不被重视,同时由于芬兰的特殊环境和非常到位的大范围的防损工作降低了购买非寿险保险业务的意愿。医疗保险的不被重视主要由于芬兰人民享有宽泛的国家公共医疗保健服务。

● 业务趋势

经过快速的增长及稳定期后,芬兰的保险行业成为一个成熟而饱和的市场,芬兰保险业在2000～2003年期间经历了萧条,主要原因在于资本市场的发展及由于恐怖主义和自然灾害导致的再保险保费的增加。

2003年保费增长了3.7%。三类保险业务线都经历了增长势头。寿险保费实际增长了7.3%,法定养老金增长了4%,并且非寿险保费增长了4.7%。按照保费收入衡量,最大的部门是法定养老金保险,这是芬兰保险市场的主要特征。

● 市场细分和合并

芬兰有 68 家保险公司，其中包括 2003 年 10 月份成立的 21 家外资保险公司分公司，大多数是芬兰保险公司联合会（FFCI）的成员。FFCI 有 13 家寿险公司，7 家养老金公司，21 家非寿险公司，5 家在保险公司，以及 22 家 2004 年 1 月份成立的外资保险公司。除了保险公司，还有超过 100 家保险协会组织（在非寿险区域经营的国内相互保险公司）。与其他的大多数成熟的欧洲保险市场类似，芬兰保险行业收入自 1992 年起下降了 13%。

与其他北欧国家一样，芬兰的保险业也是高度集中的。该保险市场传统上是以保险集团为经营主体，旗下有寿险公司、非寿险公司以及法定养老金保险公司。五大保险公司占据寿险市场的 82%并且占据非寿险市场的 95%。然而，这些保险公司通过银行和储蓄产品来寻求新的商业模式。此外，银行集团旗下建立的寿险公司逐步获得市场份额，从而降低了保险集中度。

● 财政实力

自 1995 年保险公司的一系列破产后（如阿波罗寿险公司、堪萨寿险公司以及堪萨养老金公司破产），芬兰的寿险市场逐渐稳定。撇开这些破产公司，芬兰的保险业现在的资本状况较为充足，尤其是在非寿险业务领域。然而，因为投资环境的恶化，营业利润也在逐渐减少。非寿险业总营业利润下降了 86%并且偿付能力资本在 2003 年下降了 26%。类似地，寿险业总体营业利润几乎下降了 50%并且偿付能力资本几乎下降了 25%。

在总的投资组合中非芬兰资产所占的比例不断增加，2003 年，总投资组合中，芬兰资产只占总体营业利润的近 43.7%。在债券控股方面国际化趋势是最强的，共持有的国外债券占总债券组合的 81.7%，这些国外债券主要是由欧元区发出的。然而，与其他欧洲国家相比，芬兰保险公司的投资组合中股权投资占的比重较大，同时，寿险投资效益 5 年期和 10 年期回报率超过了 10%，非寿险投资则表现得较差。债券证券在三类保险业务中占总投资组合的 60%，因此，芬兰的保险公司的投资组合正在逐渐降低风险。在 2002～2003 年寿险业和非寿险业投资效益都有改善，分别有 9.9%和 4.2%的回报率。除此之外，所管理的总资产也已经分别增长至近 740 亿欧元和 80 亿欧元。

7.3　本章结论

本章描述了欧洲保险业市场的最新发展趋势，通过考察各国市场及其监管模式，分析了各国保险市场的结构的多样化及欧洲保险业的监管模式。新颁布的偿付能力Ⅱ和国际会计准则（IFRS 4）被确定为影响未来欧洲保险市场业绩的重要力量。偿付能力Ⅱ将统一大多数欧盟国家采用的会计和偿付能力法规，鼓励竞争、兼并、收购活动及消费者对跨国产品的比较等，最终促进欧洲国内保险市场的稳定发展。

本章所讨论的有关各国的共同主题包括保险业的整合、银行和保险之间监管一体化，以及在保险发展过程中越来越重视的退休储蓄和政策效果。保险业传统的分销渠道逐渐向经纪人、银行和互联网渠道的分销渠道过渡。寿险业一直受到人口老化的影响，并进一步倾向于股票市场投资，这使得寿险业业绩将随时间产生更大的波动。非寿险业的风险来自理赔损失的波动及投资业绩的不佳。就监管而言，费率管制和资金运用管制放松加速了业务周期的循环。在大多数国家，可能是由于资本市场的不景气及理赔损失的增加，保险公司的偿付能力随着时间的推移逐渐减弱。

虽然这些影响有些是千变万化的，反映了独特的社会政治环境，欧盟成员国保险监管之间日益增加的协调统一表明了建立标准化监管准则的重要性。由于新的法规正在逐步实施，还需要进一步研究财务报告和偿付能力监管之间的融合，包括兼并和收购活动、成本与利润效率、企业战略，尤其是风险管理和公司治理的效率等。

本章并没有讨论日益加剧的分割和日益集中的国际公司的加入对国内市场的影响。金融创新在证券化、债务抵押债券、灾难债券、长寿债券和长期债券债务和衍生工具方面的发展也有可能改造欧洲保险公司在未来数年的财务结构。

出于考虑负债偿付能力的目的，只有荷兰、瑞士和英国要求保险公司对资产风险进行随机建模，这些事态的发展可能预示着协调欧洲联盟偿付能力法将可能摒弃以传统会计为基础的基于风险的现金流和情景模式。然而大多数其他欧洲国家还没有统一其偿付能力和会计规则，或仍使用基于账面价值的欧盟最低偿付能力额度要求（欧盟第一指令）。

风险管理的日益复杂对更加要求方便未来的金融创新，事态发展也突出了对更复杂的风险管理系统的需求，以监测日益复杂的融资、投资和市场营销策略。而这很可能会导致更多的市场分割及跨国公司的诞生。这种演变，可能会促进欧洲和国际保险业之间的趋同发展，对于他们来说，非常有必要进一步研究复杂的金融创新、技术及风险管理需求所带来的影响。在不久的将来，他们可能会面临对市场结构和监管的双重调整。

第8章　如何完善我国现行最低资本要求

本章系统探讨了国际潮流发展的趋势——风险资本要求的计量方法，并将风险资本要求计量模型与我国现行最低资本要求计算模型进行对比分析，此外，着重探讨如何完善我国现行最低资本要求计算公式，以实现从法定最低偿付能力额度要求（SMSM）到风险资本要求（RBC）的过渡。

8.1　保险公司风险资本要求计算模型

8.1.1　资产风险的资本要求计算方法

资产风险主要包括两个方面的含义：一个是市场环境变化导致投资折价而可能造成的损失；另一个是因资产交易的另一方财务状况恶化或其他原因导致违约而可能造成的损失。资产风险的度量方法非常多，但目前在银行和保险业用得最多的是在险价值（*VaR*）模型。

1) *VaR* 模型

VaR 模型是指测量某类风险在给定的时间区间内、在一定的置信水平

(通常为非常小的概率水平)下可能发生的最大损失。我们不妨考虑前面提到的不等式

$$P(S \geqslant E(S) + C) \leqslant \varepsilon \tag{8.1}$$

在式(8.1)中,$E(S)+C$ 就是置信水平 ε 下该类风险可能的最大损失(VaR 值),VaR 值与 $E(S)$ 之差就是资本要求 C。

要获得某类风险的 C 值就需要计算该类风险的 VaR 值。然而,根据 VaR 值的定义,VaR 值的计算依赖于随机变量的分布,而获得其概率分布的方法的不同直接决定了 VaR 值计算方法的多样化。目前计算 VaR 值的最为广泛的方法主要包括:方差-协方差法、历史模拟法和蒙特卡罗模拟法。这些方法在获取随机变量的概率分布前都满足一个基本前提:市场未来的变化规律与过去的变化特征相似。下面分别简要介绍这三种测度概率分布的方法。

(1) 方差-协方差法。

该方法的使用相对简单:随机变量的分布服从或近似服从正态分布,只要计算随机变量的方差便可得到 VaR 值,从而得到资本要求 C 值。

仅仅考虑保险公司的资产(负债)风险及其所要求的风险资本额。资产(负债)风险是指在未来特定的一段时间内,其价值不利波动低于(高于)预期水平的概率。记资产(负债)价值为 A(或 L),不利波动为 $S=E(A)-A$ 或 $S=L-E(L)$,风险资本 C 同样可以理解为吸收不利波动的最低资本要求,即

$$P(E(A)-A > C) \leqslant \varepsilon \quad 或 \quad P(L-E(L) > C) \leqslant \varepsilon \tag{8.2}$$

若 A(或 L) 服从正态分布,则 $C=\Phi(\varepsilon)\times\sigma$ 或 $C=\Phi(1-\varepsilon)\times\sigma$。

(2) 历史模拟法。

该方法的基本思想是:利用随机变量的历史分布来计算该随机变量某

置信水平下的 VaR 值，从而可求出资本要求值 C。

(3) 蒙特卡罗模拟法。

该方法实际上是随现代科学技术的发展越来越广泛应用的一种方法，其基本思想是通过重复模拟来刻画随机变量的概率分布，利用模拟分布计算给定置信水平下的 VaR 值。该方法与历史模拟法的主要区别是用模拟值代替历史值。

2) 现金流模型

现金流模型的基本思想是利用蒙特卡罗模拟法(Monte Carlo Techniques)模拟某随机变量(每期现金流量变化的结果)的分布，从而求出某置信水平下对应的随机变量值的一种在实务中广泛应用的方法。现金流模型需要通过蒙特卡罗模拟技术测试每期现金流量的变化结果，换句话说，就是测试在给定的假设情景下，每一年(模型期限内)现金流变化结果与预期现金流结果的偏离值，并将偏离值贴现到零时刻，并逐年进行累加；如果累加值在某一年是负值，则与这个负值相当的盈余值将被要求在零时刻提存，这样便能保证在该年内任何时候的法定盈余不为负值，对其他年份重复该过程。

选择绝对值最大的负值为我们的初始盈余要求，这样便能保证在每一年的法定盈余不为负值，即有"偿付能力"。若任何一期测试出的现金流偏离值为正值，则盈余要求为零。重复测试各种情景下现金流的变化，便可获得随机变量的概率分布，从而可求出在某一置信水平下的风险因子(盈余与风险暴露初始值或期望值之比)。

8.1.2　负债风险的风险资本计算方法

寿险公司的负债风险主要指因死亡率、发病率和退保率等发生变化导致理赔损失超出预期的风险。非寿险公司的负债风险主要指由保费定价不足或准备金计提不足导致损失理赔超出预期的风险。目前测量这类风险的方法也比较多，以上提到的现金流模型就是测量寿险公司的负债风险的风险资本的较好方法。非寿险负债风险的风险资本的测量方法有很多，下面我们主要介绍在实务中广泛应用的两种方法：保单持有人预期缺口(EPD)比率方法和风险理论方法。

1) 保单持有人预期缺口(EPD)比率方法

EPD比率方法源自期权定价模型，实质与莫顿(Merton, 1977)建立的银行存款保险定价模型一致。NAIC非寿险风险资本工作组1993年对风险资本要求计算公式进行修正时，便采用了保单持有人预期缺口EPD比率方法(Bustic, 1994)。此外，采用该方法的还有标准普尔的资本充足率评级模型以及A. M. Best的资本充足率评级模型(Best's Capital Adequacy Ratio, BCAR)。

与破产概率模型相比，EPD比率方法的优势在于它考虑了破产的期望成本，即负债缺口。EPD比率方法的基本原理是将破产期望成本控制在低于负债缺口的一个百分比(例如1%或者0.1%)之内。

Bustic (1994)提出的模型如下：

若某公司的资产为A(假定资产价值固定不变)，负债L为随机变量，且服从连续的概率分布，密度函数为$p(x)$(考虑资产风险时，可假定负债固定，资产A为随机变量，且密度函数为$q(y)$)。EPD是指负债超过资产部分的总体平均，即所谓缺口或破产成本，亦即

$$D_L = \int_A^{\infty} (x - A) p(x) \mathrm{d}x \text{ 或 } D_A = \int_0^L (L - y) q(y) \mathrm{d}y \tag{8.3}$$

EPD比率是指$D_L/E(L)$(或$D_A/E(A)$)。

若令$A = (1 + c_L)E(L)$，$c_L = (A - L)/L$，假定L或A服从正态分布，

可推导出负债风险 L 的 EPD 比率为(Bustic，1994)：

$$d_L = \frac{D_L}{E(L)} = k_L\phi\left(\frac{-c_L}{k_L}\right) - c_L\Phi\left(\frac{-c_L}{k_L}\right) \tag{8.4}$$

或推导出资产风险 A 的 EPD 比率为：

$$d_A = \frac{D_A}{E(A)} = \frac{1}{1-c_A}\left[k_A\phi\left(\frac{-c_A}{k_A}\right) - c_A\Phi\left(\frac{-c_A}{k_A}\right)\right] \tag{8.5}$$

其中，$k_L(k_A)$ 为负债 L(资产 A) 的标准差与期望负债之比，$\Phi(\cdot)$ 为负债 L(资产 A) 的分布函数，$\phi(\cdot)$ 为资产或负债的密度函数。

式(8.4)和式(8.5)的推导过程如下：

由于资本可表示为 $C=A-L$，那么保单持有人缺口则为 $L-A=-C$，$(L>A)$，预期保单持有人缺口 EPD 则是指负债超过资产部分的总体平均，即所谓缺口或破产成本，亦即

$$D_L = \int_A^{\infty}(x-A)p(x)\mathrm{d}x \text{ 或 } D_A = \int_0^L (L-y)q(y)\mathrm{d}y \tag{8.6}$$

式(8.6)可统一表示为

$$D = \int_{-\infty}^{0} -\lambda a(\lambda)\mathrm{d}\lambda \tag{8.7}$$

其中，λ 为损失变量。不妨假设 λ 服从正态分布，且期望值为 μ，标准差为 σ，令 $\eta=(\lambda-\mu)/\sigma$，则式(8.7) 可转换为

$$\begin{aligned} D &= \int_{-\infty}^{-\mu/\sigma}\{-(\mu+\eta\sigma)/\sigma\sqrt{2\pi}\}\exp(-\eta^2/2)\mathrm{d}\eta \\ &= \int_{-\infty}^{-\mu/\sigma}\mu\frac{1}{\sigma\sqrt{2\sigma}}\exp(-\eta^2/2)\mathrm{d}\eta - \int_{-\infty}^{-\mu/\sigma}\frac{\eta}{\sqrt{2\pi}}\exp(-\eta^2/2)\mathrm{d}\eta \\ &= -\mu\Phi\left(-\frac{\mu}{\sigma}\right) + \frac{1}{\sqrt{2\pi}}\mathrm{e}^{-\mu^2/2\sigma^2} \end{aligned}$$

$$= \sigma\phi\left(-\frac{\mu}{\sigma}\right) - \mu\Phi\left(-\frac{\mu}{\sigma}\right) \tag{8.8}$$

若固定资产，令 $A = (1+c_L)E(L)$，$\mu = E(L-A) = -c_L E(L)$，$\sigma_L = \sigma$，式(8.8)可转换为

$$D_L = \sigma_L\phi\left(\frac{c_L}{\sigma_L/E(L)}\right) - \mu\Phi\left(-\frac{c_L}{c_L/E(L)}\right) \tag{8.9}$$

式(8.9)两边同时除以 $E(L)$，则成立

$$D_L/E(L) = \frac{\sigma_L}{E(L)}\phi\left(-\frac{c_L}{\sigma_L/E(L)}\right) - \frac{\mu}{E(L)}\Phi\left(-\frac{c_L}{\sigma_L/E(L)}\right) \tag{8.10}$$

令 $d_L = \frac{D_L}{E(L)}$，$k_L = \frac{\sigma_L}{E(L)}$，不难发现式(8.10)与式(8.4)等同：

$$d_L = \frac{D_L}{E(L)} = k_L\phi\left(\frac{-c_L}{k_L}\right) - c_L\Phi\left(\frac{-c_L}{k_L}\right) \tag{8.11}$$

若固定负债 L，由 $A = (1+c_L)E(L)$，$E(A) = L$，$\mu = E(L-A) = \frac{c_L}{1+c_L}E(A)$，$\sigma_A = \sigma$。$c_A = C/A = \frac{c_L}{1+c_L}$，$d_A = \frac{D_A}{L}$，$\frac{\sigma_A}{L} = k_A(1+c)$，则式(8.8)转换为

$$D_A/L = \frac{\sigma_A}{L}\phi\left(-\frac{c_A}{\sigma_A/E(A)}\right) - \frac{\mu}{L}\Phi\left(-\frac{c_A}{\sigma_A/E(A)}\right)$$

即

$$d_A = \frac{D_A}{E(A)} = \frac{1}{1-c_A}\left[k_A\phi\left(-\frac{c_A}{k_A}\right) - c_A\Phi\left(-\frac{c_A}{k_A}\right)\right] \tag{8.12}$$

给定 *EPD* 比率值(1%或者 0.1%)，结合式(8.11)或式(8.12)，便可求出正态分布下我们所需要的风险系数 c_L 或 c_A，进而求出风险资本 C_L 或 C_A。

假定 L 或 A 服从对数正态分布，同样可推导出负债风险 L 的 EPD 比率为：

$$d_L = \Phi(a) - (1+c)\Phi(a-k) \tag{8.13}$$

其中，$a = \dfrac{\ln\left(\dfrac{1}{1+c}\right) + \dfrac{\sigma^2}{2}}{\sigma}$，$k = \sigma_L = \sigma$。

假定 L 或 A 服从对数正态分布，同样可推导出资产风险 A 的 EPD 比率为：

$$d_A = \Phi(b) - \frac{\Phi(b-k_A)}{1-c_A} \tag{8.14}$$

其中，$k_A = \sigma_A = \sigma$，$b = \left(\dfrac{k_A}{2}\right) + \dfrac{\ln(1-c_A)}{k_A}$。

给定 EPD 比率值(1%或者 0.1%)，结合式(8.13)或式(8.14)，便可求出对数正态分布下我们所需要的风险系数 c_L 或 c_A，进而求出风险资本 C_L 或 C_A。

2) 风险理论法：短期聚合理赔风险模型

风险理论模型主要针对保险公司的某类具体的险种业务在某个时间段内总的理赔波动引起的可能损失进行度量。风险理论模型的理论基础是与传统的风险理论知识相结合。该类模型通常不考虑费用，Daykin (1994)提出，一般而言，该模型有三个元素构成：

U_0：0 时的资本金；

S：某时间区间内(一般为一年)的总的理赔损失；

$p(1+\lambda)$：附加安全风险边际的保费，其中，p 为纯保费，等于 $E(S)$，λ 为安全风险边际。

不妨设某时间区间为一年，如果 $U_0 + p(1+\lambda) > S$，那么我们将认为在年末保险公司没有偿付能力不足问题。

问题是我们怎样得到 U_0 的值。根据破产概率理论，在充分小的破产概率下，以一年为时间期间，如果保险公司满足：

$$P(S > U_0 + p(1+\lambda)) \leqslant \varepsilon \tag{8.15}$$

从该式中我们可求得 U_0 的最小值

$$U_0 = F_s^{-1}(1-\varepsilon) - p(1+\lambda) \tag{8.16}$$

现在问题的关键在于如何获得 S 的分布，根据传统的短期聚合风险理论知识，不妨设 n 为一年内理赔的次数，Z_i 为每次理赔数量，$i = 1, \cdots, n$。其中每次理赔 Z_i 是相互独立的。

由此我们得到

$$s = \sum_{i=1}^{n} z_i \tag{8.17}$$

其分布函数为

$$F_s(s) = \sum_{k=0}^{\infty} p_k F_z^{k^*}(s) \tag{8.18}$$

其中，$p_k = P(n=k)$，$F_z^{k^*}$ 是理赔分布函数的 k^{th} 重卷积。

若理赔次数服从泊松分布，那么

$$P_k = \frac{e^{-v} v^k}{k!} \tag{8.19}$$

在该假设下，S 被称为服从复合泊松过程。

若理赔次数服从混合泊松分布，那么

$$P_k = \int_0^{\infty} \frac{e^{-v} v^k}{k!} dF_w(\theta) \tag{8.20}$$

其中，$F_w(\theta)$ 使权重 w 的分布函数，通常，$E(w)=1$。

不妨进一步假设 $F_w(\theta)$服从 gamma 分布，那么我们能求出 $p_k=P(n=k)$ 服从负二项分布。

对于每次理赔 z 的分布函数 $F_z(z)$，通常假设 $F_z(z)$ 服从对数正态分布。

在前面理赔次数和每次理赔的分布假设下，根据风险理论知识，我们能够得出 S 的三种普遍通用的近似分布。下面分别介绍。

(1) 近似正态分布（理赔次数服从泊松分布，每次理赔额服从对数正态分布）。

$$\frac{s-m_1}{\sqrt{\mu_2}}\sim N(0,1) \tag{8.21}$$

其中，$m_1=va_1$，$\mu_2=va_2$，$v=E(n)=\sigma_n^2$。

(2) 近似正态加权(NP)分布。

$$F_s(s)=\Phi(y) \tag{8.22}$$

y 从下列公式中求得：

$$\frac{s-m_1}{\sqrt{\mu_2}}=y+\frac{\gamma_s}{6}(y^2-1) \tag{8.23}$$

其中，$y\geqslant 1$，$\gamma_s=\frac{\mu_3}{\mu_2^{3/2}}$。

(3) 近似 gamma 分布。

$$F_s(m_1+k\sqrt{\mu_2})=\frac{1}{\sqrt{k}}\int_0^{k(1+\sqrt{k})}\mathrm{e}^{-Y}Y^{k-1}\mathrm{d}Y \tag{8.24}$$

其中，$k=\frac{4}{\gamma_s^2}$。

在以往的风险理论模型的实际应用文献中，通常假设短期聚合风险理赔总量 S 服从正态近似和 NP 近似。因此，本书主要介绍近似正态分布下和 NP 近似分布下 U_0 的计算公式。

若 S 近似服从正态分布，如情形(1)所示，那么在该分布下，由 $U_0 = F_s^{-1}(1-\varepsilon) - p(1+\lambda)$ 可推导出：

$$\frac{U_0 + p(1+\lambda) - p}{\sigma_s} = Y_\varepsilon \tag{8.25}$$

其中，$Y_\varepsilon = \Phi^{-1}(1-\varepsilon)$，$\sigma_s = \sqrt{\mu_2}$。

进一步我们可得到

$$U_0 = Y_\varepsilon \times \sigma_s^{-\lambda p} \tag{8.26}$$

若 S 近似服从 NP 分布，如情形(2)所示，那么在这种分布下，结合式(8.16)可推导出：

$$\frac{U_0 + p(1+\lambda) - p}{\sigma_s} = Y_\varepsilon + \frac{1}{6}\gamma_s(\gamma_\varepsilon^2 - 1) \tag{8.27}$$

从而得

$$U_0 = \sigma_s\left\{Y_\varepsilon + \frac{1}{6}\gamma_s(\gamma_\varepsilon^2 - 1)\right\} - \lambda p \tag{8.28}$$

若 S 是由服从复合泊松分布来近似服从 NP 分布，则可得

$$U_0 = Y_\varepsilon\sqrt{va_2} + \frac{a_3(Y_\varepsilon^2 - 1)}{6a_2} - \lambda v a_1 \tag{8.29}$$

由于

$$a_i = \int_0^M Z^i \mathrm{d}F_z(z) \leqslant M\int_0^M Z^{i-1}\mathrm{d}F_z(z) = Ma_{i-1} \tag{8.30}$$

因而我们能够得到

$$U_0 \leqslant Y_\varepsilon \sqrt{pM} - \lambda p + \frac{1}{6}(Y_\varepsilon^2 - 1)M \tag{8.31}$$

因此，根据 $k = \frac{a}{vM}$，我们可求出

$$U_0 \approx Y_\varepsilon \sqrt{kpM} - \lambda p + \frac{1}{6}(Y_\varepsilon^2 - 1)M \tag{8.32}$$

8.1.3　风险之间的相关性分析及调整

风险资本模型的一个潜在的目的就是鼓励保险公司作正确的事情，如果不作协方差调整，一方面可能导致对保险公司的资本要求过高，另一方面可能不能够鼓励保险公司通过分散风险来降低经营成本。

协方差调整包括两个方面，一是业务集中度调整，二是对各类风险之间的相关性进行协方差调整。

1) 集中度调整

集中度调整的目的在于考虑到不同业务之间风险分散的效果。例如在投资组合中，如果投资资产集中在少量的投资工具上，其投资风险通常比分散在更多投资工具的资产组合风险大，其资本要求理论上应该更高。业务集中度调整包括考虑各类资产风险之间的关联性调整、保险风险和准备金风险需考虑各险种业务之间的关联性调整。

可以举个例子说明什么是集中度调整，NAIC 寿险工作组通过对保险公司投资工具中份额最大的 10 类资产业务进行集中度调整，要求这 10 类最大的投资业务风险因子各自扩大为原来的两倍。1993 年，NAIC 非寿险风险资本工作组利用 1981～1991 年非寿险行业数据研究发现，美国非寿险公司各业务险种之间平均相关系数为 0.4。若调整其完全相关，则相关系数值

0.4显得太低，将高估风险资本；若忽略其相关性，则相关系数值 0.4 显得太高，将高估风险资本，故用集中度调整方法。NAIC 非寿险风险资本工作组为进行准备金风险和保费不足风险的业务集中度调整，作出以下假定(Butsic, 1994)：

(1) 假定一家保险公司有 n 类同等规模的业务，集中度为 $C=1/n=$ 最大一类业务的保费收入/所有业务的保费收入；

(2) 每类业务的 RBC 相同。假设条件 1 高估 RBC，假设 2 低估 RBC。因而刚好抵消各自的不利影响。集中度调整因子为

$$\sqrt{\rho+(1-\rho)c}$$

为简化计算，上式可采用下式近似：

$$\sqrt{\rho}+\sqrt{1-\rho}\times c$$

因 $\rho=0.40$，可得 $\sqrt{\rho}=0.63$，考虑到责任准备金与保费的相关性，该工作组建议把 0.63 调整为 0.7。调整后的准备金或保费风险资本为：

调整的准备金 RBC=70%+30%×(最大一类业务的准备金/所有业务的准备金)

调整的保费 RBC=70%+30%×(最大一类业务的保费收入/所有业务的保费收入)

集中度调整的目的是考虑了不同业务之间风险分散的效果。同样可对各类资产风险做类似的集中度调整。

2) 平方根法则

各类风险之间的相关性的协方差调整，是指各大类风险之间的相关性。"平方根法则"是目前处理各类风险之间相关性的数学方法。为简单起见，考虑服从正态分布的两类风险。第一类风险的资产为 A_1，负债为 L_1；另一

类风险的资产为 A_2，负债为 L_2。则可计算出如表 8-1 所示各种情形下的资本的方差①。

表 8-1　资本的方差

随机变量	资本的均值	资本的方差
资产 A_1 或 A_2	$C_{A_1}=A_1-L_1$, $C_{A_2}=A_2-L_2$	σ_1^2 或 σ_2^2
负债 L_1 或 L_2	$C_{L_1}=A_1-L_1$, $C_{L_2}=A_2-L_2$	σ_1^2 或 σ_2^2
资产 A_1 和 A_2	$C_A=A_1+A_2-L$	$\sigma_A^2=\sigma_1^2+\sigma_2^2+2\rho\sigma_1\sigma_2$
负债 L_1 和 L_2	$C_L=A-(L_1+L_2)$	$\sigma_L^2=\sigma_1^2+\sigma_2^2+2\rho\sigma_1\sigma_2$
资产和负债	$C=A-L$	$\sigma^2=\sigma_A^2+\sigma_L^2+2\rho\sigma_A\sigma_L$

不妨采用 EPD 模型分别计算风险Ⅰ的资产风险或负债风险所需准备的风险资本。应用式(8.4)和式(8.5)，若固定风险Ⅱ的 EPD 比率 d_{L_1} 或 d_{A_1}，我们可求出 $c_{L_1}=\dfrac{C_{L_1}}{E(L_1)}=ak_{L_1}-d_{L_1}$ 或 $c_{A_1}=\dfrac{C_{A_1}}{E(L_1)}=ak_{A_1}-d_{A_1}$，$a$ 为常数。

由于当 $k_{A_1}=0$ 或 $k_{L_1}=0$ 时，c_{L_1} 或 c_{A_1} 为 $-d_{L_1}$ 或 $-d_{A_1}$。为进一步提高保单持有人的保护水平，我们可将其简化为 $c_{A_1}=ak_{A_1}$ 或 $c_{L_1}=ak_{L_1}$，进而求得 $C_{L_1}=a\sigma_1$ 或 $C_{A_1}=a\sigma_1$，也即风险资本与其标准差成正比。同理可求得其他情景下资本的表达式。

需要说明的是，为简化，以上假设计算出的常数 a 相同。此外，在破产概率模型下，风险资本与标准差之间的关系更是如此，读者可以试试。协方差调整后的风险资本见表 8-2。

---

① 为简化，风险Ⅰ或Ⅱ的资产或负债的标准差为 σ_1 或 σ_2，风险Ⅰ和风险Ⅱ资产或负债的标准差为 σ_A 或 σ_L。

表 8-2 协方差调整后的风险资本

随机变量	资 本	资本与方差之间的关系
资产 A_1 或 A_2	$C_{A_1}=A_1-L_1$，$C_{A_2}=A_2-L_2$	$C_{A_1}=a\sigma_1=C_1$ 或 $C_{A_2}=a\sigma_2=C_2$
负债 L_1 或 L_2	$C_{L_1}=A_1-L_1$，$C_{L_2}=A_2-L_2$	$C_{L_1}=a\sigma_1=C_1$ 或 $C_{L_2}=a\sigma_2=C_2$
资产 A_1 和 A_2	$C_A=A_1+A_2-L$	$C_A=\sqrt{C_1^2+C_2^2+2\rho C_1C_2}$
负债 L_1 和 L_2	$C_L=A-(L_1+L_2)$	$C_L=\sqrt{C_1^2+C_2^2+2\rho C_1C_2}$
资产和负债	$C=A-L$	$C=\sqrt{C_A^2+C_L^2+2\rho C_AC_L}$

对每个风险类别，应用资本与方差之间的关系得出经协方差调整后的风险资本为

$$C=\sqrt{C_A^2+C_L^2+2\rho C_AC_L}$$

经过该“平方根法则”进行协方差调整后，总风险资本可以按各个风险元素的风险资本简单相加；完全独立的风险元素，总风险资本能用各个风险元素的风险资本平方和的平方根。

当各类风险完全独立时，使用平方根法则会高估风险资本：若两类不同的独立的服从正态分布的风险，期望损失为 1 000 元，标准差为 200 元；在 EPD 比率为 0.001 时，各类风险所需要的风险资本为 438 元；现考虑合并两类风险总的风险资本，在 EPD 比率不变的情况下，可算得其需要风险资本为 584 元，若用平方根法则，则风险资本为 619 元。然而，对于相关性不高的风险来说，平方根法则多少能弥补忽略其相关性所带来的资本低估的不足。

8.1.4 现行最低偿付能力额度(SMSM)模型与风险资本(RBC)模型对比分析

为了更好地认识这两套模型之间的区别，这里我们将从理论上出发，在

相同的监管目标的前提下，对这两种监管模型进行比较，并加以分析。比较分析结果见表8-3。

表8-3 欧盟固定比率模型和风险资本模型之比较①

判断因素	固定比率	美国RBC比率
模型的破产原理	$P\{E+T>P+C\}\leqslant\varepsilon$，$E$为整个保险公司在某时间段上的总费用支出，包括佣金和行政管理费用，T为其在该时间段上的损失，P为已赚保费，C为偿付能力额度，ε为破产概率	对每类风险资本的计量：$P\{L>A\}\leqslant\varepsilon$，风险资本制度把保险公司的每类风险视为一个微型保险公司经营的唯一风险，当经营风险的负债L大于资产A时，超过预期负债的那部分损失即为风险资本
资本的测量	主要以一个公司的资产超过负债的那部分价值来测量	测量对公司主要风险应该匹配多少资本，并进行协方差调整
风险的识别程度	非寿险计算公式间接考虑了理赔风险，寿险公司考虑了死亡风险和投资风险，考虑的风险识别程度小	试图直接考虑所有相关风险，但不能有效考虑不同风险的共同影响，不能并入非财务风险
风险相关性	几乎未曾涉及	试图考虑风险的相关性，但不能达到预期的效果
风险分类的偏离程度	不能识别保险公司特定的负债和资产组合	对保险公司专门的风险分类更敏感，但其结构上的缺陷使得其资本充足性存在争议
再保险风险	不能充分考虑再保险风险	较固定比率好些，但不能充分考虑再保险风险
风险管理的强度	对公司内部风险管理实践不起作用	对公司内部风险管理实践没有太大的提高价值
偿付能力监管的目标和资本充足率	资本充足率的总的监管目标不清楚	同左

① 通过与2002年的KPMG报告给出的框架相结合得出。

（续表）

判断因素	固定比率	美国 RBC 比率
监管实施的成本，数据要求	成本不高，数据要求不高	成本不高，数据要求不高
使用的复杂性	简单易使用，且容易调整	不复杂，但需要培训有关人员
监管的状态和资产的现金流状况	静态监管，不能反映公司现金流状况	静态监管，不能反映公司现金流状况

结合表 8－3 的比较以及前几章节的内容，我们可以总结出以下几个结论：

（1）两个模型的基本原理相同，固定比率计算模型实质上是最简单的风险资本模型（仅仅考虑了一类风险）。

（2）风险资本模型实质上在此基础上将资产风险引入资本要求的计算，并将资产风险和负债风险进一步加以细分，分别进行度量，从而提高了最低资本要求精确度和对风险的敏感度。

（3）与风险资本模型类似，现行寿险公司偿付能力额度计算公式同时考虑了投资风险和死亡率风险，但是与风险资本计算模型相比，前者对投资风险的计算相对粗糙且不够精确，并且对死亡率风险设置的资本要求没有科学的理论依据。

（4）所有保险公司最低偿付能力资本要求计算公式最本质的不同在于它对风险的辨别程度。风险资本模型对风险的辨别在于将所有可量化的保险公司的重要风险进行适当的细分，并对各类风险设置相应的资本要求，再进行集中度和相关度调整。例如，哪些风险应被考虑需要设置资本要求、计算基础应怎样选择等。相比之下，我国现行最低资本要求则仅仅考虑了单个重要风险或仅仅对重要的风险进行了简单的风险分类，对风险测量的准确度相对粗糙。

8.2 从 SMSM 要求到 RBC 要求

8.2.1 改革现行 SMSM 的理由

(1) 本书第 2 章内容表明,我国现行非寿险公司最低偿付能力额度计算公式赔款基础的计算结果普遍不起作用,这意味着非寿险公司最低偿付能力额度两项取大的设置机制失灵。

(2) 第 3、4 章的内容表明,非寿险公司最低偿付能力额度计算公式隐含考虑了理赔风险的不利波动,对其他重要风险例如投资风险则没有给予关注。对寿险公司而言,隐含考虑了投资风险和死亡率风险是现行寿险公司最低偿付能力额度公式的明显优势,但计算过程的相对简单决定了计算比率的准确性不高,尤其基于死亡率风险计算比率的确定并没有科学的理论依据。

现行最低偿付能力额度计算公式的缺陷,从理论基础上提供了修改现行偿付能力额度标准的理由。对于复杂程度较高的大的保险公司而言,技术、保险业务和机构的迅速发生变化,导致资本监管制度的效率下降,甚至可能不符合形势发展的需要。特别值得一提的是,大公司的风险业务日趋复杂,现行规定的计算资本比率,可能产生较大的误导作用。

(3) 第 5、6 章系统对比分析了欧盟保险业在过去三十年中的保险市场环境和监管环境与我国的保险应用环境。在保单定价、责任准备金评估、资金运用原则等制度较为宽松自由的英国,简单的偿付能力额度监管获得成功的原因与它繁荣发达的资本市场是分不开的:对于非寿险业务,良好的投资业绩弥补了保险公司的承保损失,使得大多数保险公司能赖以生存下来,对于寿险业务,资本市场的发达推动了投资连结险业务的发展,并占据了寿险市场的主要份额,英国寿险市场的险种结构在资本市场发达时推动了寿险业的发展,同时在资本市场衰退时缓和了寿险业的损失(投资连结险的投资风险由保单持有人承担)。在保险监管严格的德国,由于保单定价、责任准备金评估、资金运用原则等制度的严格实施,偿付能力额度监管并不是保险监管的核心,这种状况持续到1994年以后,德国才开始逐渐放松费率管制,偿付能力额度监管成为保险监管的重心,可以说,偿付能力额度监管在德国发挥重要作用的历史应该从1994年以后开始算起。德国保险业,尤其寿险业的发展与德国资本市场的发达与繁荣也是息息相关的。德国的险种结构以含有最低保证回报利率的储蓄性分红险种为主,一度繁荣的资本市场扩大了该险种的市场份额。然而,2000年以后的资本市场的衰退和利率的下降使得德国寿险公司损失惨重。总结德国的保险监管的经验,一方面,繁荣的资本市场增加了保险公司偿付能力,推动了保险业的发展;另一方面,在资本市场衰退的阶段,除偿付能力额度监管外,保单定价、投资运用和准备金评估等方面严格的制度监管同样起到重要作用,这也是为什么德国保险市场极少发生保险公司破产的重要原因。法国和意大利国家监管的严格程度介于英国和德国之间,法国是在20世纪80年代初开始放松管制的,意大利管制放松与德国类似。

与此相比,我国寿险业面临的市场环境体现在:老牌的保险公司仍处于业务垄断地位,分红险种和传统寿险占有主要的市场份额,投资政策的限制和证券市场的不发达等。这些因素也是导致目前寿险公司的投资回报低的原因,非寿险业面临的市场环境体现在:老牌的保险公司仍处于垄断地位,机动车辆险及第三者责任险占有主要市场份额,非寿险公司的投资状况不乐观等特点。这些特点结合保单定价、投资资金运用原则等制度的逐步放宽,构成了承保风险和投资风险的潜在的不断扩大。

简单地说,欧盟采用简单的偿付能力额度监管之所以能够取得显著的监管效果，与它的发达繁荣的资本市场息息相关。监管时期长期处于牛市的资本市场掩盖了现行偿付能力额度标准的缺陷，使得偿付能力额度监管取得良好的功效。然而我国保险经营环境现阶段并不具备这种条件。这对我国采用简单的偿付能力额度监管模式的合适性提出了挑战。

(4) 正如前一节中的结论那样，所有保险公司最低偿付能力额度计算公式最本质的不同在于它对风险的辨别程度。事实上，无论巴塞尔资本协议，还是欧盟 Solvency Ⅱ项目，还是 NAIC 的风险资本要求，现行保险公司风险导向型的最低资本监管的国际趋势是：适应经营业务的变化及复杂化，以及具有更高的风险敏感度的特点。这同样对我国保险公司现行最低资本要求提出了挑战。

(5) 资本监管必须顺应潮流适应金融环境和保险业自身的发展变化。从第 5、6 章对我国的保险市场的分析中可以看出，我国保险业的微观风险环境也发生了相应的变化：①一些不可保的风险加上一些约束条件，变得可保了，对财产险承保技术的要求越来越高；②日益增加的社会财富和个人财富使得风险载体日益增多，在单位经济价值增大的同时，损失强度也在加大；③经济全球化趋势增加了经济领域的联动风险，可能对经济运行产生更多的损耗，面对更加广泛的风险环境和风险载体，保险业必须从更高的层面来考察可保风险、承保范围、进行保险技术创新和产品设计。

当新的问题出现时，我们就需要采取新的方法解决问题。当有更好的新方法和新的技术时，我们同样需要用新的方法来解决老的问题。对于保险公司偿付能力最低资本要求的设置也是如此。更加精确地计量风险，提高最低资本计算公式的敏感度是修改或重新制定保险业最低资本要求公式的目标。

8.2.2 从 SMSM 到 RBC

在研究明确了我们非常有必要改革现行最低资本要求的理由之后，摆在我们面前的问题是我国该如何改革我国现行最低资本要求，是一步到位完全抛弃现行最低资本要求，直接采用风险导向型的资本要求呢，还是需要在这两者之间需要一个过渡阶段？

1) 风险资本要求在实际操作中的困难

风险资本模型很明显的难题体现在各类业务之间的相关性处理、资产风险和承保风险之间的相关性处理。美国 NAIC 风险资本计算公式建立在一系列的风险相关性假设之上，例如该计算公式假设资产风险和承保风险相互独立，并利用平方根法则进行调整。事实上这些假设与实际可能存在较大差异。例如，据 Sigma(2003 年第 5 期)资料统计，加拿大保险公司多年来的经验表明：承保结果与投资实践成反向关系，保险公司的投资收益高，则承保结果不理想；相反，则承保结果较好。这说明承保业绩与投资收入是相互影响的，但是如何计算资产风险和承保风险相关系数则成为一个难题。

另一个难题是各类险种业务之间的相关性的处理。美国 NAIC 风险资本计算公式首先通过数据计算出各类业务之间的相关系数，然后再进行技术处理。例如若两类业务的相关系数为 0.2，则将被认为相关性不强，NAIC 便近似看作这两类业务相互独立。另外一些无法计算相关系数的业务，则需要根据经验加以判断。

除了这些难题之外，风险资本要求模型还存在一些公开的技术上的不足：

(1) 资产负债不匹配风险的度量；

(2) 投资违约风险、再保险信用风险和应收保费信用风险的度量；

(3) 对迅速发展的新公司的业务增长和规模扩张过快风险的度量。

尽管风险资本要求计算模型存在上述缺陷，然而，我们不可否认，相比固定比率模型，风险资本模型对保险公司的主要风险变化更为敏感，更好地反映了保险公司面临的风险，特别风险资本要求计算模型将投资和资产风险纳入最低资本要求计算，考虑了各类风险之间的相关性，更符合保险监管的谨慎性要求，这也正是我国现有的偿付能力额度监管制度所欠缺的部分。

2) 现行最低资本要求的相对优势

尽管风险资本模型相对我国现行最低资本要求有诸多存在的优势；但不能否认的是，针对我国的实际情况，现行最低资本要求在实际操作中仍然具有风险资本要求所不具备的优势：

(1) 非寿险公司现行最低资本要求只要简单的数据，就能计算复杂的承保风险的资本要求。而风险资本要求由于对承保风险的细分，需要例如责任准备金等相关数据，而我国保险公司的数据库建立的时间还比较短，还不具备足够充分的数据。

(2) 寿险公司以风险保额为计算基础非常适合度量死亡率风险的资本要求，而且数据的获得并不难。

(3) 我国已经实施现行最低资本要求接近三年的时间，现行偿付能力额度监管的理念刚被我国保险公司所接受，而且发挥了积极的作用，一些偿付能力出现危机的保险公司在该资本要求的实施下，开始重视其公司的资本充足性，资本有了明显的提高。如果完全抛弃现行资本监管模式，采用全新的资本监管模式的话，则保险监管机构在实施新的资本要求时可能会遭到来自保险公司的强大阻力。

(4) 目前我国保险市场的风险状况相对发达国家的保险市场现阶段环境来说不如后者复杂，这主要因为：一方面，我国保险市场的业务性质还基本停留在单纯的国内风险；另一方面，我国保险市场的产品类型、投资原则等实际状况使得我国保险市场不如发达国家那样将保险业与国际资本市场联系得那么紧密；当然我国的资本市场对保险业的影响也将会踏上发达国家的步伐，但目前还基本停留在与国内资本市场的接触上。

根据上述分析，笔者建议，结合我国保险市场的实际环境，不应忘记现行最低资本要求方式，也正如本书所表明的那样，在简单和完备上仍有可取之处，在此基础上，借鉴风险资本要求监管的基本设置原则，作为过渡阶段，充分利用现代风险计量技术、将现行最低资本要求和风险资本要求的优势充分结合起来不失是一个可行的方案。

8.3 我国保险公司最低偿付能力资本要求风险分类

8.3.1 国外保险公司偿付能力不足原因分析

Mueller 报告(Mueller, 1997)早在 1997 年就针对欧盟成员国保险公司的破产原因进行了分析。报告将主要原因归为四类：经营风险、承保风险、准备金风险和其他。

经营风险包括管理层缺乏能力或经验带来的经营失败、欺诈和集团内部成员的不良交易；承保风险包括再保险不充分或未能从再保险人处摊回赔款、增长过快带来的高损失、发展不平衡、过高的经营成本和核保控制不善等；准备金风险包括非寿险的长尾性质和结算模式、准备金不足等，另外投资风险也是保险公司破产的重要原因。

根据英国、法国、意大利等六个欧盟成员国对 1975～1995 年保险公司偿付能力不足问题的原因进行了归类(详细参看第 3 章)，认为资产风险、管理失误、业务快速增长和责任准备金不足是公司破产的重要原因。

美国评级机构A. M. Best 于 1999 年公布了一份特别调查报告，报告研究了美国从 1969 至 1998 年期间破产的 640 家非寿险公司破产的主要原因，其中有 214 家公司的破产没有明确的原因，其余 426 家公司的破产原因较为明确，如表 8－4 所示。

表 8－4　非寿险公司破产主要原因

主要破产原因	公司数目	比例
准备金不足	145	34%
增长过快(定价过低)	86	20%
恶意违约	44	10%
高估资产	39	9%
巨灾损失	36	8%
业务的重大转变	28	7%
不良关联交易	26	6%
再保险失败	22	5%

资料来源：A. M. Best, Insurance Company Failure, 1999.

8.3.2　发达国家或地区保险公司法定偿付能力资本要求风险分类

1) 美国

美国是在 20 世纪 90 年代对保险公司偿付能力资本要求进行改革。下面对美国偿付能力资本要求所考虑的风险因素进行概述。

● 寿险公司偿付能力资本要求风险分类

在制定寿险公司偿付能力资本要求时，美国 NAIC 考虑了四类风险：

(1) 资产风险，指保险公司的资产贬值从而不足以保障其相应的负债的风险，主要包括股票、债券、不动产投资、银行存款和抵押贷款等投资方式所带来的风险。

(2) 保险风险，指与保险公司经验死亡率、经验发病率、退保率等与保险公司的费率厘定直接相关的风险。当保险公司预期的死亡率或费用率与实际情况相差较大时，保险产品的定价就发生了较大的偏差，可能造成保险公司定价过低，保险公司收取的保费将不足以支付未来的索赔给付。

(3) 利率风险，利率风险主要是指由于市场上的利率和通货膨胀的波动，导致保险公司产生了预期之外的现金流出和流入，使得负债现金流与资产现金流无法匹配。

(4) 其他风险，包括税务和监管方面的变动、经营管理不善、经理的渎职行为、雇员以及代理人的培训较差等。

● 非寿险公司偿付能力风险分类

NAIC在制定财产保险公司的法定偿付能力资本要求时，将这些风险分为下述几类：签单保费风险(written premium risk)，指保费收入不足以支付未来赔款与费用的风险。准备金提存风险(reserving risk)，主要来源有两种，一种是未满期保费准备金风险(unearned premium reserve risk)，另一种是已报未付及未报赔款准备金风险(IBNR)。未满期保费准备金提存的主要目的在于支付未到期的保单可能发生赔案的赔款，此项准备金提存不足所产生的风险称为未满期保费准备金风险。赔款准备金提存的目的主要在于支付已满期保单发生的赔案所需支付的赔款。不论该赔案是已报案的还是尚未报案的，只要保险公司应负赔款的责任确定，保险公司必须支付这些还未支付的赔款。此项准备金提存不足所衍生的风险就称为已报未付及未报赔款准备金风险。

资产或投资风险(asset risk/investment risk)。投资风险产生的原因有两种。一种可能情况是：投资于固定收入的资产，如债券、银行定期存款等，受到利率波动或违约风险(default risk)的影响，而无法达到预期投资收入或及时收回本金。另一种可能情况是:投资于房地产、股票等的资产,受市场经济波动的影响而使得保险公司的资产价值下降,影响保险公司的偿付能力。

信用风险(credit risk)。保险公司的信用风险也分为两种:一种是再保人信用风险,即保险公司将风险分散给再保险公司的业务,在发生赔案时,“摊回分保赔款”是否能如期如数从再保险公司摊回的风险;另一种情况比较特殊。保险公司请代理人招揽业务,委托代理人代收保费或各类应收账款。如果保险公司的损失率过高,保险公司可能会追收保费。这时保险公司就可能面对应收保费账款是否能如期交付这一风险。

巨灾风险(catastrophe risk)。巨灾风险是指由于天灾人祸等无法预期的事件,如飓风、地震及洪水等自然灾害,或战争、核爆等人为因素,造成巨额损失的风险。美国加州及日本前几年就因地震引起无数房屋坍塌,不但引发财产保险公司的恐慌,更引起保险界对巨灾风险的重视。包括日本在内的部分国家已经将此风险纳入保险公司风险资本的考虑中。

利率风险(interest rate risk)。利率的变动是造成保险公司资产贬值的重要因素。与人寿保险公司一样,无论是利率的上升或下跌,利率变动都会对财产保险公司带来巨大的危险。

其他风险。其他风险指保险公司潜在的可能损害到公司价值,但又无法归于上述风险的其他风险。NAIC 考虑的其他风险主要有:保险关系企业投资风险、非管控资产风险、为关系企业提供担保的风险以及资产负债表外的或有资产的风险等。

2) 加拿大

加拿大将寿险公司的风险分为四个主要类别,这些科目的风险分别与它们所对应的风险系数相乘,最后将这些结果加总即可得到寿险公司最低资本要求。这四类风险为：

（1）资产风险，包括：资产违约风险；指数连结产品风险；表外风险；独立账户风险；

（2）保险风险，包括：死亡率风险；疾病率风险；失效率风险；

（3）利率风险，包括：利差定价风险；利率环境变化风险；

（4）其他风险。

加拿大将非寿险公司的风险分为：

（1）资产风险；

（2）保险风险，包括：保单负债风险、未赚得保费及未支付的赔款的边际和巨灾引起的风险；

（3）表外业务风险。

3）新加坡

新加坡将寿险公司的风险分为：

C_1——负债风险：对于寿险业务而言，其计算基础是通过对影响保单负债的主要参数（如，死亡率，发病率，费用，退保率等）施加具体的风险边际来反映。对非寿险业务而言，其计算依据是对保险公司的保费和赔款负债提取一定的风险费用，根据承保业务的波动性而对应不同的风险费用。

C_2——市场、信用和不匹配风险：该部分风险跟保险公司的资产组合的内在风险有关。其计算基础是保险公司的各种资产的风险暴露，如：债券、股票、房地产及外汇等。另外，该风险还反映了资产负债不匹配的程度。

C_3——非认可资产风险：该风险反映在某种资产或交易方过度集中。其计算基础是根据保险公司超过规定限额的程度。

对非寿险业而言，类似于寿险业，计算法定保险基金的基金偿付力要求时考虑下列三个风险(注:G 表示 general insurance):①GC_1 为负债风险部分;②GC_2 为市场和信用风险部分;③GC_3 为集中度风险部分。

4) 中国台湾

《人身保险业资本充足性报告》将寿险公司的风险分为四个主要类别:①资产风险:C_0 资产风险——关系人风险,C_1 资产风险——非关系人风险;②C_2 保险风险;③C_3 利率风险;④C_4 其他风险。

该报告将财险公司的风险分为五个大类:①资产风险:R_0 资产风险——关系人风险,R_1 资产风险——非关系人风险;②R_2 信用风险;③R_3 核保风险;④R_4 资产负债配置风险;⑤R_5 其他风险。

8.3.3 我国保险公司经营风险分类

保险公司是经营风险的特殊行业,行业的特殊性决定了其所面临的风险不同于其他一般行业。为了预期保险公司的偿付困境,保险监管机构必须知道保险公司面临的主要风险的潜在影响,保险公司管理风险的程度和保险公司内部风险管理过程。搞清楚这些问题的前提就是要搞清楚保险公司面临的风险,并进行风险分类。

关于保险公司的风险分类有许多种不同的方法,保险风险分类的方式依靠其分类的目标。目标不同,角度也就不同,风险类别细分程度也就不同。站在监管机构监管保险公司的偿付能力和评估保险公司内部风险管理状况和内部控制程度的角度下,本书在考察我国保险公司风险构成的基础上,借鉴国际精算监督官协会的保险公司风险分类及国际破产案例风险报告(Sharma 报告,2002)研究经验,总结出我国保险公司所面临的大致的风险类型,详见表 8-5、表 8-6 和表 8-7。

表 8－5 我国保险公司承保风险类型①

承保风险	详细分类	定义	影响偿付能力的重要性
承保技术及决策因素	定价风险	因精算假设偏离实际等原因造成定价不足的风险	√√√
	业务扩张风险	公司扩张时期由于缺乏经验与风险聚集造成巨大损失	√√√
	产品设计风险	在保险合同中公司所面临的风险暴露没有考虑保险合同的设计和定价中的风险	√
	准备金不足风险	准备金提取不足的风险	√√√
	退保风险	保险持有人退保超出预期	√
	再保险风险	保险损失暴露较高的自留额度导致由于大灾难或集中的索赔引起的损失，不良的再保险人风险	对寿险公司√√ 对非寿险公司√√√
公司内部因素	不完善的内部程序、系统和内部人员操作失误	因销售，核保和理赔等部门的数据不充分，信息技术处理不当等引起的风险	√√√
	管理层，职员胜任风险	相关管理人员、职员或其他参与人员缺乏技术、经验、专业知识或职业道德，不能胜任他们的职责	√√√
公司外部因素	市场竞争风险	保险市场竞争加剧可能造成的不良影响	√√√
	社会政治经济环境变化	社会政治变化，通货膨胀率，利率，汇率，科技的发展等不利于公司承保业务的风险	√
	巨灾风险	地震、洪水、火灾以及恐怖分子行为等将会给保险公司带来不可预期的损失	√√
	法律	相关法律法规不完善所引起的风险	√√
	保单持有人风险	未预料到的保单持有人行为对公司造成的不良影响	√√
	销售风险	我国代理人市场的落后所造成的不良销售风险	√√√

① 表 8－5 的资料来源同表 8－6、表 8－7。

表8-6　我国保险公司投资风险类型①

投资风险	详细分类	定　义	影响偿付能力的重要程度
投资决策因素	信用风险	中介、投资债券发行方、储蓄银行和再保险人等与保险公司有交易关系的主体违约或者其信用质量发生改变的风险	√√√
	投资集中风险	投资组合不当,资产评估过高,投资过度集中引起损失的风险	√√
	流动性风险	资产变现能力差,流动资产不足以支付保单持有人对现金流量的需求的可能性	√√√
	匹配风险	现金流量、币种、时间风险导致的资产负债不匹配	√√√
	市场风险	资产市场价格的波动会引起市场风险,如利率风险,汇率风险,资产贬值风险等	√√√
公司内部因素	经营决策风险	公司相关人员缺乏专业技术、经验、专业知识或职业道德,不能胜任他们的职责	√√√
公司外部因素	法律法规限制	主要表现为投资渠道窄,不利于公司发展	√√
	金融市场限制	我国金融市场的不发达,金融工具的种类少,不利于分散风险	√√
	经济环境	经济环境的变化可能带来的不利影响	√
	国家政策	政府政策可能带来的不利影响	√

① 注:√√√表示十分重要,√√较重要,√重要;表8-5、表8-6和表8-7的具体资料来源:国际精算监督官协会的保险公司风险分类及国际破产案例风险报告(Sharma报告)研究;KPMG报告;中国人寿保险公司上市风险披露;中国财产保险公司上市风险披露;国内其他保险公司具体的信息披露和官方信息披露。

表 8-7 其他风险类型①

其他风险	详细分类	定义	影响偿付能力的重要程度
内部系统风险	公司治理结构，内部控制和组织形式	公司治理结构不完善和整个公司控制系统失灵，包括不当的组织形式和不当的控制文化引起的风险	√√√
	高层管理人员和职员的胜任	公司高级人才的缺乏，重要管理人员的失职，可能给保险公司造成直接或不直接的利益损失	√√√
	能操纵公司的自然人或法人风险	指公司大股东，母公司和集团内其他公司及其公司的管理层对本公司采取的不当措施和不利行为，从而不利于公司经营活动的风险	√√
	费用风险	不当的费用管理策略或策略操作失误，如大项目，财务和其他渠道不加控制的成本挥霍及资源浪费；费用预期不合理，监测和控制失灵	√√√
政策法规风险	监管风险	监管法律法规的不完善或监管措施的不足对保险公司经营产生不利影响	√√√
	其他法规	会计准则对保险公司资产和负债评估的影响，如资产评估风险，责任准备金评估风险等	√√

8.3.4 我国保险公司偿付能力最低资本要求风险分类

结合前面几章的内容及上述分析，笔者认为我国保险公司的法定偿付能力最低资本要求应主要对承保风险和资产风险设置资本要求，之所以这么认为，笔者提供以下几个理由：

① 表 8-7 的具体资料来源同表 8-5、表 8-6。

(1) 资产风险和承保风险是各国保险公司最低资本要求中的最主要的风险因素;

(2) 直接影响公司经营利润;

(3) 保险公司偿付能力不足的主要因素;

(4) 承保风险和投资风险相关计量技术相对成熟;

(5) 可由偿付能力的定义直接理解;

(6) 符合我国保险业发展的初级阶段的外部和内部经营环境。

不考虑其他风险的原因:

(1) 我国保险业初级阶段的需要,保险业仍是需要扶植的行业,太多的资本要求可能会降低保险公司的经营效率;

(2) 不直接影响保险公司的偿付能力;

(3) 受技术的限制和数据的限制,暂时不能准确计量或无法计量;

(4) 人才的限制,保险公司缺乏掌握高级技术的人才,太复杂的监管技术可能会提高保险公司的管理成本;

(5) 许多风险因素已经通过其他监管法规进行定性控制。

8.4　完善我国现行最低资本要求计算公式

8.4.1　对现行保险公司偿付能力额度计算公式的改善方案

虽然目前关于偿付能力制度的趋势,正在明显地走向以考虑基于风险的资本金要求的过程,但是结合我国保险市场的实际环境,不应忘记 EU 方式也正如本书所表明的那样,在简单和完备上仍有可取之处,而且不发生追加费用的肯定一面,在此基础上,借鉴风险资本要求监管的概念框架,本书对我国保险公司偿付能力最低资本要求的改善提出以下建议:

对于非寿险偿付能力最低资本要求，提供的方案是：保留现有非寿险业最低偿付能力额度计算公式，对计算比率进行调整。在基础上，对其他能够量化的资产风险设置资本要求，并进行相关性处理，最后得出总的非寿险业偿付能力最低资本要求计算公式。这一个方案与1997年Mueller报告中设置的方案类似。Mueller报告假设保险公司的资产风险和负债风险相关性很强，在现有的偿付能力额度计算公式上，附加一个计量资产风险的最低资本要求的计算公式。

对于寿险公司的偿付能力最低资本要求计算公式，笔者的建议是，作为过渡阶段，保留现有的以风险保额为计算基础的计算公式，但需要对计算比率进行调整；抛弃责任准备金为计算基础的计算公式，重新计算投资风险的资本要求。若数据足够充分且有效，可抛弃现行的简单的风险保额计算公式，采用较为复杂的计算模型，例如实施《我国人身保险业务承保风险的评估以及风险因子测算》(杨步青，2005)的方案。

8.4.2 计算基础和计算方法的选择

正如前面分析的那样，即使是对于资产风险和承保风险，也是由众多风险因素共同影响，共同起作用的，仅仅对某类风险影响因素例如人员的投资失误风险因素是无法进行量化的。由于他们共同的作用产生与预期偏离的可能损失，因此，找到一个与承保风险或投资风险显著相关的能充分反映损失的风险载体(也就是计算基础)是充分而且是有必要的。

借鉴国外的经验，会计报表中的资产科目和负债科目是被充分考虑的对象。这是因为财务报表信息属于可公开的信息，容易获得。仔细分析，不难发现，我国现行偿付能力额度监管标准中，实际偿付能力额度的计算基础来自资产负债表，而最低偿付能力额度的计算基础则主要来自于利润表，没有体现一致性。因而，保险公司偿付能力最低资本要求计算基础应该尽可能与实际资本(自由盈余)的评估时涉及的会计科目保持一致。否则,计算出的资本充足率(实际资本/最低资本)可能会偏离保险公司真实的偿付能力充足率。

关于计算方法,第 3 章和本章第一节对风险资本计算模型已经作了详细的介绍。这里举出几个例子来补充说明目前普遍使用的风险资本计量方法。

1) 资产风险的最低资本要求计算举例

(1) *VaR* 模型。

某股票的价格服从正态分布,今天股票的价格是 80 元人民币,标准差为 10。某交易者凭经验知道 100 天内有一个坏日子,该股票交易者就是机构投资者保险公司,由于一旦保险公司股票投资失败,将遭受损失,现在保险监管机构要求保险公司为防范该类风险预期损失之外的可能损失设置资本要求来弥补可能的意外损失,那么保险公司为防范该类风险需要多少资本来支持呢?

100 天里有一个坏日子从统计意义上说,意味着一个坏日子有 1%的概率在明天会发生,该股票的价格服从正态分布,正态分布曲线下的面积反映了关于概率的信息。根据概率论知识,存在 1%的概率使得明天的股票价格下降到 80 减去 2.33 倍的标准差,不妨设标准差为 10,那么,明天的股票价格将有 1%的概率会最大程度上损失 23.3 元。这个 23.3 就是 *VaR* 值。

S 为 80 与股票价格 R 之差,是股票价格的函数,$E(S)$为 0,由于股票价格在某段时间内的分布状况更容易获得,所以实务中我们通常选择股票价格为随机变量,于是式(3.1)可转换为

$$P(R < 80 + C) < 1\% \tag{8.33}$$

可求出 C 为 23.3。

在这个例子中，VaR 值与 $E(S)+C$ 等同，C 则为防止保险公司投资失败的资本要求。由于这里投资损失的期望值为 0，所以资本要求刚好就是在 1%的概率水平下发生的最大可能损失 VaR 值。

(2) 现金流模型。

为了能充分说明我们采用模拟技术和破产概率模型(或 EPD 比率模型)计量风险资本的思想，这里举一个模拟现金流量模型加以补充说明。我们以债券和抵押贷款风险因子的计量为例。对一个债券投资组合的每一种情景，通过在模型期限内随机产生的一系列年度经济状况，利用模拟技术，测试给定债券每一年的违约情况，其中，违约概率随那年的经济环境而变化，如果违约发生，债券本金将受到损失，剩下的本金将继续进行同样的投资，对每类债券重复该过程，投资组合的每年净现金流用来决定这次测试的初始盈余要求。

模型另一个重要的假设每一年都提存"损失准备金"，目的是为将来的违约损失进行融资，因而，盈余要求需要反映"损失准备金"的影响。详细见表 8-8～表 8-9(Zurcher，1992)。

a. 一个债券组合(测试 1 次)

假设：本金＝$1 000；预期每年违约率＝2.0%；违约导致的预期的本金损失＝50%；每年的预期损失＝1.0%；模拟期限＝6 年。

计算过程如表 8-8 所示。

表 8-8 单个债券组合现金流量测试过程

年份	1	2	3	4	5	6	
预期违约率/%	2.0	1.6	2.0	2.8	2.0	2.0	随评级机构和经济环境变化
违约测试结果		Yes			Yes		随机选择的结果
本金损失/%		40			50		随机，且随经济环境变化

（续表）

年份	1	2	3	4	5	6	
本金剩余	1 000	600	600	600	300	300	重新投资
现金流本金损失		400			300		忽略税收
损失准备金	10	8	6	6	4.5	3	1.0%×平均潜在本金
净现金流	10	−392	6	6	−296	3	如8−400=−392
净现金流现值	10	−344	5	4	−201	2	贴现率为9%
累加值	10	−334	−329	−325	−526	−524	如−344+10=−334依次算下去
最小累加值					−526		
累加的盈余：526	584	227	254	283	0	3	如584=1.09×526+10

b. 400个债券组合（测试1次）

假设：本金因债券不同而不同，400个债券初始值为$901 850；预期每年违约率=2.0%；违约导致的预期的本金损失=50%；每年的预期损失=1.0%；模拟期限=6年。

计算过程如表8-9所示。

表8-9　多个债券组合现金流量测试过程

年份		1	2	3	4	5	6	
预期违约率/%		2.0	1.6	2.0	2.8	2.0	2.0	随评级机构和经济环境变化
净现金流	债券1：$1 000	10	−392	6	6	−296	3	—
	债券400：$20 000	200	200	200	−9 000	110	110	—
	总数：$13 000	−6 693	−3 678	578	4 921	−3 794	3 183	—
净现金流现值		−6 411	−3 232	466	3 640	−2 574	1 981	计算同(1)
累积值		−6 411	−9 643	−9 177	−5 537	−8 112	−6 130	计算同(1)
最小累积值			−9 643					计算同(1)
累积的盈余：9 643		3 523	0	604	5 796	2 356	5 892	计算同(1)

表 8－9 的模拟结果为：风险因子为 9 643/901 850＝1.07%。

对 400 个债券组合重复测试 500 次，得风险暴露损失的概率分布，在 5%的置信水平下其盈余因子为 3.6%。

2）负债风险最低资本要求模型举例

为了简单易见，本书直接采用 NAIC 非寿险风险资本工作组（NAIC，1993）报告中讨论计算商业多种风险保险业务[①]（Commercial Multiperil Line）的准备金不足风险资本的相关数据，并适当进行了调整，主要目的是说明该方法的应用。我们主要从行业层面上来讨论商业多种风险保险业务的准备金风险的资本要求。计算过程如表 8－10 所示。

（2a）＝隐含准备金名义值

（2b）＝贴现因子

（2c）＝隐含准备金现值

（3a）＝名义缺口

（3b）＝各年准备金缺口的现值

（3c）＝（3a）/（1）＝各年的准备金缺口的名义百分比

（3d）＝（3b）/（1）＝各年的准备金缺口的现值百分比

对上述列表（3d）一行求标准差。可求出其标准差为 9.6%。不妨假设缺口损失变量服从对数正态分布。这个标准差就是式（8.13）

$$d_L = \Phi(a) - (1+c)\Phi(a-k)$$

中的 k，给定 EPD 比率值 d_L（例如 1%），即可求出准备金风险因子 c_L。

---

① 这种保单将承包很多风险的不同类型的财产保险合并成一张保险单，但责任保险不包括在内。

表 8-10 行业历史准备金充足率(Commercial Multiperil Line)

Year ending		12/1982	12/1983	12/1984	12/1985	12/1986	12/1987	12/1988	12/1989	12/1990	12/1991
行业持有准备金(1)		5 712	6 545	7 834	9 813	11 877	13 762	15 566	17 872	19 932	21 728
(12/1991)隐含准备金(2)	(2a)	7 738	9 523	11 253	12 881	13 904	15 121	16 449	18 865	20 169	21 728
	(2b)	0.749	0.767	0.776	0.783	0.803	0.825	0.835	0.845	0.843	0.862
	(2c)	5 793	7 308	8 733	10 087	11 170	12 476	13 740	15 938	17 000	18 503
准备金缺口(准备金剩余)(3)	(3a)	2 026	2 978	3 419	3 068	2 027	1 359	883	993	237	0
	(3b)	81	763	899	274	−707	−1 286	(1 826)	(1 934)	(2 932)	(3 225)
	(3c)	35.5%	45.5%	43.5%	31.3%	17.1%	9.9%	5.7%	5.6%	1.2%	0.0%
	(3d)	1.4%	11.7%	11.5%	2.8%	−6.0%	−9.3%	−11.7%	−10.8%	−14.7%	−14.8%

8.4.3 保险公司最低资本要求计算公式的确定

风险相关性调整对数据的要求非常高，我国目前还不具备这个条件，一个简单的原则是将各个结果利用平方根原则，平方根原则的理论基础在第4章我们已经进行了详细的论述。平方根原则有这么一个特点：当各类风险完全独立时，使用平方根法则会高估风险资本：对于弱相关性的风险类型来说，平方根法则能弥补忽略其相关性所带来的资本低估的不足。

1）非寿险公司的偿付能力最低资本要求设置公式

本书在假设各类风险弱相关性的基础上，将保险公司非寿险公司最低偿付能力资本要求计算公式表示为

$$\sqrt{x_1^2+x_2^2+\cdots+x_n^2}$$

其中，x_1，x_2，…，. x_n 是各类计算基础对应的资本要求。

2）寿险公司偿付能力最低资本要求设置公式

由于对寿险业务来说，尤其是含有最低保证利率的储蓄性产品或分红产品，承保风险与投资风险有很强的相关性。因此，出于谨慎性要求，本书建议假设承保风险与投资风险完全相关，这一点在现行寿险公司偿付能力额度计算公式中已有体现，例如将投资风险的计算比率算出的资本要求与死亡率风险计算比率算得的资本要求直接相加。于是，寿险公司最低偿付能力资本要求设置公式为

$$\sqrt{x_1^2+x_2^2+\cdots+x_n^2}+\sqrt{y_1^2+y_2^2+\cdots+y_n^2}$$

其中，x_1，x_2，…，x_n 为承保风险类资本要求，y_1，y_2，…，y_n 为资产风险类资本要求。

8.5 最低偿付能力资本监管效率需要其他制度的配合

由于我国保险业还处在初步发展阶段,各项配套改革都在不断完善当中,对保险公司来说,现阶段经济环境,监管机构各项配套政策措施的制定,国家的方针政策及人才的选拔对保险公司的影响可能比保险公司的技术风险(如保险风险)来得更为重要。这些风险都是不可量化或难以量化的,许多发达国家没有将其纳入匹配风险资本的范围内,我国情况更是如此。此外,本书提供的偿付能力最低资本要求计算公式主要考虑了可量化的资产风险和负债风险,其他一些重要的风险例如治理风险,现阶段我们很难对其配置资本要求,需要依靠其他相应监管制度的配合。

(1) 保险公司偿付能力资本监管的审慎性除了最低资本要求的计算外,还依赖于实际资本的评估。对于在最低资本要求中很难或无法计量的风险因子,可以在实际资本中给予考虑。例如再保险人的信用风险,可根据再保险人的信用评级对再保险业务进行适当认可或坏账准备。对于已经在最低资本要求中涉及的风险因素,则在实际资本的评估中不宜考虑,否则出现重复测量,从而使计算出的偿付能力充足率与实际发生偏离。

(2) 保险公司偿付能力资本监管的成功实施,还依赖于合理准备金的储备。举个例子说明。1998年前后,英国经历了一段低利率时期,寿险公司新投资收益率降到4%左右,与公司销售的长期传统寿险产品的预定利率基本相同。在这种情况下,监管当局根据谨慎监管的原则,要求保险公司采用更加保守方法提取准备金,降低了责任准备金评估利率。德国则更为谨慎,实行非常严格的监管政策,保险产品定价基础极为保守,保单预定利率通常是前十年内政府债券平均收益的60%,一般年收益率为3%。德国的寿险公司从未大量销售过高预定利率保单，因此没有发生过利差损。以上分析意味着，一旦环境发生了变化，制度就得跟着变。这也是为什么西欧是人寿保险最为发达地区之一，却很少出现寿险公司破产情况的原因之一。

最低资本和准备金共同构成保险公司的偿付能力。一方面，准备金计提保守会增加额外的资本要求；另一方面，若准备金缺口太大，保险公司的实际资本无法弥补，资本监管便几乎形同虚设。因而，保险公司资本监管的成功需要相应准备金监管制度的配合。

（3）保险市场的监管也是保险审慎监管的重要部分。中国人寿保险股份有限公司和中国人民财产保险股份有限公司上市的风险信息披露说明影响我国保险公司经营的重要风险因素来自保险市场，我国保险市场不发达主要表现在：保险竞争主体增多，竞争日益激烈；保险市场保险供需不平衡，市场险种结构单一，人们有效需求不足；保险市场产业结构不合理，经纪人、代理人水平相对落后，跟不上保险公司发展的步伐；保险欺诈现象屡见不鲜；来自国际保险市场的冲击；巨灾风险等；减少保险市场的重要举措就是制定相应的制度，完善相应的法规，尤其是制定操作性强的法规制度。

另外，加强保险业的中观监管，健全行业自律制度。保险业发达的地区，如美国、英国等地区，其保险行业自律制度在保险公司的经营活动规范中起到了重要的作用；行业自律也是保险公司和保险监管机构及其他行业的重要桥梁，对我国保险监管的监管效率和与其他行业的交流有着重要的意义，对我国的偿付能力的监管能起到非常有效的效果，从而达到减少风险的作用。

第9章 完善最低资本要求相关问题研究

本章就最低资本要求设置中的若干问题进行了建模和实证研究，也包括当前我国保险业的业务风险结构、业务风险相依结构下的资本配置、投资风险相依下的资本计量等。

9.1 偿付能力监管应重视业务风险结构的“长尾”

9.1.1 引言

次贷资产在AIG、富通等大型金融机构中的占比不到5%，为什么它会让有着数千亿美元资产的“庞然大物”倒掉？《证券市场导刊》2008年12月6号的封面文章《大银行的长尾》(作者：杜丽虹)认为，金融集团的复杂化、多元化业务结构的错位，才是问题的元凶。在危机发生的背景下，一些本来不相关的业务突然之间变得相关起来，小概率变成大概率。因此，如何识别错综复杂的业务风险结构，防止业务风险的串联，并采取有效的监管对策是防范公司偿付不足的重要途径。

进入21世纪以来，一些大型保险公司已经把多元化经营作为其重要发展方向，例如已经成为我国保险市场主力军的四大保险集团：中国人寿、中国平安、中国人保、中国太保。不仅在向养老金、寿险和财产险拓展，而且也在向银行、基金、证券、信托等相关领域扩展，目的是要构建金融集团。集团化已经成为我国大型保险公司寻求增长的战略决策。值得注意的是，对国内外多元化成功案例分析发现，这些以保险为主的金融服务集团，对多元化业务有着很强的风险识别能力、精确的风险分析水平以及量化的风险评估标准；并且国际保险集团大部分都有强大的主营业务与清晰、稳定的盈利模式。那么，我国一些大型保险公司是否具备强大的主营业务和业务风险识别能力呢？

次贷危机让我们认识到充分识别多元化业务风险结构对公司稳定经营的重要性。结合成功与失败的经验与教训，对于我国将多元化经营作为重要发展方向的保险公司而言，必须清醒地认识到自己是否有足够的能力驾驭结构复杂的多元化业务风险。对监管者而言，其监管制度、模式和标准的建立必须基于对我国保险公司业务风险构成及其演进状态的正确认识和判断。

9.1.2 当前我国保险市场的业务风险统计分析(以财险市场为例)

1) 市场业务结构的变化趋势

通过 2001～2007 年的财险业务数据，分别对保险市场每年的财险业务绘成折线图，如图 9-1 所示。

由图 9-1 不难发现，我国当前财险业务风险呈愈来愈集中趋势：机动车辆险占据保险市场市场份额达 60％以上。而企财险、其他保险、货物运输险平均占据 20％左右的市场份额。责任保险、农业保险、短期健康险和信用保证保险市场份额约占 10％左右。

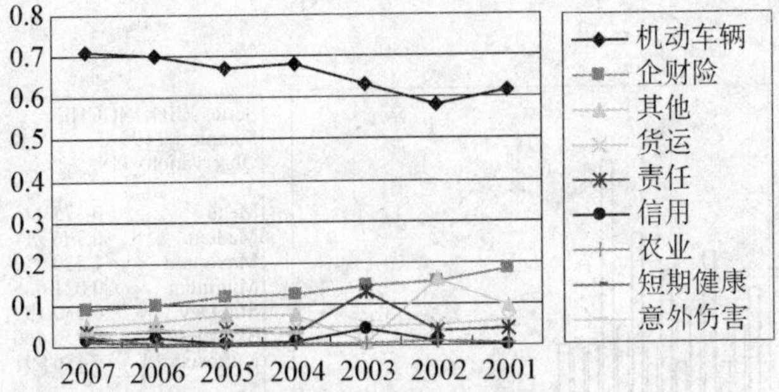

图 9－1　财险业务市场份额折线图

2) 业务资源的占有情况

从保险公司对各业务的垄断程度看，人保财险、平安财险和太平洋财险总的业务市场份额每年都占 60%以上。如图 9－2 所示。

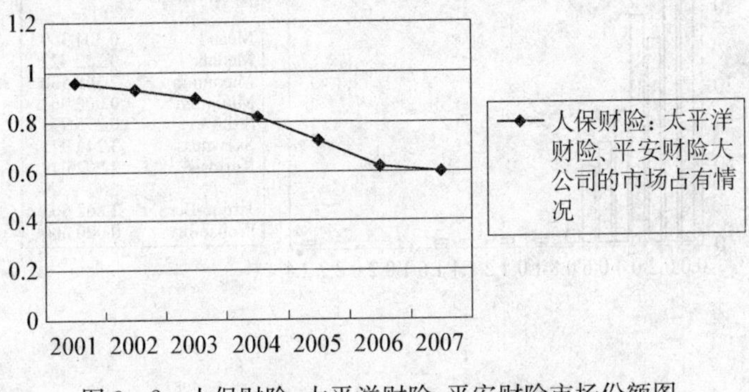

图 9－2　人保财险、太平洋财险、平安财险市场份额图

按照产业组织理论的市场集中度判断，我国保险市场基本符合寡头垄断的特征。

3) 我国财险业 2001～2007 年各险种业务损失分布特征

如图 9－3 所示。数据特征显示：①J－B 统计值显示所有业务的赔付率不通过正态性检验，这意味着财险业务的长尾特征；②机动车辆险和企财险等传统险种赔付率相对较低；非传统险种如信用保证保险、农业保险等赔付率相对较高。

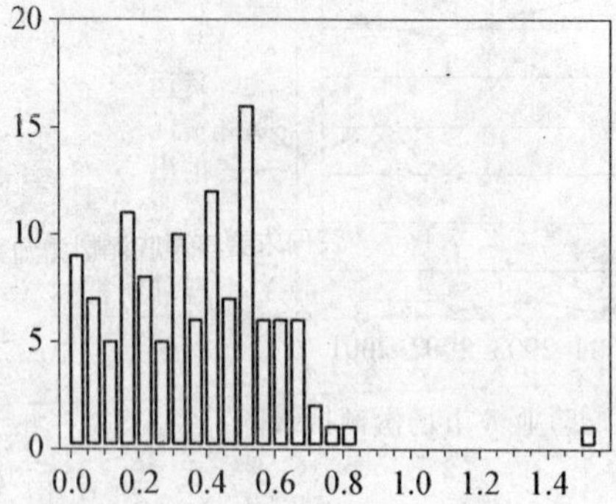

Series: JIDONGCHE	
Sample 1 119	
Observations 119	
Mean	0.375 445
Median	0.396 711
Maximum	1.520 912
Minimum	0.021 635
Std. Dev.	0.230 157
Skewness	0.936 456
Kurtosis	6.476 991
Jarque-Bera	77.336 43
Probability	0.000 000

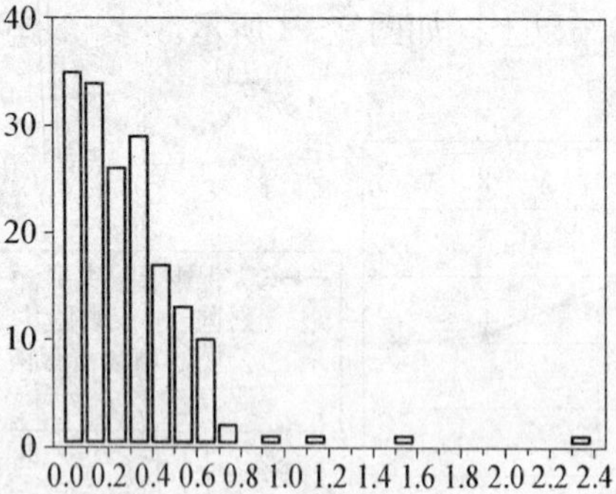

Series: QICAIXIAN	
Sample 1 170	
Observations 170	
Mean	0.304 369
Median	0.252 722
Maximum	2.368 530
Minimum	0.000 962
Std. Dev.	0.275 973
Skewness	3.246 971
Kurtosis	22.025 49
Jarque-Bera	2 862.663
Probability	0.000 000

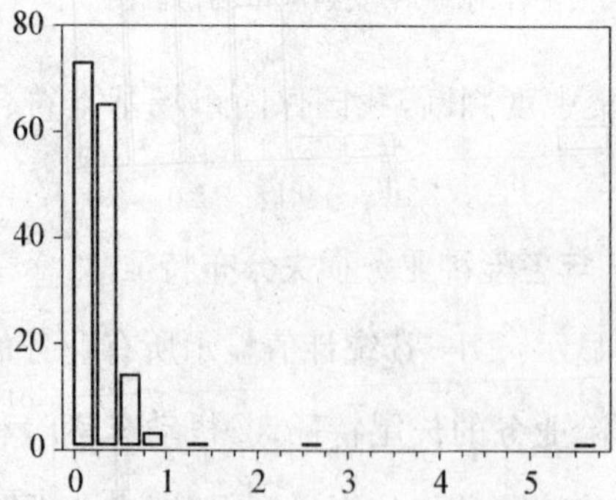

Series: HUOWUYUNSHU	
Sample 1 158	
Observations 158	
Mean	0.349 721
Median	0.272 061
Maximum	5.666 667
Minimum	0.005 599
Std. Dev.	0.502 640
Skewness	8.232 329
Kurtosis	83.291 82
Jarque-Bera	44 225.92
Probability	0.000 000

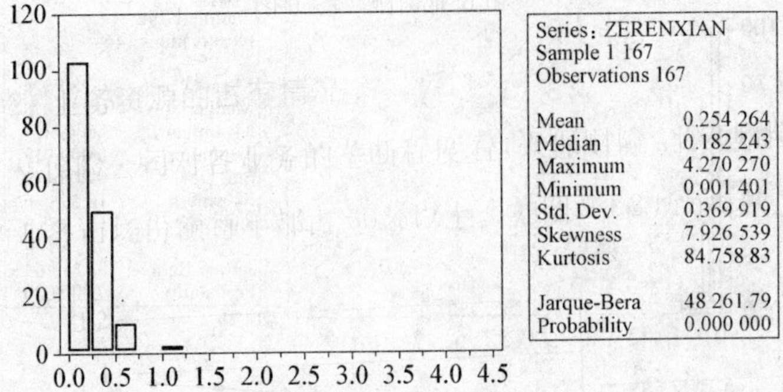
Series：ZERENXIAN
Sample 1 167
Observations 167
Mean 0.254 264
Median 0.182 243
Maximum 4.270 270
Minimum 0.001 401
Std. Dev. 0.369 919
Skewness 7.926 539
Kurtosis 84.758 83
Jarque-Bera 48 261.79
Probability 0.000 000

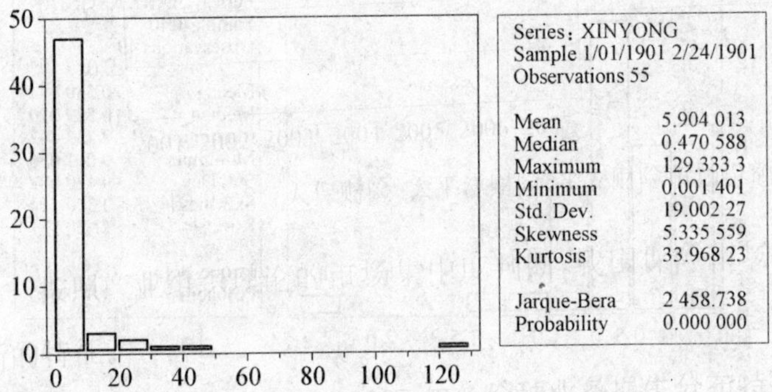
Series：XINYONG
Sample 1/01/1901 2/24/1901
Observations 55
Mean 5.904 013
Median 0.470 588
Maximum 129.333 3
Minimum 0.001 401
Std. Dev. 19.002 27
Skewness 5.335 559
Kurtosis 33.968 23
Jarque-Bera 2 458.738
Probability 0.000 000

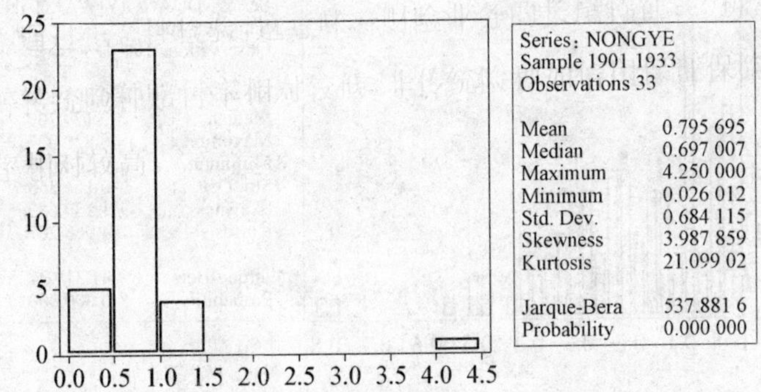
Series：NONGYE
Sample 1901 1933
Observations 33
Mean 0.795 695
Median 0.697 007
Maximum 4.250 000
Minimum 0.026 012
Std. Dev. 0.684 115
Skewness 3.987 859
Kurtosis 21.099 02
Jarque-Bera 537.881 6
Probability 0.000 000

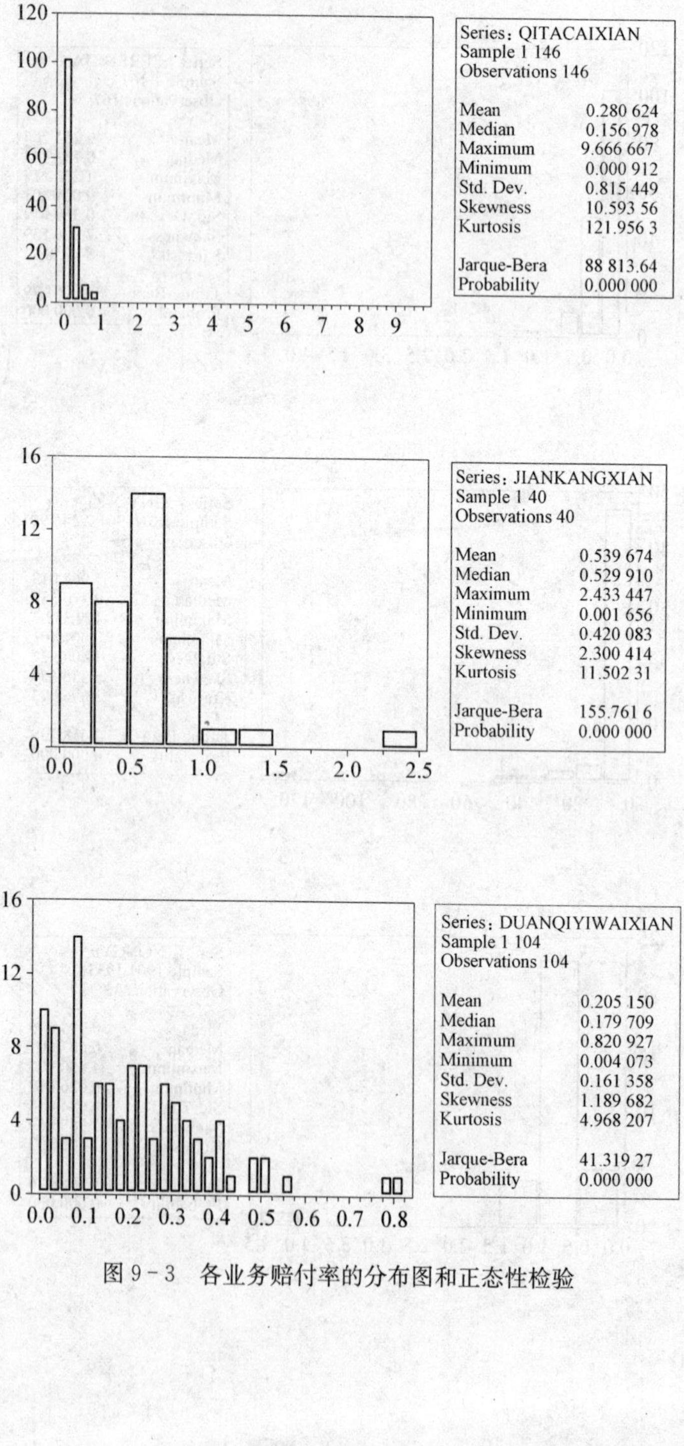

图 9－3　各业务赔付率的分布图和正态性检验

4) 我国财险业务赔付率相关系数矩阵

我国财险业 2001～2007 年赔付率相关系数矩阵如图 9－4 所示。图 9－4 数据显示，意外伤害保险赔付率与机动车辆、企财险、货物运输保险赔付率相关系数明显高于其他相关系数。农业保险赔付率与机动车辆、企财险、货物运输保险、责任保险相关系数较高。

	企财险	机动车	货物运输	责任险	信用保证	农业	其他保险	短期健康	意外伤害
企财险	1								
机动车辆	0.6	1							
货物运输	0.4	0.6	1						
责任保险	0.3	0.3	0.5	1					
信用保证	0.3	0.4	0.3	0.1	1				
农业保险	0.6	0.7	0.5	0.6	0.2	1			
其他保险	0.5	0.3	0.4	0.4	0.2	0.3	1		
短期健康	0.4	0.4	0.4	0.4	0.01	0.6	0.3	1	
意外伤害	0.7	0.8	0.6	0.3	0.4	0.6	0.5	0.5	1

图 9－4　2001～2007 年财险业务赔付率相关系数矩阵

9.1.3　保险业务风险结构分析示意图设计

目前 2008 年 89 号文对最低资本要求的规定相对简单，例如对于一些承保大量长尾业务或出售过多具有隐含选择权的公司而言，该规定不能体现业务复杂的风险特性。因此，建立保险业务偿付能力最低资本要求首要的任务是识别业务风险结构。在此基础上，采用合适的风险度量工具，设定最低资本要求。

如前所述，2008 年 89 号文关于最低资本要求的规定是由 2003 年一号文修改得到，其中对业务的分类强调的是业务的类型，却忽视了业务间风险属性的差异。为此，本书试图在业务类型的基础上从风险特性的角度对我国财险业务的风险分类量身定做，从而体现偿付能力最低资本要求对风险进行了很好的控制安排。具体搭建的业务风险结构分析框架如图 9－5 所示：

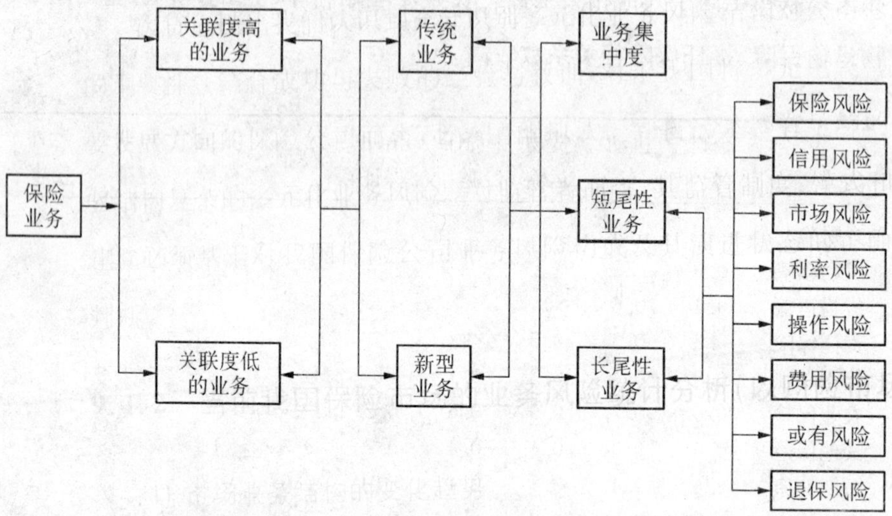

图 9－5　业务风险结构分析示意图

图 9－5 构建了一个保险公司保险业务的风险结构图，该图的特点体现在：

(1) 考虑了各业务整体上的风险关联性；例如在设置最低资本要求时，对关联性高的业务，将不考虑风险分散效果。关联度低的业务则可考虑其风险的扩散效果。

(2) 考虑了保险公司对各业务经营的成熟度，通常保险公司对于传统的业务经营相对稳定，风险控制能力较好。对新型业务则缺乏经验，风险控制能力不强。

(3) 考虑了业务的集中度风险。集中度高，则风险分散能力不强，从而最低资本要求高。

(4) 考虑了风险的长短尾特征，对于长尾的风险特征，应建立较高的置信度，即建立更加谨慎的最低资本要求。

9.1.4　完善我国财险业务最低资本标准建议

（1）由前面数据分析得出，意外伤害险业务与机动车辆保险、企财险、货物运输保险业务关联度较高，此外，意外伤害保险属于非传统型业务，保险公司经营该业务时间不长，对该业务的长尾性认识不够。因此，建议单独计算意外伤害保险业务的最低资本要求，不考虑其扩散性效应。

（2）农业保险业务赔付率高，与机动车辆险、企财险、货物运输保险、责任保险等业务关联性大，又是长尾业务，因此，建议计算农业保险最低资本要求时不考虑其风险扩散型效应。

（3）信用保证保险、短期健康险赔付率高、尾巴长，且属于非传统业务。可认为其破产概率相对其他业务而言高些，因此，建立资本要求时，应根据实际设置较高的置信水平。

（4）机动车辆险、企财险、货物运输保险、责任保险属于传统型业务，保险公司经营时间长，对这些业务的风险有一定的控制能力。再加上这些业务之间的相关性不强，因此，可考虑这些业务的风险分散效应，设置最低资本要求。

9.2　承保业务风险模型与实证

9.2.1　引言

经济资本(Economic Capital)的概念由 2004 年 6 月 25 日正式公布的《新巴塞尔协议》正式提出。事实上，经济资本的管理思想早在 20 世纪 90 年代末就在西方先进银行中出现端倪。在实践中，有几个重要类型的资本要求，包括监管资本、评级机构资本以及经济资本。经济资本不同于监管者要求的最低资本或评级机构要求的资本水平，经济资本的计算是公司从自身业务角度出发来看待资本管理的。本书将经济资本定义为对付非预期风险而应持有的资本。

经济资本是现代保险企业重要的风险管理工具(Matthew Clark，Chris Olechowski，2008)。由于保险经营产品的多样化及资产的多样化，保险公司需要对每类风险的经济资本进行整合以得到公司的总经济资本。因此保险公司经济资本测算的一个关键问题是风险的整合。目前关于风险整合的技术主要包括线性相关系数矩阵和Copula理论。现代金融产品的多样化及保险合同的复杂性使人们看到了线性相关处理风险相依的局限性，并激起了人们对风险之间非线性相依性结构的兴趣。无独有偶，Copula理论的发展为人们整合风险提供了理论工具。

与美国等发达国家保险企业的风险状况不同，中国保险业处于新型市场，主要面临承保业务风险，因此，本书着重研究基于多维Copula函数在保险企业承保业务风险经济资本测算中的应用。对国内现有文献进行了以下补充：①利用Student Copula和Norman Copula函数模拟我国财险企业承保业务风险之间的相依结构，并应用2000～2008年我国财险市场有效数据进行拟合优度检验，实证结果表明，Student Copula函数能较好地模拟承保业务风险的尾部相依性。②基于上述相依结构，分别测算基于VaR和$TVaR$风险测度下的承保业务风险经济资本，结果表明$TVaR$测度下的承保业务风险经济资本普遍高于VaR测度下的承保业务经济资本。③与线性相依结构下的承保业务风险经济资本进行比较，无明显结论。

9.2.2 无条件Copula函数和尾部相关性

Copula函数实际上是一种将联合分布和它们各自的边际分布连接在一

起的函数，因此也被称为连接函数。Sklar（1959）证明任何任意随机向量 $Y=(Y_1, Y_2, \cdots, Y_n)$ 的联合分布函数 F_Y 可以通过 Copula 函数表示为如下形式：

$$\begin{aligned} F_Y(y_1, \cdots, y_n) &= P(Y_1 \leqslant y_1, \cdots, Y_n \leqslant y_n) \\ &= C(P(Y_1 \leqslant y_1), \cdots, P(Y_n \leqslant y_n)) \\ &= C(F_{Y_1}(y_1), \cdots, F_{Y_n}(y_n)) \end{aligned}$$

其中，F_{Y_i}, $i=1, \cdots, n$ 是随机变量 Y_i, $i=1, \cdots, n$ 的边际分布函数。

当随机变量连续时，Copula 函数的密度函数 c 可表示为

$$c(F_{Y_1}(y_1), \cdots, F_{Y_n}(y_n)) = \frac{\partial^n C(F_{Y_1}(y_1), \cdots, F_{Y_n}(y_n))}{\partial F_{Y_1}(y_1), \cdots, \partial F_{Y_n}(y_n)}$$

n 元变量分布函数 F_Y 的密度函数 f_Y 可表示为

$$f_Y(y_1, \cdots, y_n) = c(F_{Y_1}(y_1), \cdots, F_{Y_n}(y_n)) \prod_{i=1}^{n} f_{Y_i}(y_i)$$

其中，f_{Y_i}, $i=1, \cdots, n$ 是 F_{Y_i}, $i=1, \cdots, n$ 的密度函数（参见 Joe（1997））。

两个普遍使用的多元 Copula 函数为多元 Gaussian Copula 和多元 Student Copula 函数。两个 Copula 函数的具体表达式参见 Robert（1999）。

就金融保险业务而言，我们经常能观察到不同业务的极端事件同时发生（如 2008 年的金融危机），尾部相关性反映了极端事件的相依结构，（上尾）尾部相关系数被定义为：$\lambda = \lim\limits_{\alpha \to 1^{-1}} P(Y > F_Y^{-1}(\alpha) \mid X > F_X^{-1}(\alpha))$，$X$、$Y$ 为任意随机变量。注意到 Gaussian Copula 具有零尾部相关性（upper tail dependence），多元 Student Copula 函数具有正的（上尾）尾部相关性。

Gaussian Copula 和 Student Copula 还有一个有趣的性质：任意一对随机向量，其线性协方差矩阵和 Kendall's Tau 系数之间的关系可表示为

(Lindskog et al., 2003)：$\rho_\tau(X_1, X_2) = \frac{2}{\pi}\arcsin(\rho)$，$\boldsymbol{\Sigma} = \begin{pmatrix} 1 & \rho \\ \rho & 1 \end{pmatrix}$。

9.2.3 经济资本计量模型

整体风险经济资本是风险预测的一个部分，它指出保险公司需要考虑在一个短期或长期时间范围内的大额低概率的损失。对保险公司而言，评估多元化的活动、产品、业务所造成的经济资本，一是需要考虑所有这些产品都有着不同层次、不同程度的经济资本。二是需要考虑所有产品的风险不完全相关性，确定经济资本的减少额度。这样通过风险分类的方式，在整体基础上显示公司总的经济资本，同时也考虑了由于风险不完全相关所造成的减少程度。

对于单个风险的经济资本测算，可包含以下几个关键步骤：

(1) 评估期限为一年期；

(2) 风险的测度为 VaR 或 $TVaR$；

(3) 基于基本情景下的测算；

对于多个风险的经济资本测算，除以上步骤外，多个风险的经济资本测算需要考虑风险相关性，因此，需要考虑如何对风险进行整合，本书拟采用线性相依结构、Gaussian Copula 函数和 Student Copula 三种相依函数拟合各类保险业务之间的相依结构，并将检验各自的拟合优度和比较其结果，采用球型 Copula 函数拟和各类保险业务之间的相依结构主要借鉴了国外相关文献的结论：Bagarry Marc (2007)指出，Student Copula 是模拟金融业务风险相依性的较好模型。

在线性相依结构的假设下，在测算单个风险的经济资本之后，再利用平方根法则和方差-协方差矩阵，计算总的经济资本，如两类承保业务的经济资本为 $C_A = \sqrt{C_1^2 + C_2^2 + 2\rho C_1 C_2}$。

在 Copula 函数相依结构假设下，测算总的经济资本包括以下几个步骤：

(1) 各单个风险（赔付率）的边际分布的获得；

(2) Copula 函数的参数估计；

(3) Copula 函数的随机模拟及拟合优度的检验；

(4) 基于 Copula 函数的随机模拟的赔付率数据，测算 *VaR* 或 *TVaR* 值。

9.2.4　实证分析

1) 数据来源

本书采用了机动车辆险、企财险、货物运输险、责任保险、其他保险五个变量。其中，其他保险包括短期健康险、意外伤害保险等。这是因为 2003 年以前，这些业务数据的统计口径是集中统计的，后来才被分类进行统计。由于这些业务占的市场份额不大，本书仍然按照以前的方式对 2003 年后的相关数据进行了汇总。这样，我们收集整理了 1999～2008 年财险市场年度保险业务数据。

2) 各业务赔付率边际分布及参数估计

每类业务的赔付率的边际分布是基于 Copula 函数的总赔付分布拟合的基本要素。这里我们事先假定每类业务的年度赔付率服从预先决定的分布。由于赔付率本身的大小表明了每类保险业务的损失严重性程度，因此本书预期赔付率分布类型应与损失额的分布类型相似。

由于每类财险业务风险不同，每类损失额分布也会彼此不同。这就要求我们选取恰当的分布假设。由于本书的主要目的是测量资本，很大程度上依赖赔付额的右尾行为，因此，理论分布的右尾行为能否恰当地与每类业务的赔付率分布相匹配将直接影响资本额的测算结果。根据风险理论（杨静平，2004），本书考虑两种常见的右拖尾的理论分布类型：对数正态分布和伽玛分布。其中，对数正态分布右尾偏重。

根据每类业务赔付率的直方图，我们可以对每类业务的右尾行为进行排序，由此我们初步决定各类业务的理论分布类型，参见表 9－1 所示。

根据 1999～2008 年的我国财险市场数据，对各类业务赔付率分布进行参数估计，估计所得的结果参见表 9－1 所示。

表 9－1　边际分布与参数估计

业务类型	边际分布	估计的参数
机动车辆险	Gamma	Alfa＝298.3　Beta＝315.5
企财险	Gamma	Alfa＝79.1　Beta＝157.4
货物运输险	对数正态	miu＝0.324　sigma＝0.372
责任保险	对数正态	miu＝0.005　sigma＝0.19
其他保险	对数正态	miu＝0.07　sigma＝0.18

3) Copula 函数的选择与参数估计

(1) Copula 函数的选择。

我们需求最适合我们问题的 Copula 函数。Archimedean Copula 函数常常是被选择的对象。但是，Archimedean Copula 对变量之间的相依结构的复杂性不容易识别，尤其是在多变量的情形下，很难真实地模拟相依性。与此同时，Elliptical Copula 函数则能处理较为复杂的多变量相依结构，事实上，多纬度参数方差-协方差矩阵允许结构形状的多样性，比 Archimedean Copula 的参数更容易理解。

Normal Copula 和 Student Copula 是典型的 Elliptical Copula，如前所述，Normal Copula 具有零尾部相依性，相比之下，Student Copula 更适合我们研究的问题，我们将在后面对此假设进实证检验。

根据此假设，进一步需要估计 Student Copula 的参数，为了比较，我们不妨同时估计 Normal Copula 参数。

(2) 方差-协方差矩阵参数 R 的估计。

对于 Student Copula 和 Normal Copula 中的协方差矩阵参数 R 的估计，我们借鉴 Bagarry Marc (2007)参数估计方法；方差-协方差矩阵参数 R 的估计结果如表 9-2 所示。

表 9-2　方差-协方差矩阵

1	0.543 568	0.282 528	0.623 49	0.392 354
	1	0.158 056	0.468 075	−0.038 3
		1	−0.012 77	−0.063 81
			1	0.385 631
				1

(3) Student Copula 参数 v 的估计。

利用极大似然估计方法，Student Copula 参数 ν 的估计结果如图 9-6 所示，算得 ν 的值为 27 时，对数似然函数值最大。

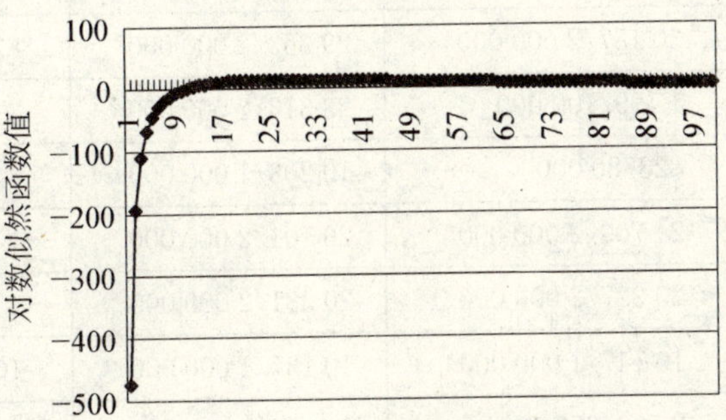

图 9-6　参数 ν 的估计

4) Copula 函数的随机模拟

在对 Copula 函数参数估计之后，接下来我们将产生基于 Normal Copula 函数和 Student Copula 函数的每类业务赔付率的模拟数据，模拟程序借鉴 Embrechts et al.(2003)。

5) Copula 函数的拟合优度检验

为了检验利用 Normal Copula 和 Student Copula 拟合我国财险市场业务相依结构是否合适,本书参考三种检验方法。

第一种检验方法的基本思想是测算 Copula 相依结构下产生的模拟数据落在某个区间的概率和被观察数据落在相同区间的概率,比较两概率之差的大小。如果我们定义第 I 类为区间$[(i-1)/10, i/10]$,我们能够估计任意一对保单(X, Y)其 Copula 的实现值分别属于 I 类和 J 类的概率:记 $p_{xy}(i, j) = P(U_x \in I, U_y \in J)$;$P_{xy}^{\text{Emprical}}(i, j) = \frac{1}{T}\sum_{t=1}^{T} 1_{u_{xt}\in i,\, u_{yt}\in j_{yt}}$;$P_{xy}^{\text{Elliptical}}(i, j) = \frac{1}{S}\sum_{t=1}^{S} 1_{r_{xt}\in i, r_{yt}\in j_{yt}}$。

利用我国财险市场数据检验的结果如表 9-3 所示。

表 9-3 相依结构的检验

距离	Student Copula(1)	Normal Copula(2)	(1)-(2)
Dxy[1, 2]	13 331/1 000 000	13 321/1 000 000	10/1 000 000
Dxy[1, 3]	2 167/200 000	22 319/2 000 000	-649/2 000 000
Dxy[1, 4]	30 187/2 000 000	29 363/2 000 000	827/2 000 000
Dxy[1, 5]	1 199/100 000	23 313/2 000 000	3 335/10 000 000
Dxy[2, 3]	823/80 000	10 203/1 000 000	845/1 000 000
Dxy[2, 4]	24 703/2 000 000	26 101/2 000 000	-1 398/2 000 000
Dxy[2, 5]	20 327/2 000 000	20 331/2 000 000	-4/2 000 000
Dxy[3, 4]	10 147/1 000 000	10 137/1 000 000	10/1 000 000
Dxy[3, 5]	2 509/250 000	4 047/400 000	-18 815/10 000 000
Dxy[4, 5]	23 547/2 000 000	1 173/100 000	435/10 000 000

表 9-3 结果表明,Student Copula 相依结构下产生的数据与经验数据之间的偏差比 Normal Copula 相依结构下对应的偏差要小些,这意味着 Student Copula 相依结构假定由于 Normal Copula 相依结构假定。

第二种检验方法的基本思想是给定分位数，测算球形 Copula 累积分布函数与经验 Copula 累积分布函数之间的距离来分析被观察数据与 Copula 相依结构下产生的模拟数据之间的拟合程度。

$$D(q) = C^{el}(q, q, q, \cdots, q) - C^{em}(q, q, q, \cdots, q);$$

$$C^{em}(q, q, q, \cdots, q) = \frac{1}{T}\sum_{t=1}^{T} 1_{u_{xt} \leqslant q, \cdots, u_{yt} \leqslant q_{yt}};$$

$$C^{el}(q, q, q, \cdots, q) = \frac{1}{S}\sum_{t=1}^{S} 1_{r_{xt} \leqslant q, \cdots, y_{yt} \leqslant q_{yt}}$$

利用我国财险市场数据检验的结果如表 9-4 所示。

表 9-4　给定分位数下不同 Copula 结构下的 $D(q)$

q	Normal Copula $D(q)$(1)	Student Copula $D(q)$(2)	(1)－(2)
0.1	0.000 001 21	0.000 000 4	0.000 000 81
0.2	0.000 016 5	0.000 013 9	0.000 002 6
0.3	0.000 129	0.000 118	0.000 011
0.4	0.000 478	0.000 43	0.000 048
0.5	0.001 86	0.001 86	0
0.6	0.006 19	0.006 19	0
0.7	0.013 2	0.013	0.000 2
0.8	0.025 8	0.024 9	0.000 9
0.9	0.051 2	0.049 8	0.001 4
1	1	1	0

表 9-4 结果表明，Student Copula 相依结构 $D(q)$ 比 Normal Copula 相依结构下对应的 $D(q)$ 要小些，这意味着 Student Copula 相依结构假定由于 Normal Copula 相依结构假定。

第三种检验方法的基本思想比较在几个业务中同时超过给定分位数的概率，记为：$p(u)=p(U_1\geqslant u,\cdots,U_n\geqslant u)=C(1-u,\cdots,1-u)$

其估计量为 $p(\hat{u})=\dfrac{\sum_i u_{1i}>u,\ u_{2i}>u,\cdots,u_{ni}>u}{i\text{的个数}}$

记 $r(u)=\dfrac{C_{\hat{R},\hat{u}}^{\text{Student}}(u)}{C_{\hat{R}}^{\text{Normal}}(u)}$

其估计量为 $r(\hat{u})=\dfrac{\hat{p}^{\text{Student}}(u)}{\hat{p}^{\text{Normal}}(u)}$

利用我国财险市场数据检验的结果如表 9－5 所示。

表 9－5　Copula 模拟产生的各业务赔付率同时超过给定分位数的个数

u	Student Copula：$n(u)$(1)	Normal Copula：$n(u)$(2)	(1)/(2)
0.8	206	150	1.373 333 333
0.81	174	118	1.474 576 271
0.82	135	85	1.588 235 294
0.83	107	67	1.597 014 925
0.84	80	50	1.6
0.85	54	31	1.741 935 484
0.86	41	20	2.05
0.87	32	11	2.909 090 909
0.88	20	7	2.857 142 857
0.89	15	4	3.75
0.9	8	2	4
0.91	3	1	3

表 9－4 结果表明，Student Copula 相依结构模拟产生的各业务赔付率同时超过给定分位数的个数多于对应 Normal Copula 模拟产生的各业务赔付率同时超过给定分位数的个数，这与理论上 Student Copula 的尾部相依

程度高于 Normal Copula 的结论一致，也验证了 Student Copula 较 Normal Copula 刻画尾部相依结构的优越性。

6) 整合的总赔付率

(1) 整合的赔付率。

将以上过程重复 10 000 次，分别得到基于 Normal Copula 和 Student Copula 相依结构的 10 000 个赔付率向量随机模拟实现值。利用各业务的市场份额作为权重，加总各业务赔付率，我们能得到不同相依结构下整合的总赔付率分布，这里我们提供 Normal Copula 和 Student Copula 相依结构下整合的总赔付率直方图（见图 9－7）。

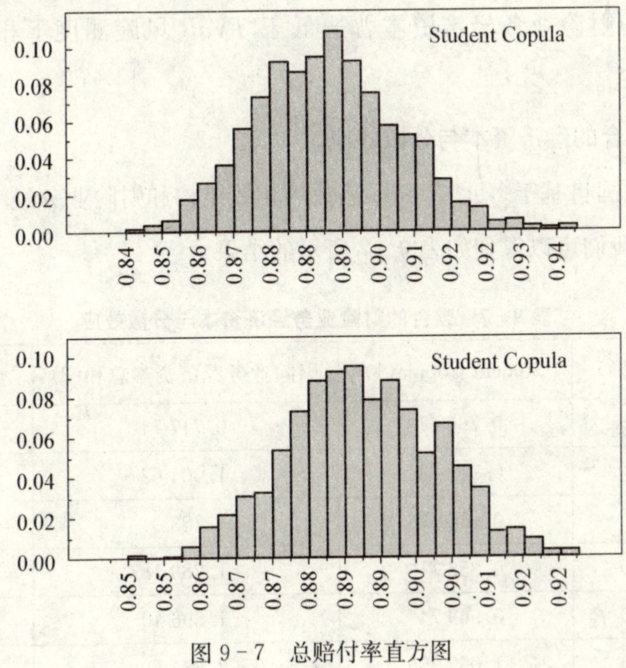

图 9－7　总赔付率直方图

(2) 整合的经济资本。

VaR 和 *TVaR* 风险测度下基于多元 Copula 函数相依结构下的整合的财险业务经济资本如表 9－6 所示。

表 9-6 整合的财险业务经济资本及其平均值

风险测度(%)	Student Copula	Normal Copula	平均
VaR(90)	0.766 673	0.717 74	0.742 207
VaR(95)	0.917 731	0.904 613	0.911 172
VaR(99)	0.956 576	0.930 324	0.943 45
TVaR(90)	0.853 71	0.828 918	0.841 314
TVaR(95)	0.969 74	0.964 013	0.966 877
TVaR(99)	1.052 356	1.034 252	1.043 304
平均	0.919 464	0.896 643	0.908 054

从表 9-6 不难看出，*VaR* 风险测度下基于多元 Copula 函数相依结构下的整合的财险业务经济资本普遍低于 *TVaR* 风险测度下相应的经济资本。

(3) 整合的经济资本与分散效应。

如果我国将基于多元 Copula 函数的相依结构和财险业务经济资本总和加以比较，我们可以得到如表 9-7 所示的结果。

表 9-7 整合的财险业务经济资本与分散效应

风险测度(%)	Student Copula(1)	财险业务经济资本总和(2)	(1)-(2)
VaR(90)	0.766 673	0.717 74	-0.051 07
VaR(95)	0.917 731	1.004 62	-0.086 89
VaR(99)	0.956 576	1.783 0	-0.826 42
TVaR(90)	0.853 71	1.289 182	-0.435 47
TVaR(95)	0.969 74	1.596 40	-0.626 66
TVaR(99)	1.052 356	2.634 5	-1.582 14

表 9-7 表明，财险业务经济资本总和普遍大于对应的整合的经济资本，这是由于业务风险分散产生的效应：各业务风险的不利结果不同时发生。

(4) 整合的经济资本与尾部相依性。

进一步比较 Student Copula 和 Normal Copula 相依结构下整合的经济资本,得出的结果如表 9-8 所示。

表 9-8 Student Copula 和 Normal Copula 相依结构下整合的经济资本

风险测度(%)	Student Copula(1)	Normal Copula(2)	(1)-(2)
VaR(90)	0.766 673	0.717 74	0.048 933
VaR(95)	0.917 731	0.904 613	0.013 118
VaR(99)	0.956 576	0.930 324	0.026 252
TVaR(90)	0.853 71	0.828 918	0.024 792
TVaR(95)	0.969 74	0.964 013	0.005 727
TVaR(99)	1.052 356	1.034 252	0.018 104

表 9-8 分析结果显示,Student Copula 相依结构下整合的经济资本普遍大于对应的 Normal Copula 相依结构下整合的经济资本。这是因为 Student Copula 相依结构考虑了更大的业务尾部相依性。

7) 与线性相依结构下承保业务风险经济资本的比较

本书利用我国财险市场 2000～2008 年的承保业务有效数据,测算财险行业各业务相关系数矩阵如表 9-9 所示。

表 9-9 财险各业务相关系数矩阵

	企财险	机动车	货物运输	责任险	其他保险
企财险	1				
机动车辆	0.6	1			
货物运输	0.4	0.6	1		
责任保险	0.3	0.3	0.5	1	
其他保险	0.5	0.3	0.4	0.4	1

在线性相依结构的假定下，我们测算得 *VaR* 和 *TVaR* 风险测度下财险业务总经济资本如表 9－10 所示。

表 9－10　与线性相依结构财险业务经济资本的比较

风险测度(%)	Student Copula(1)	线性相依结构(2)	偏离(1)－(2)
VaR(90)	0.766 673	0.727 74	0.038 933
VaR(95)	0.917 731	0.894 25	0.023 481
VaR(99)	0.956 576	0.920 312	0.036 264
TVaR(90)	0.853 71	0.841 834	0.011 876
TVaR(95)	0.969 74	0.940 131	0.029 609
TVaR(99)	1.052 356	1.024 212	0.028 144

表 9－10 结果显示，Student Copula 相依结构下整合的经济资本普遍大于对应线性结构下整合的经济资本。

9.2.5　结论

(1) 通过拟合优度检验，Student Copula 拟合我国财险市场业务的相依结构要优于 Normal Copula 函数。

(2) 同一置信水平下基于 *TVaR* 风险测度基于 Student Copula 相依结构测算的业务总经济资本要求最高；其次 *TVaR* 风险测度基于 Normal Copula 相依结构下测算的经济资本、*VaR* 风险测度基于 Student Copula 相依结构下测算的经济资本、*VaR* 风险测度下基于 Normal Copula 相依结构下测算的经济资本。

(3) 分别比较 Student Copula 相依结构与线性相依结构假设下测算的承保业务风险总经济资本，发现不同相依结构假设测算得到经济资本存在明显差异。

9.3 股票投资风险波动模型与实证

9.3.1 引言

准确分析股票市场的收益率分布特征及风险的计量是有效的股指风险管理的关键。经典文献建立在股票收益率服从正态分布的假设之上。马科维茨(1952)假设股票收益率服从正态分布的假设,以方差计量风险;著名的布莱克-斯科尔斯期权定价公式也是建立在股票收益率的正态分布假设之上。然而,许多相关文献实证结果显示股票市场具有特有的波动特征,例如波动性聚类(volatility clustering)、长相依性(long-range dependence)、厚尾性(heavy-tailedness)等(参见 Mittnik and Rachev, 1993; Rachev et al., 2005)。这些特征与股票收益率服从正态分布的基本假设相背离。

股票收益率的这些特征意味着股票市场可能存在着非线性结构。一些非线性研究方法如(G)ARCH 模型、长记忆过程、稳定分布理论、分形分析、混沌理论等新方法逐渐发展起来,并大量应用于金融经济学问题的研究。最近有研究显示,长记忆性、自相似过程和稳定分布之间存在密切关系(Rachev and Samorodnitsky, 2003)。本书将利用自相似过程捕获股票市场波动性聚类现象和厚尾性。

传统上通常采用线性相关系数刻画多个市场之间的相依性结构。Embrechts et al. (2003)和 Rachev et al. (2005)描述了线性相关系数分析相依性的缺陷,目前流行的方式是使用 Copula 函数模拟相依性。Copula 函数对非线性相依性的结构的模拟提供了技术支持。

9.3.2 数据与研究方法

1) 数据

随着对金融高频数据统计特征认识的深化，高频数据为研究金融市场微观结构，为基础经济理论和计量模型等的创新和完善提供了条件。相对于低频数据，高频数据表现出许多独特的特征。首先，高频数据大量观测值由于存储技术和计算技术的进步已经越来越容易获得；其次，相对于低频数据如日间数据，高频数据如日内数据更能有效捕捉金融市场波动的异样性；再者，通过分析高频数据能有效分析市场微观结构效应和宏观因素对市场的影响。

本书实证研究部分采用的是上证综指和深圳成分指数的高频时间序列，数据是从锐思数据分析系统中提取的5分钟高频数据，时间跨度为2009年3月1日至2011年2月28日。

2) 研究方法

为分析沪深股指收益率的分布特征及共同变化趋势，本书以Wei Sun (2009)提出的Copula ARMA - GARCH模型为参数模型。具体地，为捕捉沪深股票市场的长相依性、厚尾性和波动聚类现象，我们将对假设沪深股指收益率服从ARMA - ARCH模型进行检验，并分别考虑三类不同噪声（白噪声、分形高斯噪声和稳定分布）情形，实证部分将显示我们的检验结果。我们将使用蒙特卡洛模拟对Gaussian Copula和Student Copula拟合沪深股指之间的相依结构进行检验，并通过蒙特卡洛模拟获得沪深股指收益率的*VaR*值，两者之和即为总的*VaR*值。

(1) ARMA - ARCH模型。

考虑在$t-1$时刻已知的信息集F_{t-1}下，时间序列r_t的条件均值方程满足

$$\begin{cases} r_t = \alpha_0 + \sum_{i=1}^{r} \alpha_i r_{t-i} + \varepsilon_t + \sum_{j=1}^{m} \beta_j \varepsilon_{t-i} \\ \varepsilon_t = \sigma_t u_t \quad u_t^{i.i.d} \\ \sigma_t^2 = \mathrm{var}(r_t \mid F_{t-1}) = E_{t-1}(\varepsilon_t^2) \\ \sigma_t^2 = \theta_0 + \sum_{j=1}^{q} \theta_j \varepsilon_{t-j}^2 \end{cases}$$

定义残差$\tilde{u}_t = \frac{\varepsilon_t^s}{\hat{\sigma}_t}$,其中,$\varepsilon_t^s$ 能够由样本估计得到,$\hat{\sigma}_t$ 为σ_t 的估计量。

本书将分别对 u_t 做出三种不同的分布假设,包括正态分布假设、分形高斯假设和稳定分布假设。通过对边际分布的拟合优度检验,我们将选择最合适的模型作为沪深股指收益率的边际分布。

(2) ARMA - ARCH 模型的拟合优度检验。

在各种边际分布的假设下,本书将使用 KS(The Kolmogorov-Simirnov Distance)统计量、Anderson Darling Distance (AD)统计量(Rachev and Mittnik, 2000)和 Cramer Von Miss Distance (CVM)统计量作为拟合优度检验的标准。通过参数模型的估计(估计方法将在第(3)部分介绍),我们通过模拟产生系列数据(模拟方法将在第(5)部分介绍),然后分别与经验数据相比较,比较的标准包括 AD 统计量、KS 统计量和 CVM 统计量。我们将从中选择拟合最好的边际分布模型。

AD 统计量:

$$AD = \sup_{x \in \mathcal{R}} \frac{|F_s(x) - \tilde{F}(x)|}{\sqrt{\tilde{F}(x)(1-\tilde{F}(x))}}$$

KS 统计量:

$$KS = \sup_{x \in \mathcal{R}} |F_s(x) - \tilde{F}(x)|$$

CVM 统计量：

$$CVM = \int_{-\infty}^{\infty} (F_s(x) - \widetilde{F}(x))^2 \,\mathrm{d}\,\widetilde{F}(x)$$

$F_s(x)$表示经验样本分布，$\widetilde{F}(x)$表示估计的分布函数。

(3) 边际分布的参数估计。

● 分形高斯分布的参数估计

分形高斯分布的自相似参数的估计详见 Beran (1994)，设分形高斯噪声为 Y_t，$f(\lambda, H)$ 为标准化之后方差为 1 的 Y 的功率谱。$I(\lambda)$ 表示 Y_t 的谱图，表示为

$$I(\lambda) = \frac{1}{2\pi N}\left|\sum_{t=1}^{N} Y_t \mathrm{e}^{it\lambda}\right|^2$$

H 的极大似然估计值就是使得下式最小的$\hat{H}$值。

$$g(\hat{H}) = \int_{-\pi}^{\pi} \frac{I(\lambda)}{f(\lambda;\hat{H})} \mathrm{d}\lambda$$

● 稳定分布的参数估计

稳定分布包括四个参数。尾部参数 $\alpha \in (0, 2]$，偏度参数 $\beta \in [-1, 1]$，尺度参数 $\gamma > 0$，位置参数 $\zeta \in \mathscr{R}$。稳定分布没有显式的密度函数或分布函数，Rachev 和 Mittnik (2000)给出了稳定分布的定义：

设随机变量 Y，其参数为 $0 < \alpha \leqslant 2$，$-1 \leqslant \beta \leqslant 1$，$\gamma \geqslant 0$，$\zeta \in \mathscr{R}$，其特征函数为：

$$E\exp(\mathrm{i}\theta X) = \begin{cases} \exp\left\{-\gamma^\alpha |\theta|^\alpha \left(1 - i\beta(\mathrm{sig}\, n\theta)\tan\frac{\pi\alpha}{2}\right) + \mathrm{i}\zeta\theta\right\}, \text{如果 } \alpha \neq 1 \\ \exp\left\{-\gamma |\theta| \left(1 + i\beta\frac{2}{\pi}(\mathrm{sig}\, n\theta)\ln|\theta|\right) + \mathrm{i}\zeta\theta\right\}, \text{如果 } \alpha = 1 \end{cases}$$

$$\operatorname{sig} n\theta = \begin{cases} 1, & \text{if } \theta > 0 \\ 0, & \text{if } \theta = 0 \\ -1, & \text{if } \theta < 0 \end{cases}$$

Rachev and Mittnik (2000)利用极大似然方法给出了稳定分布的参数估计，设随机变量 X 的 N 个观察值为 $X = (X_1, X_2, \cdots, X_N)'$，对数似然函数为 $\ln(\alpha, \lambda; X) = N\ln\lambda + N\ln\alpha + (\alpha - 1)\sum_{i=1}^{N}\ln X_i - \lambda\sum_{i=1}^{N}X_i^{\alpha}$

利用 Newton-Raphson 算法，可知 $\lambda = N(\sum_{i=1}^{N}X_i^{\alpha})^{-1}$，因此，上述对数似然函数的最优化问题等价于以下对数似然函数的优化问题：

$$\ln^*(\alpha, X) = \ln\alpha + \alpha\nu - \ln(\sum_{i=1}^{N}X_i^{\alpha}), \nu = N^{-1}\sum_{i=1}^{N}\ln X_i$$

由极大似然估计得到信息矩阵

$$I(\hat{\alpha}, \hat{\lambda}) = \begin{bmatrix} N(\hat{\alpha})^{-2} & \sum_{i=1}^{N}(X_i^{\hat{\alpha}}\ln X_i) \\ \sum_{i=1}^{N}(X_i^{\hat{\alpha}}\ln X_i) & N(\hat{\lambda})^{-2} \end{bmatrix}$$

(4) Copula 函数的选择及拟合优度检验。

Copula 函数实际上是一种将联合分布和它们各自的边际分布连接在一起的函数，因此也被称为连接函数。有关 Copula 函数的介绍详见 Sklar (1959)、Joe (1997)。在金融研究中，普遍使用的 Copula 函数包括 Gaussian Copula 和 Student Copula 函数。就金融数据而言，我们经常能观察到不同资产的极端事件同时发生。尾部相关性反映了极端事件的相依结构，例如(上尾)尾部相关系数被定义为：$\lambda = \lim_{\alpha \to 1^{-1}} P(Y > F_Y^{-1}(\alpha) \mid X > F_X^{-1}(\alpha))$，$X$、$Y$ 为任意随机变量。值得注意的是，高斯 Copula 具有零尾部相关性(upper tail dependence)，多元 Student-copula 函数具有正的（上尾）尾部相关性（Embrechts，2002）。

高斯 Copula 和 Student Copula 还有一个有趣的性质：任意一对随机向量，其线性协方差矩阵和 Kendall's Tau 系数之间的关系可表示为：

$$\rho_\tau(X_1, X_2) = \frac{2}{\pi}\arcsin(\rho),\ \sum = \begin{pmatrix} 1 & \rho \\ \rho & 1 \end{pmatrix}。$$

本书将利用高斯 Copula 和 Student Copula 模拟沪深股票市场的相依结构，Student Copula 和 Normal Copula 中的协方差矩阵参数 R 和 Student Copulas 参数 v 的估计，详见 Bagarry Marc（2007）。这里将仍然使用 KS 统计量、AD 统计量和 CVM 统计量作为相依结构拟合优度检验的标准。检验过程中将要用到的 Copula 模拟方法将在第（5）部分介绍。

（5）分形高斯分布模拟和 Copula 模拟。

Bardet et al.（2003）利用谱密度的离散傅里叶变换给出了一个具体的分数高斯噪音（FGN）模拟产生程序。具体包括

a. 选择一个偶整数 M 定义傅里叶频率 $\Omega = (\theta_1, \cdots, \theta_{M/2})$，$\theta_t = 2\pi t/M$，

计算向量 $F = (f_H(\theta_1), \cdots, f_H(\theta_{M/2}))$。其中，谱密度

$$f_H(\theta) = \frac{1}{\pi}\sin(\pi H)\Gamma(2H+1)(1-\mathrm{COS}\,\theta)\sum_{t\in N}|2\pi t+\theta|^{-2H-1}$$

b. 产生 $M/2$ 个独立同分布的指数 EXP(1) 随机变量，$E_1, \cdots, E_{M/2}$。产生 $M/2$ 个独立同分布的均匀分布随机变量 $U_1, \cdots, U_{M/2}$。

c. 计算 $z_t = \exp(2i\pi U_t)\sqrt{F_t E_t}$，$t = 1, \cdots, M/2$。

d. 令 $\tilde{Z} = (0, Z_1, \cdots, Z_{(M/2)-1}, Z_{M/2}, \bar{Z}_{(M/2)-1}, \cdots, \bar{Z}_1)$

e. 计算复数 Z 的快速傅里叶变换的逆获得模拟的样本路径。

在对 Copula 函数参数估计之后，接下来我们将产生基于 Normal Copula 函数和 Student Copula 函数的每类业务赔付率的模拟数据，模拟程序借鉴 Embrechts et al.（2003）。

Normal Copula 的随机模拟：

① 寻求下三角矩阵 A，使得方差-协方差矩阵能被分解成 $A \cdot A' = \boldsymbol{R}$；

② 随机产生标准正态分布的 n 个实现值：$\boldsymbol{Z} = (z_1, z_2, \cdots, z_n)$；

③ 计算 $x = A \cdot z$；

④ 计算 $y_i = \Phi(x_i)$, $i = 1, 2, \cdots, n$, Φ 为标准正态分布的累积分布函数；

Student Copula 的随机模拟：

① 寻求下三角矩阵 $\boldsymbol{A}$，使得方差-协方差矩阵能被分解成 $A \cdot A' = \boldsymbol{R}$；

② 随机产生标准正态分布的 n 个实现值：$\boldsymbol{Z} = (z_1, z_2, \cdots, z_n)$；

③ 随机产生服从$\chi^2(\nu)$分布的实现值 s，并与 $\boldsymbol{Z}$ 独立；

④ 计算 $y = A \cdot Z$；

⑤ 计算 $x = \sqrt{\frac{\nu}{s}} \cdot y$；

⑥ 计算 $y_i = T_\nu(x_i)$, $i = 1, 2, \cdots, n$, T_ν 是自由度为ν的t 分布的累积分布函数：

$$T_V(X_i) = \int_{-\infty}^{x} \frac{1}{\sqrt{\nu\pi}} \cdot \frac{\Gamma\left(\frac{\nu+1}{2}\right)}{\Gamma\left(\frac{\nu}{2}\right)} \cdot \left(1 + \frac{t^2}{\nu}\right)^{-\frac{\nu+1}{2}} \mathrm{d}t\text{，其中，}\Gamma(a) = \int_0^{+\infty} b^{a-1} \cdot \mathrm{e}^{-b} \mathrm{d}b;$$

（6）Copula－ARMA－ARCH 模型下沪深股指收益率 VaR 计量。

根据 Copula－ARMA－ARCH 模型，在 Copulas 函数模拟数据的基础上，深股指收益率 VaR 计量包括以下步骤：

① 由 copula 函数随机模拟产生的 y_i 值，求解 $\begin{bmatrix} y_1 \\ y_2 \end{bmatrix} = \begin{bmatrix} F_1(u_1) \\ F_2(u_2) \end{bmatrix}$，$F_i$ 是沪深股指收益率随机项累积分布函数，若 $F_i(u_i)$ 无显性解析式或非常复杂，则可通过模拟求解相应的 y_i 分位数，即 $(u_1 \quad u_2)$。

② 重复模拟 10 000 次，得 10 000 对 $(u_1 \quad u_2)$ 值；

③ 令 $u = u_1 + u_2$，则得到 10 000 个 u 值

④ 分别计算 0.95 分位数下 U_1，U_2，U 的 VaR 值。

9.3.3 实证结果分析

1) 描述性统计

表 9-11 为沪深股指收益率的描述性统计，本研究中的股指收益率的计算公式为

$$y_{i,t} = \log \frac{p_{i,t}}{p_{i,t-1}}$$

从表 9-11 报告的描述性统计数值和图 9-8 沪深股票收益率分布的核密度估计来看，初步判断存在尖峰厚尾现象。

表 9-11 股指收益率的描述性统计

	Location	Mean	Std.	Kurtosis
SH	Shanghai	−1.810 98e−05	0.002	3.034 61
SZ	Shenzhen	1.602 634e−05	0.002	3.105 5

	Skewness	Minimum	Maximum	Hurst
SH	−0.190 5	−1.200 433e−02	9.077 855e−03	0.556 3
SZ	−0.167 8	−1.192 588e−02	1.253 092e−02	0.532 8

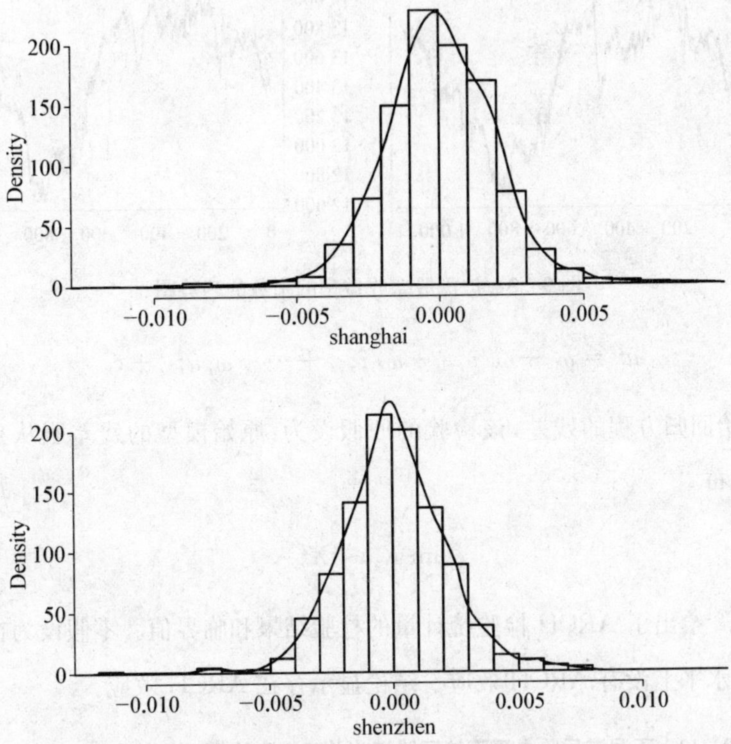

图 9－8　沪深股票收益率分布核密度估计

图 9－9 为沪深股票收益率的指数趋势图，该图显示沪深股票指数的共同运动趋势。我们用 N 表示股指收益率数据的样本长度，子样本序列通过长度为 T 的移动窗口 ($1 \leqslant T \leqslant N$) 随机抽取，在我们的实证分析中，子样本长度 T 为 12 个月，大约 1 000 个数据被随机抽取。

2) ARCH 效应检验

本书使用 Engle (1982)提出的拉格朗日乘数检验 ARCH 效应。检验统计量为

$$X_q = nR_q^2$$

n 为样本容量，R_q^2 为以下 q 阶自回归方程的拟合优度系数：

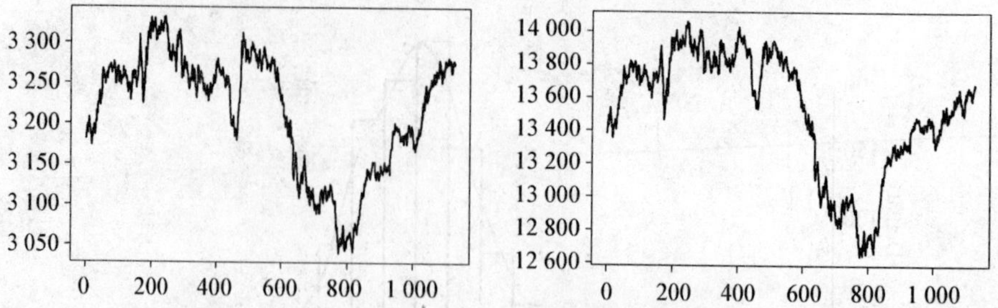

图 9-9　沪深股票收益率的指数的趋势图

$$\hat{u}_t^2 = \omega_0 + \omega_1 \hat{u}_{t-1}^2 + \omega_2 \hat{u}_{t-2}^2 + \cdots + \omega_q \hat{u}_{t-q}^2 + \mathrm{e}_t$$

$\hat{u}$是原始回归方程的残差，该检验的原假设为：原始模型的残差服从独立同正态分布

$$\lim_{n\to\infty} X_q \sim X_q^2$$

表 9-12 给出了 ARCH 检验统计量的检验结果和临界值。零假设为在不同的滞后水平上没有 ARCH 效应。结论显示存在 ARCH 效应。

表 9-12　不同滞后阶水平下沪深股指收益率序列的 ARCH 效应 ($\alpha = 0.05$)

	Lag2	Lag5	Lag10	Lag15	Lag20
SH	34.643	55.592 5	71.633 7	90.226 1	96.537 2
SZ	28.583 1	31.612 6	49.840 9	54.171 1	57.595 1
Critical Value	5.991 465	11.070 50	18.307 04	24.995 79	31.410 43

3) 记忆效应检验

我们使用根据自相关函数得到的 Ljung-Box-Pierce Q 统计量检验系列相关性(即记忆效应)，Q 统计量为：

$$Q: \sim \chi_m^2 = n(n+2)\sum_{k=1}^{m} \frac{\rho_k^2}{n-k}$$

n 表示样本容量，m 为自相关滞后阶数。ρ_k 为滞后 k 阶的自相关系数，

$$\rho_k = \frac{\sum_{t=1}^{n-k} y_t y_{t+k}}{\sum_{t=1}^{n} y_t^2}$$

Ljung-Box (1978)证明了上述 Q 统计量渐进服从 chi-square 分布。

表 9－13 给出了零假设为在不同的滞后阶水平上不存在系列自相关性的零假设检验结果。该表表明沪深股指收益率序列存在记忆效应。

表 9－13　不同滞后阶水平下沪深股指收益率序列自相关性检验 ($\alpha = 0.05$)

	3days	1week	2weeks	3weeks	4weeks	1month
SH	16.263 6	36.454	19.603 6	16.531 4	15.715 6	19.856 1
SZ	20.729	50.713 6	34.008 3	24.745 6	23.853 9	30.146
CriticalValue	11.070 5	12.591 59	14.067 14	14.067 14	14.067 14	15.507 31

4) 边际分布的参数估计和经验残差的描述性统计

表 9－14 给出了上证综指收益率服从 ARMA (2,2)－ARCH (1)和深证成指收益率服从 ARMA (2,2)－ARCH (1)模型的参数估计，其中残差服从标准正态分布。括号内的数值为参数估计的标准误差，实证模拟中要用到这些参数估计值。

表 9－14　沪深股指收益率 ARMA－ARCH 模型参数估计

	AR(1)	AR(2)	MA(1)	MA(2)	ω	α
SH	−1.47 (<2e−16)	−0.85 (<2e−16)	1.46 (<2e−16)	0.88 (<2e−16)	3.846 9e−06 (<2e−16)	0.036 (0.02)
SZ	−0.72 (4.94e−10)	/	0.63 (5.13e−07)	/	4.799 2e−06 (<2e−16)	0.027 (0.02)

表 9－15 给出了经验残差的描述性统计。该表结果显示参数峰度存在。残差不服从 i. i. d. $N(0, 1)$分布。

表 9-15 经验残差$\tilde{u}_t$的描述性统计

	Mean	Variance	Kurtosis	skewness
SH	0.002 6	1.000	2.778 4	−0.181 3
SZ	0.001 9	1.000	2.973 8	−0.100 0

5) 经验残差的参数估计

表 9-16 为经验残差$\tilde{u}_t$分别服从分形高斯分布和非高斯稳定分布下的参数估计,结果显示非高斯稳定分布的参数 $\alpha \in (0, 2)$,非高斯稳定分布的 H 指数对于持久性和反持久性有不同的边界,对于尾部指数 $\alpha \in (0, 2)$,当$H \in \left(0, \frac{1}{\alpha}\right)$,稳定过程表现为反持久性,当 $H \in \left(\frac{1}{\alpha}, 1\right)$,稳定过程表现为持久性,当 $H = \frac{1}{\alpha}$,则过程没有长记忆性。从表 9-11 和表 9-16 的结果可知,$\alpha \in (0, 2)$, $H \neq \frac{1}{\alpha}$,因此,上证综指和深证成指收益率存在长记忆性。

表 9-16 经验残差的参数估计

	$Hurst_{FGN}$	α	β	γ	ζ
SH	0.499	1.918 8	0.003 2	0.632 3	0.002 5
SZ	0.513	1.725 9	0.014 3	0.604 4	−0.008 5

6) 不同的分布假设下残差的拟合优度检验结果

表 9-17 给出了残差在不同的分布假设下的拟合优度检验结果。比较三种检验统计量 AD, KS 和 CVM 的拟合优度检验结果,ARMA-fgn-ARCH 的检验统计量值较小。图 9-10 分别显示了 AD, KS 和 CVM 统计量的 boxplot 图。结果显示带分形高斯噪音的 ARMA-ARCH 模型对数据的拟合效果比较好。

表 9-17　AD，KS 和 CVM 统计量

	ADmean	ADmedian	ADstd	ADmax	ADmin
ARMA-normal-ARCH	0.238 1	0.238 6	0.055 1	0.507 0	0.127 0
ARMA-stable-ARCH	0.236 1	0.268 4	0.045 4	0.337 6	0.124 4
ARMA-fgn-ARCH	0.172 1	0.168 8	0.064 5	0.357 9	0.069 7

	KSmean	KSmedian	KSstd	KSmax	KSmin
ARMA-normal-ARCH	0.048 4	0.046 2	0.010 3	0.077 3	0.026 6
ARMA-stable-ARCH	0.048 7	0.048 0	0.009 5	0.076 4	0.024 8
ARMA-fgn-ARCH	0.031 8	0.029 7	0.007 8	0.055 1	0.018 6

	CVMmean	CVMmedian	CVMstd	CVMmax	CVMmin
ARMA-normal-ARCH	0.705 0	0.651 1	0.295 7	1.941 5	0.236 6
ARMA-stable-ARCH	0.676 8	0.645 8	0.264 8	1.601 0	0.134 9
ARMA-fgn-ARCH	0.196 6	0.158 9	0.133 8	0.738 4	0.054 1

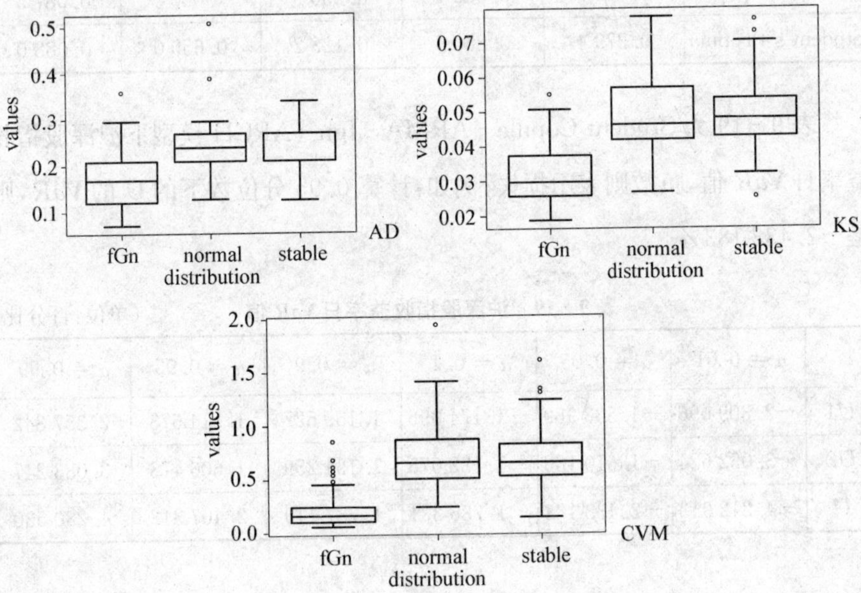

图 9-10　boxplot 图

7）沪深股指收益率相依结构的拟合优度检验及 VaR 计量

表 9－18 为 AD，KS 和 CVM 统计量检验 Gaussian copula 和 Student Copula 拟合沪深股指收益率相依结构的结果。结果显示 Student Copula－ARMA－fgn－ARCH 模型较好。

表 9－18 沪深股及收益率相依结构的拟合优度检验

	ADmean	ADmedian	ADstd	ADmax	ADmin
Gaussian copula	0.163 5	0.152 9	0.038 3	0.253 5	0.105 6
Student's t copula	0.148 0	0.144 8	0.035 5	0.226 4	0.082 6

	KSmean	KSmedian	KSstd	KSmax	KSmin
Gaussian copula	0.048 4	0.047 2	0.009 8	0.076 6	0.032 9
Student's t copula	0.047 0	0.045 0	0.009 6	0.073 0	0.030 3

	CVMmean	CVMmedian	CVMstd	CVMmax	CVMmin
Gaussian copula	0.402 3	0.355 7	0.235 9	1.080 0	0.087 5
Student's t copula	0.279 4	0.250 5	0.128 2	0.659 0	0.088 0

表 9－19 为 Student Copula－ARMA－fgn－ARCH 模型下沪深股指收益率日 VaR 值，负数则表示损失；例如：计算 0.95 分位数下的 U 的 VaR，则是－2.433 183%。

表 9－19 沪深股指收益率日 *VaR* 值 （单位：百分比）

	$\alpha=0.01$	$\alpha=0.05$	$\alpha=0.1$	$\alpha=0.9$	$\alpha=0.95$	$\alpha=0.99$
$U1$	－2.309 096	－1.533 989	－1.174 396	1.159 527	1.514 673	2.357 842
$U2$	－3.052 624	－1.610 186	－1.182 075	1.154 259	1.606 473	3.083 247
U	－4.212 913	－2.433 183	－1.785 331	1.787 119	2.407 312	4.280 530

9.3.4　结论

本书使用 Copula - ARMA - ARCH 模型捕捉沪深股票市场的共同波动特征，通过对边际分布为三个带不同随机误差分布假设(标准正态分布假设、分形高斯假设、稳定分布假设)的 ARMA - ARCH 模型的实证检验(K - S 检验，AD 检验和 CVM 检验)，结果显示带分形高斯噪音的 ARMA - ARCH 模型比较好；在以分形高斯噪音的 ARMA - ARCH 模型为边际分布的基础上，我们又做了 Gaussian Copula 和 Student Copula 对沪深股票市场相依结构的拟合优度检验，结果表明 Student Copula 比 Gaussian Copula 要好些，原因可能在于 Student Copula 能捕捉尾部相依性。通过实证检验，本书提出的模型优点在于：首先，我们的模型能捕捉长相依性，厚尾性和波动性集聚现象和市场相依结构。其次，通过使用高频数据，我们的模型能反映出市场的宏观因素的影响及微观结构效应。因此，通过本书模型能更加有效地刻画股票市场的收益率分布特征，从而达到有效的股指期货 *VaR* 风险管理目标。

参考文献

英文期刊文献

[1] Ambrose, J. M., Seward, J. A.. AM Best's Rating, financial ratios and prior probabilities in insolvency prediction [J]. Journal of Risk and Insurance, 1997 (44-2): p289-298.

[2] Ammeter, H.. The problem of solvency in life assurance [J]. Journal of the Institute of Actuaries. Bulletin of the Association of Swiss Actuaries, 1966: p211-p228.

[3] Antonio P. V.. Reinsurance, reserves and solvency [C]. Transactions of the 22nd International Congress of Actuaries, Volume 5, 1984: p527-p540.

[4] Andrew Tang, Emiliano A. Valdez. Economic Capital and the Aggregation of Risks using Copulas [OL]. www.google.com, 2009.

[5] Artzner, P., Delbaen, F., Eber, J. M., Heath, D. Coherent Measures of Risk [J]. Mathematical Finance, 1999, 9: 203.

[6] Bagarry Marc. Economic Capital: a plea for Student Copula [OL]. www.google.com, 2007.

[7] Bagarry M.. Economic Capital: a plea for Student Copula [C]. meeting paper for the 28th International Congress of Actuaries, 2008.

[8] Barniv, R., Mcdonald, J. B.. Identifying financial distress in the insurance

Industry: a synthesis of methodological and empirical issues [J]. Journal of Risk and Insurance, 1992(59 - 4): p543 - p574.

[9] Barniv, R., Hersbarger, R. A.. Classifying financial distress in the life Insurance Industry [J]. Journal of Risk and Insurance, 1990(57 - 1): p110 - p136.

[10] Brain K. M.. Brave New World For European Bancassurance [J]. Nation Underwriter, Life & Health Financial Services Edition, 1996(2).

[11] Brender, A., Brown, R., Penjer, H.. Asynopsis and Analysis of Research on Surplus Requirement for Property and Casualty Insurance Companies [C]. Casualty Actuarial Society Forum, 1993.

[12] Brender, A., Brown, R., Penjer, H.. Report on Covariance Method for Property-Casualty Actuarial Society Forum, Casualty Actuarial Society Forum.

[13] Brickman, S., Bride, M., Hitchcox, A. et al.. Report of the working party on capital allocation [C]. General Insurance Convention, 1991.

[14] Buoro, G. P., Zucchiatti, G.. Observations on the method of calculation of the solvency margin [C]. Transactions of the 21 - th International Congress of Actuaries, 1980, Volume 5: p37 - p55.

[15] Butsic, R. P.. Solvency measurement for property-liability risk-based capital applications [J]. Journal of Risk and Insurance, 1994(61 - 4): p656 - p690.

[16] Butsic, R. P.. Report covariance method for property-casualty risk-based capital [C]. Casualty Actuarial Society Forum, 1993.

[17] Charpentier, A.. Dynamic dependence ordering for Archimedean copulas and distorted copulas [M]. Kybernetika, in press.

[18] Campagne, C.. Minimum standards of solvency for insurance companies [J]. Verzekerings-Archief, 1961, volume 4: p4 - p30.

[19] Cummins, J. D.. Allocation of capital in the insurance industry [J]. Risk Management and Insurance Review, 2000, volume 3: p7 - p28.

[20] Cummins, J. D, Martin, F. G., Richard, D. P.. Regulator solvency prediction in

property-liability insurance risk-based capital, audit ratio, and cash flow simulation [J]. Journal of Risk and Insuranc, 1999(66 - 4): p417 - p458.

[21] Cummins, J. D., Scott E. H., Robert K.. Insolvency experience, risk-based capital and prompt corrective action in property-liability insurance [J]. Journal of Risk and Insurance, 1995(19 - 1): p511 - p527.

[22] Cummins, J. D., David W. S.. Capital and risk in property-liability insurance markets [J]. Journal of Banking & Finance, 1996, volume 20: p1069 - p1092.

[23] Cummins, J. D.. An economic overview of risk-based capital requirements for the property-liability insurance industry [J]. Journal of Insurance Regulation, 1993.

[24] Daykin, C. D.. The development of concepts of adequacy and solvency in non-life insurance in the EEC [C]. Transactions of the 22 - th International congress of Actuaries, 1984, Vol. 5: p299 - p310.

[25] Daykin, C. D.. The Solvency of Insurance Companies [J]. 精算通讯, 1999, Volume 2, No. 1.

[26] Daykin, C. D., Pentikaeinen, Pesonen M.. Practical risk theory for actuaries [M]. Chapman & Hall, 1994.

[27] De Mori, B.. Possibilite d'Etude des indices de Solvabilite acceptables pour le calcul d'unemarge minimum de solvabilite des enterprises d'assurance contre les dommages [J]. Austin Bulletin, 1965, Volume 3: p286 - p313 .

[28] De Wit, G. W., Kastelijn, W. M. The solvency margin in non-life insurance companies, the solvency margin in non-life insurance companies [R]. Austin Bulletin, 1980, volume 1: p136 - p159.

[29] Denuit M., J. Dhaene M. Goovaerts et al.. Actuarial Theory for Dependent Risks Measures [OL]. Orders and Models, www. wiley. com, 2006.

[30] Engle R. Autoregressive conditional heteroskedasticity with estimates of the variance of U. K. inflation [J]. Econometrica, 1987, 50: 987 - 1008.

[31] Feldhaus, W. R.. Non-Life Insurance Worldwide [OL]. www. google. com, 1998.

[32] Henrik R. H.. An application of credibility theory to solvency margins: some comments on a paper by De wit G. W. and Kastelijn W. M. [J]. Austin Bulletin, 1981, volume 1: p236 - p247.

[33] Hurst H., Long-term storage capacity of reservoirs [C]. Transactions of the American Society of Civil Engineers, 1951,116:770 - 808.

[34] Joke, M. R., Henk, W. M., Harry, J. H. et al.. Report on life insurance undertakings & solvency [R]. Trans 26th ICA, 1998,3: p199 - p214.

[35] Jorion, P.. Value at Risk, 2nd Edition [M]. San Diego: Academic Press, 2000.

[36] Kaufman, A. M., Liebers, E. C. NAIC risk-based capital efforts in 1990 - 1991 [J]. Insurance Financial Solvency Volume 1, CAS Discussion Paper Program.

[37] Knot, K., Everts, H., Bikker, H. et al.. Risk measurement within financial conglomerates: best practices by risk type [J]. Research Series Supervision, 2003, No. 51, www. cascat. org.

[38] Matthew Clark, Chris Olechowski. Economic Capital Correlations Matrices and other Techniques, 2008. www. soa. og .

[39] Markowitz H.. Portfolio selection [J]. The Journal of Finance, 1952, 7(1): 77 - 91.

[40] Mittnik, Rachev.. Modeling asset returns with alternative stable models [J]. Econometric Reviews, 1993,12:261 - 330.

[41] Mueller, H.. Solvency of Insurance Undertakings [C]. Conference of the Insurance Supervisory Services of the Member States of the European Union, 1997.

[42] Nigel H.. Capital requirements and risk-based capital [C]. General insurance Convention, www. casact. com, 1994.

[43] Overbeck, L.. Allocation of Economic Capital in Loan Portfolios [M]. Measuring Risk in Complex Systems, Franke J., Haerdle W. and Stahl G. (eds), Springer, 2000.

[44] Rachev S, Samorodnitsky G. Long strange segments in a long range dependent moving average [J]. Stochastic Processes and their Applications, 2001, 93: 119-148.

[45] Robert T. Clemen, Terence Reill. Correlations and Copulas for Decision and Risk Analysis [J]. Management Science, 1999, Volume 45, Issue 2.

[46] Samorodnitsky G.. Possible sample paths of self-similar alpha-stable processes [J]. Statistics and Probability Letters, 1994,19:233-237.

[47] Sholom F.. Underwriting cycles and insurance solvency [C]. CAS Discussion on Paper Program, www. casact. com, 1992.

[48] Sharma, P., Mcdonnell, W., Vecchierini, P. et al.. Report prudential supervision of insurance undertakings conference of the insurance supervisory services of the member states of the european union [C]. 2002.

[49] Sklar A.. Fonctions de Réparititionàn dimensions et Leurs Marges, Publications de l'Institut de Statistique de l'Université de Paris, 1959(8):229-231.

[50] Trayhorn, M.. Report of working party on fluction reserves [C]. General Insurance Convent, www. casact. com, 1980.

[51] Trieschmann, J. H., Pinches, G. E.. A multivariate model for predicting financially distressed property-liability insurers [J]. Journal of Risk and Insurance, 1973(40-3): p327-p338.

[52] Xie, Z.. Exploring on the risk profile of China Insurance for setting appropriate solvency capital requirement [C]. Actuarial Communications, Vol. 5, No. 1, also presented to the ASTIN/AFIR Colloquia at Zurich, September, 2005.

英文专门报告

[53] Actuarial Advisory Committee to the NAIC Property & Casualty Risk-based Capital Working Group. Property-Casualty risk-Based capital requirement, a

conceptual framework [R]. Transactions of the 22nd International Congress of Actuaries, 1994, Volume 4: p211 - p240.

[54] American Academy of Actuaries Property/Casualty Risk-Based Capital Task Force. Report on reserve and underwriting risk factors [R]. Transactions of the 22 - the International Congress of Actuaries, 1993, Volume 5: p107 - p170.

[55] Bardet J, Lang G, Oppenheim G, Philippe A, Taqqu M. . Generators of long-range dependent processes: a survey. In Theory and Applications of Long-range Dependence, Doulkhan P, Oppenheim G, Taqqu M (eds) [M]. Boston: Birkhäuser, 2003.

[56] Beran, J. . Statistics for Long-Memory Processes [M]. New York: Chapman & Hall, 1994.

[57] David Cummins, Bertrand Venard. Handbook of International Insurance: Between Global Dynamics and Local Contingencies [M]. Springer, 2006.

[58] Embrechts, P. , McNeil, A. , Straumann, D. . Correlation and Dependence in Risk Management: Properties and Pitfalls. In Risk Management: Value at Risk and Beyond, M. Dempster (Ed.). [M] Cambridge: Cambridge University Press, 2002.

[59] European Commission. Solvency Ⅱ: Review of Work [R]. Financial Institutions Insurance and Pensions, http://europa. eu. int. , 2002.

[60] European Commission. Framework for Consultation on Solvency Ⅱ [R]. http://europa. eu. int. , 2004.

[61] European Commission. Report on technical provisions in non-life insurance [C]. The Conference of the Insurance Supervisory Authorities of the Member States of the European Union. http://europa. eu. int, 2001.

[62] International Association of Insurance Supervisors, Solvency Control Levels Guidance Paper [R]. IAIS, 2003.

[63] International Association of Insurance Supervisors. New IAIS Framework for

Insurance Supervision [R]. IAIS, 2004.

[64] Insurance and other financial services: structural trends [R]. OECD, http://europa.eu.int.

[65] Joe H.. Multivariate Models and Dependence Concepts [M]. London: Chapman & Hall, 1997.

[66] KPMG. Study into the methodologies to assess the overall financial position of an insurance undertaking from the perspective of prudential supervision [R]. 2002.

[67] Rachev et al.. Fat-Tailed and Skewed Asset Return Distributions [M]. New Jersey: Wiley, 2005.

[68] Rachev and Mittnik. Stable Paretian Models in Finance [M]. New York: Wiley, 2000.

[69] Saunder, A.. Credit risk measurement new approaches to value at risk and other paradigms [M]. Beijing: China Machine Press, 2001.

[70] Swiss Re, Development of insolvencies and importance of security in the insurance industry [R]. Sigma No. 7/1995.

[71] Swiss Re. The performance of the insurance industry in international comparison: a risk-adjusted analysis [R]. Sigma No. 1/1995.

[72] Swiss Re. Profitability of the Non-Life Insurance Industry: It's Back-to-Basics Time [R]. Sigma No. 5/2001.

[73] The Council of the European Communities. First Directive of 24 July 1973 on the Coordination of laws, Regulations and administrative provisions relating to the taking-up and pursuit of the business of direct insurance other than life assurance. (73/239/EEC) [J]. Official Journal of the European Communities, L228, 1973: p3 - p19.

[74] The Council of the European Communities. First Council Directive 79/267/EEC of 5 March 1979 on the coordination of laws, regulations and administrative provisions relating to the taking up and pursuit of the business of direct life

assurance [R]. 1979.

[75] The English Working Party in Solvency. The Solvency of Life Insurance Companies [R]. The Institute and Faculty of Actuaries，www. actuaries. org. uk. , 1984.

[76] The Insurer Solvency Assessment Working Party of the International Association of Actuaries. A Global Framework for insurer Solvency Assessment [R]. 2003.

[77] Wei Sun. Unconditional Copula-Based Simulation of Tail Dependence for Co-movement of International Equity Market [R]. working paper，2009.

中文文献

[78] 段兵.金融风险管理理论新进展[J].国际金融研究，1999(8).

[79] 陈文辉.中国人身保险业的发展与监管[M]，北京：中国金融出版社，2003.

[80] 陈文辉.2003年中国人身保险业发展报告[M].北京：中国财政经济出版社，2004.

[81] 陈迪红，林晓亮.我国财险公司产品业务线经济资本配置的实证分析[J].财经理论与实践，2008(11).

[82] 杜丽虹.大银行的长尾[J].证券市场导刊，2008(12).

[83] 封进.中国寿险经营的风险研究[M].北京：经济管理出版社，2002.

[84] 傅安平.寿险公司偿付能力监管[M].北京：中国社会科学出版社，2004.

[85] 傅安平.中国寿险业与资本市场的互动发展[M].北京：经济科学出版社，2004.

[86] 傅安平.论保险公司偿付能力监管[J].精算通讯，2002(2).

[87] 裴光.中国保险业监管研究[M].北京：中国金融出版社，1999.

[88] 裴光.中国保险业竞争力研究[M].北京：中国金融出版社，2001.

[89] 高铁梅.计量经济分析方法与建模：Eviews应用及实例[M].北京：清华大学出版社，2006.

[90] 顾顼.保险公司偿付能力研究的精算方法研究[D].上海财经大学硕士论文，2000.

[91] 郭妍.我国商业银行效率决定因素的理论探讨与实证检验[J].金融研究，2005(2).

[92] 瞿玲，谢志刚. 对我国财产保险公司监管指标系统的实证分析[J]. 上海财经大学学报，2002(10).

[93] 江生忠. 中国保险业发展报告 2004 年[M]. 北京：中国财政出版社，2004.

[94] 江先学. 如何实现偿付能力监管[J]. 中国保险报，2002(1).

[95] 罗平. 巴塞尔新资本协议研究文献及评述[M]. 北京：中国金融出版社，2004.

[96] 让·勒梅尔. 欧盟保险业监管[M]. 北京：经济科学出版社，1999.

[97] 粟芳. 中国非寿险保险公司的偿付能力研究[M]. 上海：复旦大学出版社，2002.

[98] 粟芳. 美国对保险公司偿付力的监管[J]. 外国经济与管理，2000(9).

[99] 唐云祥. 中国非寿险业市场发展研究报告(2002)[M]. 北京：中国金融出版社，2003.

[100] 王福新. 中国寿险业偿付能力风险评价[M]. 北京：经济科学出版社，2004.

[101] 王上文. 关于我国非寿险公司最低资本要求的实证比较[J]. 精算通讯，2006(1).

[102] 王绪瑾. 海外保险投资方式比较研究[J]. 保险研究，1998(5).

[103] 谢志刚，韩天雄. 风险理论与非寿险精算[M]. 天津：南开大学出版社，2002.

[104] 谢志刚. 中国精算进展[M]. 上海：上海科技教育出版社，2005.

[105] 谢志刚，朱仁栋. 英汉精算学词汇[M]. 上海：上海科学技术出版社，2000.

[106] 杨云红. 金融经济学[M]. 武汉：武汉大学出版社，2000.

[107] 杨步青，许潇玮. 我国人身保险业务承保风险的评估及风险因子的测算[J]. 精算通讯，2005(5).

[108] 袁卫，饶富瑞，彭非. 中国保险监管与精算实务[M]. 北京：中国人民大学出版社，2003.

[109] 张金林. 商业保险商业营运论[M]. 北京：中国财政经济出版社，2004.

[110] 张伟. 我国保险公司非寿险 IBNR 准备金评估研究[D]. 上海财经大学博士论文，2006.

[111] 张文彤. SPSS 11 统计分析教程[M]. 北京：北京希望电子出版社，2002.

[112] 占梦雅. 再保险监管研究[J]. 上海保险，2005(10).

[113] 占梦雅. 我国保险偿付能力监管指标体系的实证检验[J]. 上海金融，2005(11).

[114] 占梦雅. 中国非寿险业法定偿付能力额度标准的合理性分析与实证分析[J]. 财经理论与实践，2006(2).

[115] 占梦雅. 保险公司法定最低资本要求模型研究[J]. 精算通讯，2005(2).

[116] 张虹，汪湘，杨卫平. 各国保险资金运用法规比较研究及借鉴[J]. 中国保险管理干部学院学报，2009(6).

[117] 赵桂芹，何燕. 我国保险公司资产风险基础资本(RBC)评估研究[J]. 精算通讯，2005(2).

[118] 赵刚. 欧盟 Solvency Ⅱ项目最新进展以及对精算实务的影响[J]. 精算通讯，第六卷第一期.

[119] 赵宇龙，瞿玲. 我国保险公司偿付能力监管指标预警能力的实证研究[J]. 中国商业保险，2004(3).

[120] 张士杰. 台湾实行风险基础资本额(RBC)制度的过程[J]. 精算通讯，2004(2).

[121] 周振华，陈家骏. 中国股票市场素质研究[J]. 上海经济研究，1997(2).

[122] 中国保险监管委员会. 保险公司偿付能力额度及监管指标管理规定[S]. 2003.

[123] 中国人民财产保险股份有限公司. 中国人民财产保险股份有限公司招股说明书(风险因素)[R]. 香港，2003.

[124] 中国人寿保险股份有限公司. 中国人寿保险股份有限公司招股说明书(Risks Relating to the Business of China Life)[R]. 2003.

[125] 中国保险监督管理委员会. 保险公司非寿险业务准备金管理办法(试行)(保监发〔2004〕13 号)[S]. 2004.

[126] 中国保险年鉴[S]. 北京：中国保险年鉴编辑社，1999～2004.

[127] 中华人民共和国保险法[S]. 北京：中国民主法制出版社，2002.

[128] 中国保监会，韩国三星生命保险公司. 中韩保险市场与保险监管[M]. 北京：中国金融出版社，2003.

[129] Stuart, W.. 建立一评估保险公司偿付能力的国际框架[J]. 精算通讯，2004(3).

[130] Swiss Re. Sigma [J]. 1996(1)～2004(2).